표준의 통합 효과와 표준화 거버넌스

The Integration Effect of Standards and the Standardization Governance

저자소개

서울대학교 정치학과 졸업
베를린 자유대학교 정치학 박사
영남대학교 정치외교학과 부교수

주요 저서 및 논문:

- 『통일 한국의 정치 제도』(공저, 늘품플러스, 2015).
- 『코포라티즘 정치 : 통치 전략성 및 정치 체제성과 결사체 거버넌스 전망』(공저, 아카넷, 2015).
- 『세상을 바꾸는 표준』(영남대학교 출판부, 2015).
- "남북의 표준 및 표준화의 차이와 표준 협력 과정 및 표준 통합의 방향과 전망," 『한국정치연구』 제 25집 1호(2016).
- "독일 연방의회 내 연합 정치와 교섭단체의 입법 효율성 : 1990년 이후를 중심으로," 『유럽연구』 제 33권 4호(2015).
- "생략된 세대의 정체성과 가부장주의 및 국가의 의미 : 영화 <국제시장>의 재현과 표현," 『동향과 전망』 통권 제95호(2015).

표준의 통합 효과와 표준화 거버넌스

The Integration Effect of Standards and the Standardization Governance

초판 1쇄 2016년 6월 30일
지은이 정병기
펴낸이 노석균
펴낸곳 영남대학교출판부 /
출판등록 1975년 9월 5일 경산 제16-1호
주소 경북 경산시 대학로 280
전화 053) 810-1801~3 **FAX** 053) 810-4722
홈페이지 book.yu.ac.kr
ISBN 978-89-7581-526-3 93340

* 이 책은 2014년도 정부재원(교육과학기술부 사회과학연구지원사업비)으로 한국연구재단의 지원을 받아 연구되었음(NRF-2014-S1A3-A2043505).

영남대학교 통일문제연구소 연구총서 I

표준의 통합 효과와 표준화 거버넌스

The Integration Effect of Standards and the Standardization Governance

정병기 지음

영남대학교출판부

서문

현대는 진실과 허위가 구분되지 않을 뿐 아니라 원형과 복제도 구분되지 않는 시뮬라크르simulacre의 시대라고 한다. 원형이 복제를 복사하고 복제가 원형을 창출하거나 새로운 원형으로 자리 잡는다. 허위도 복제도 현실에 실재하는 사건으로 인식된다. 이제 진실과 허위를 구별하거나 원형과 복제를 구분하는 것은 불가능하다.

하지만 집단을 이루어 사는 인간은 매 순간마다 결정에 봉착하며, 그 결정은 자신과 타인들에게 영향을 준다. 진실과 허위의 구별이 불가능하게 보일지라도 그에 대한 판단과 결정이 불가피하며, 그 행위로부터 모든 사회 구성원들이 영향을 받는다는 얘기다. 따라서 인간 사회에서는 어쩔 수 없이 모두가 인정하는 기준이 필요하다.

그 기준도 물론 판단의 대상이 되므로 지속적 논의와 수정의 대상이 된다. 올바른 기준은 처음부터 자발적 합의에 의해 제정되어야 하며, 제정된 이후에도 준수되는 가운데 자발적 합의에 기초하는 논의와 수정을 거쳐야 한다. 기준의 객관성은 이러한 과정을 전제할 때 담보될 수 있다.

이러한 객관적 기준을 세우고 스스로 그 기준이 되기도 하는 새로운 규범으로 표준이 주목받고 있다. 이 책은 불확실성의 시대를 위한 새로운 규범으로서 표준을 연구한 결과물이다. 2015년에 발간한 『세상을 바꾸는 표준』영남대학교 출판부에 이어 두 번째 내놓은 표준 관련 단행본이다.

이 책의 내용은 『세상을 바꾸는 표준』과 일부 중첩되는 부분이 있다. 하지만 『세상을 바꾸는 표준』은 비전문가들도 쉽게 접할 수 있도록 칼럼 형식으로 쓴 글이다. 반면 이 책은 전문가들이나 적어도 전문적 관심을 가진 사람들을 위해 구상했다. 앞의 책과 달리 전문 학술지에 발표한 논문들을 발전시키고 재구성해 묶은 것이다.

필자는 2000년대 중반부터 표준에 관심을 가지고 연구를 지속해 왔다. 그동안 여러 매체들에 관련 연구들을 발표해 왔지만, 특히 이 책에 수록된 논문들은 처음부터 단행본을 구상하고 그에 맞추어 주제를 고안하고 집필해온 것들이다. 올해 초 그 마지막 논문으로 한반도 통일과 표준통합에 관한 글을 발표했고, 이를 끝으로 단행본을 발간하게 된 것이다.

주제가 방대한 만큼 선행 연구들을 모두 다루는 것은 거의 불가능하다. 그래서 서론에 해당하는 제1장에서 범박하게나마 총론적 연구들만을 정리하고, 각론들은 각 장에서 주제별로 다루었다. 선행연구들이 방대할 경우에는 별도의 절을 할애해 기술했으나, 그렇지 않을 경우에는 첫 번째 절 앞에 배치한 머리말에 간략히 서술했다.

수록한 글들은 모두 최근에 쓴 것들이지만, 그럼에도 불구하고 다소 변동이 있는 정보들이 있다. 이런 정보들은 모두 최신 내용으로 교체했으며, 중복되는 내용들은 삭제했다. 또한 단행본 구성에 맞추어 논문의 제목과 목차도 변경했다.

내용을 재구성해 이 책에 수록한 논문들을 책의 순서에 따라 나열하면 다음과 같다.

- "표준의 사회 경제적 효과와 새로운 규범의 가능성 및 표준학의 전망," 『한국정치연구』. 제18집 3호(2009).
- "표준의 포괄적 규범성과 공동 규제성: 유럽연합과 독일의 사례를 중심으로," 『유럽연구』 제31권 3호(2013).
- "표준의 권력성과 조정 기능 및 표준화 거버넌스," 『대한정치학회보』 제23집 2호(2015)

- “공적 표준화의 이해 갈등 구조와 코포라티즘적 갈등 조정,”『국가전략』 제16권 3호(2010).
- “유럽 통합 과정에서 나타난 유럽 표준화 정책의 성격과 의미: 세계화 대응과 공동규제성,”『EU학연구』 제18권 2호(2013).
- “동서독의 표준화 체계와 표준 통일 과정: 남북한 표준 협력에 대한 함의,”『한국정치연구』 제22집 1호(2013).
- “남북의 표준 및 표준화의 차이와 표준 협력 과정 및 표준 통합의 방향과 전망,”『한국정치연구』 제25집 1호(2016).

위 논문들 중 “동서독의 표준화 체계와 표준 통일 과정: 남북한 표준 협력에 대한 함의”는 이희진 교수와 공동으로 집필한 논문이므로 이 교수의 양해를 얻어 재구성했다.

두 번씩이나 표준 관련 단행본 출판의 기회를 준 영남대학교 출판부에 감사를 전한다. 사회 과학 영역에서 표준을 총론적으로 연구하는 것도 어려운 일이지만, 그에 대한 관심이 높지 않은 현실에서 선뜻 출판하겠다는 결정도 쉽지 않은 일이다. 그럼에도 불구하고 이 책을 발간하기로 하고 디자인과 편집 등에 성의를 다해준 출판부 부장 및 직원들께 진심으로 고마운 마음을 갖지 않을 수 없다. 이 책이 표준 관련 연구자들의 관심을 더욱 촉발하고 표준 연구의 경계를 확장하는 데 기여할 것을 바라마지 않는다.

차례

제3장 표준의 권력성과 표준화 기구의 조정 기능

제4장 코포라티즘적 표준화 조정 거버넌스

제1장

표준 및 표준화의 이해와 표준 연구의 동향 및 전망

제1장

표준 및 표준화의 이해와 표준 연구의 동향 및 전망

불확실성의 시대나 시뮬라크르simulacre의 시대라는 말이 화두가 된 지 이미 오래다. 아는 것과 모르는 것의 경계마저 흐려져 소크라테스라도 환생해야 할 듯하다. 하지만 안다는 것과 모른다는 것은 어디까지나 판단하는 주체의 문제다. 정말 문제적인 것은 오히려 알려진 것과 알려지지 않은 것의 문제다.

주체의 문제가 전혀 문제적이지 않다는 뜻은 물론 아니다. 그렇지만 인지의 대상 자체가 실재적인지 아닌지가 흐릿해져 가는 것은 더 앞서는 문제다. 판단하는 주체가 어떠해야 하는가라는 규정보다 사물에 대한 판단 기준이 더 긴급하다는 말이다. 복잡한 현실을 복잡한 그대로 인정하되, 적어도 그 현실을 인지하고 삶에 소용되게 하려면 판단은 피할 수 없는 것이기 때문이다.

그 판단의 기준은 주관적이어서는 안 된다. 사람은 사회를 이루어 사는 동물이므로 주관들은 충돌할 것이기 때문이다. 그 충돌들은 공생과 상호 이익을 위해 조정되어야 하는데, 그 조정은 곧 객관성이 필요하다는 것을 말한다. 사회 구성원들이 동의할 수 있는 기준이 마련되어야 한다는 것이다.

"갈수록 우리는 아는 것이 적어진다."는 표현도 이와 관련된다. 독일의 유명 저술가 엔첸스베르거 Hans Magnus Enzensberger가 현대 사회의 지식 범람에 대해 일갈한 것인데,[1] 많이 알게 되면 될수록 점점 모르게 된다는 의미다. 안다는 판단이 불가능할 정도로 지식의 영역이 무한히 확대되었다는 얘기를 역설로 푼 것이다. 특히 인터넷의 발달로 정보가 홍수를 이루고 이 정보들은 자유로운 교류를 통해 끝없이 재생산되고 있다. 문화 예술에서 복제가 원형을 창출하고 원형이 복제를 복사하는 현상도 인터넷 시대의 특징이다. 원형과 복제의 구분이 사라진다는 것이다. 정보와 지식에서도 객관적 판단과 그 기준이 필요하다는 것을 웅변하는 현상들이다.

국가 간 관계에서 교류가 급격하게 늘어나는 것도 이미 상식이다. 특히 1995년 신자유주의적 세계화를 대표하는 세계무역기구 WTO의 설립은 새로운 무역 규범의 필요성을 제기했다. 뿐만 아니라 '세계무역기구와 무역기술장벽 협정 WTO/TBT Agreement'[2]에서 제외된 환경과 보건 및 안전 영역조차 국제적 무역 규제의 수단으로 이용되어 강대국의 부당한 압력으로 작용할 가능성이 커졌다.

이제 생산은 더 이상 생산자 producer의 전유 영역이 아니다. 현대 사회에서 소비자 consumer는 단순히 상품과 서비스를 구매하는 소비 주체에서 벗어나 생산 과정에 영향을 미쳐 상품과 서비스의 변화에 기여하는 생비자 生費者, prosumer로 활동한다. 이를 역설로 풀어보면, 소비자의 힘이 강해진 만큼 기업과 같은 생산자들의 횡포가 커져왔다는 것이기도 하다. 생비자의 시대에는 기업도 자신의 생산 영역에서 무한 책임을 져야 한다.

1.Bolz, Norbert, 2002, "Manipulation und Konfusion," Hermann Glaser (Hg.), *Grundfragen des 21. Jahrhunderts* (München: Deutscher Taschenbuch Verlag), S.42에서 재인용.

2.WTO/TBT Agreement: Agreement on Technical Barriers to Trade.

이 모든 현상은 다양성의 확대로 해석된다. 강자의 획일성 주장에 대응하는 것이 약자의 다양성 요구일 수 있다. 그러나 무규범의 다양성 속에는 언제나 약육강식의 법칙이 도사리고 있다. 약자의 다양성 요구와 강자의 획일성 주장 사이에 다시 약육강식의 논리가 작용하기 때문이다. 이 다양성을 더욱 확대하여 질 높은 실질적 다양성으로 발전시키고 무한 경쟁에서 상호 발전의 가능성을 보장하는 새로운 규범이 필요하다.

그러나 그 규범은 국가가 전일적으로 규정하거나 시장의 자유지상주의 같은 정글 법칙이어서도 안 된다. 국가 사회주의의 폐단이나 시장 자유주의의 실패를 우리는 역사에서 끊임없이 보아왔다. 요컨대 사회 행위자들에 의한 객관적인 규범이 필요할 뿐 아니라 그 규범은 자발적으로 만들어져야 한다. 그것을 표준이라는 새로운 논의에서 찾을 수 있다.

이 장은 표준과 표준화에 대해 상세히 이해하고 그에 대한 연구 경향을 고찰하는 데 할애한다.[3] 표준과 표준화의 이해를 위해서는 표준 및 표준화의 개념과 중요성을 제시한 다음 표준의 기능에 대해 설명한다. 그리고 표준 연구의 동향과 관련해서는 지나치게 방대한 각론을 생략하고 총론에 대해서만 고찰하며 이를 토대로 향후 전망을 도출한다.

3. 이 장의 전체 내용은 정병기, 2009, "표준의 사회 경제적 효과와 새로운 규범의 가능성 및 표준학의 전망," 『한국정치연구』 제18집 3호(서울대학교 한국정치연구소), 87~111쪽을 토대로 했지만, 그중 표준 및 표준화의 개념에 대해서는 정병기, 2015a, "표준의 권력성과 조정 기능 및 표준화 거버넌스," 『대한정치학회보』 제23집 2호(대한정치학회), 259~260쪽과 교재편찬위원회, 2013, 『미래 사회와 표준』, 개정 5판(서울: 한국표준협회), 제1장(필자가 집필)을 종합해서 재구성했다.

1. 표준 및 표준화의 개념과 표준의 기능

표준 및 표준화의 개념

사전적 의미에서 표준은 "사물의 정도나 성격 따위를 알기 위한 근거나 기준"을 뜻한다. 이때 근거는 '어떤 일이나 의논, 의견에 그 근본이 되거나 그런 까닭'을 의미하며, 기준은 '목적에 맞추어 사물을 측정해 판단하는 기본'을 뜻한다.[4] 따라서 표준은 기본이 되는 근거임과 동시에 목적과 연결되는 목표로서의 기준도 된다.

한자 표기상 표준의 어원은 '높이 내건 안표眼標로서 측정을 위한 기준基準'이며, 이것이 합성되어 '표준標準'이 되었고, 이 표준은 안표라는 목표와 기준이라는 기본을 동시에 의미한다.[5] 표준의 영어 기표인 '스탠더드standard'의 어원과 뜻도 유사하다. '스탠더드'는 '전쟁터에서 지휘관들이 명령을 내리는 신호 깃발을 세우는 집결지'를 의미하는 'stand hard'에서 유래했다. 역사적으로 이것은 영국과 스코틀랜드 사이 최초의 전쟁으로 알려진 1138년 전쟁에서 영국군이 이륜마차 위에 돛대를 꽂아 진지 중앙에 세워 상징으로 삼은 것을 지칭했다.[6] 이 전장의 전투가 '스탠더드 전투battle of Standard'로 알려졌고, 이후 '스탠더드'라는 개념이 일반적으로 사용되기 시작한 것이다. 'stand hard', 곧 'standard'에서 '집결지'는 집결의 목표 지점을 의미할 뿐 아니라 이동하는 군사들이 목표 지점으로부터

4.국립국어원, 2016,『표준국어대사전』(서울: 국립국어원), http://stdweb2.korean.go.kr.

5.김상배, 2007,『정보화 시대의 표준경쟁: 윈텔리즘과 일본의 컴퓨터 산업』(서울: 한울), 6~7쪽.

6.Hexham, Richard of, 1988, "The Acts of King Stephen and the Battle of the Standard," Joseph Stephenson (ed. trans.), *Contemporary Chronicles of the Middle Ages: Sources of Twelfth-Century History* (Dyfed: Llanerch), pp.53~76; Busch, Lawrence, 2011, *Standards: Recipes for Reality* (Cambridge, MA: The MIT Press), p.17.

얼마나 떨어져 있는가를 측정할 수 있는 기준 지점을 뜻하기도 한다.

국제적으로 통용되는 대표적 정의인 국제표준화기구ISO 및 국제전기기술위원회IEC 규정에 따르면, 표준은 "주어진 상황에서 최적의 상태에 도달함을 목적으로 활동이나 그 결과에 대해 일상적이고 반복되는 사용, 규칙, 가이드라인 혹은 성질을 규정하는 것으로서, 공인된 기구에 의하여 합의에 기초해 제정된 문서"[7] 다. 우리나라 국가기술표준원도 이 정의를 따라 표준을 "합의에 의해 작성되고 인정된 기관에 의해 승인되며, 공통적이고 반복적인 사용을 위해 제공되는 규칙, 가이드 또는 특성을 제공하는 문서"로 정의하고, "과학·기술 및 경험에 대한 총괄적인 발견 사항들에 근거하여야 하며, 공동체 이익의 최적화 촉진을 목적으로 하는 것을 원칙으로 하고 있"다고 부언하고 있다.[8]

이 정의들은 한결같이 자발성과 합의성에 큰 의미를 두고 있다. 그러나 다른 한편으로 이 정의들은 표준의 형식을 '문서document'에 한정할 뿐만 아니라 과학 기술적 표준에 초점을 두어 언어·부호·법규, 능력·태도·행동규범·책임 및 전통·관습·가치·권리·의무를 망라하는 인문 사회적 성격을 배제하고 있다. 현대 사회에서는 표준이 인문 사회 영역으로 확대되어 가고 있다는 점에서 이러한 규정은 중요한 한계를 내포하고 있다.

한편 국가기술표준원의 과거 정의를 보면 다소 유연한 것을 알 수 있다. 국가기술표준원은 한국산업규격KS A 3001의 규정을 따라 표준을 "관계되는 사람들 사이에서 이익이나 편리가 공정하게 얻어지도록 통일·단순화를 꾀할 목적으로 물체·성능·능력·동작·절차·방법·수속·책임·의무·사

7.ISO/IEC, 2004, "ISO/IEC Guide 2: 2004: Standardization and Related Activities - General Vocabulary," http://www.iso.org/iso/iso_iec_guide_2_2004.pdf(검색일: 2014.12.20), p.12.

8.국가기술표준원, 2016, "표준화의 의의," 국가기술표준원 홈페이지, http://www.kats.go.kr/content.do?cmsid=23 (검색일: 2016.01.20).

고방법 등에 대하여 정한 결정"이라고 정의했었다.[9] 곧, 사고 방법이나 개념 같은 용어들을 부가하여 인문 사회적 혹은 사회 문화적 표준까지 포괄할 수 있는 여지를 마련했으며, '문서' 대신 '결정'이라는 단어를 선택함으로써 시야를 확대했다. 여기에 관습과 가치에 대한 고찰을 덧붙인다면 매우 포괄적인 시각이 마련될 것이다.

물론 이 정의도 산업규격을 따른 만큼 산업 표준을 염두에 둔 것이므로 위와 같은 확대 해석을 거부할 수도 있다. 사고 방법이나 개념 및 결정이라는 단어들도 산업 표준과 과학 기술 분야에 한정되어 사용되었다고 보는 것이 정확한 해석이기 때문이다. 하지만 확대 해석의 위험을 무릅쓰더라도 이러한 개념 확장은 중요한 의미를 갖는다. 인문 사회적 표준이 실제로 표준의 하나로 인정되고 있을 뿐만 아니라 그 중요성이 점차 커지고 있기 때문이다. 그리고 실제 국가기술표준원도 인문 사회적 표준을 인정하고 홈페이지에 게시한 표준 분류에 포함하고 있다.[10]

인문 사회 영역을 포괄할 때 표준은 모든 인간 삶의 영역을 망라하는 새로운 규범으로 확대된다. 곧, 예절과 언어 예를 들어 가정의례준칙이나 맞춤법통일안 혹은 학술적 기준이나 덕목 혹은 사회적 책임 같은 관습과 가치도 포함한다. 그리고 그 형식은 반드시 성문적일 필요가 없으며, 실제로도 불문 형식의 관습과 가치가 우리 주변에는 적지 않다. 또한 인문 사회적으로 확장할 때 표준은 '어떠한 사상이 미래를 예측하기 어려울 때 이를 예측

---

9. 교재편찬위원회(2013), 제1장 1.2절 참조. 이 규정은 국가기술표준원 홈페이지에도 게시되었지만 지금은 각주 7로 인용된 내용으로 교체되었다.

10. "표준을 분류하는 가장 포괄적인 분류 체계는 표준을 인문 사회적 표준과 과학 기술계 표준으로 분류하는 것이다. 인문 사회적 표준은 언어·부호·법규·능력·태도·행동규범·책임·전통·관습·권리·의무 등으로 나눌 수 있으며, 과학 기술계 표준은 ① 측정표준(measurement standards), ② 참조표준(reference standards), ③ 성문표준(documentary standards)등이 있다." 국가기술표준원, 2016, "표준의 분류," 국가기술표준원 홈페이지, http://www.kats.go.kr/content.do?cmsid=26 (검색일: 2016.01.20).

할 수 있는 상태로 질서를 세우기 위한 기본적인 조치'까지도 포함한다. 더 나아가 이러한 규정에서는 '공인된 기관'이라는 의미에 얽매일 필요도 없다.

공인된 기관 중에서도 공공 기구가 제정하여 문서로 발행한 것을 공식 표준de jure standards이라고 하며, 공공 기구에 의해 공식적으로 제정되지 않았음에도 실제 시장에서 표준으로 통용되는 것을 사실 표준de facto standards이라고 한다. 사실 일반적으로 이 개념들은 각각 '공적 표준'과 '사실상 표준'으로 사용된다. 하지만 '공적'이라는 개념은 '사적'이란 개념과 대응되므로 적절하지 않고 '사실상'이라는 단어는 부사어이므로 명사를 꾸미기에 적절하지 않다.[11] 또한 'de facto'와 'de jure'는 법률혼과 사실혼의 용례에서 보는 것처럼 법률에 의해 공식 인정되는 경우와 비공식적이지만 사실로 인정되는 경우를 지칭한다는 점에서 '사실상'보다는 '사실' 이라는 수식어가 더 적절하다. 따라서 이 책에서는 상술한 바와 같이 공식 표준과 사실 표준이라는 개념을 사용한다.

위에서 살펴 본 것처럼 인용한 여러 표준 개념들은 공공 기구에 의해 제정되는 공식 표준과 과학 기술 표준에 한정되었다. 하지만 이 규정들에서도 표준의 핵심은 목표와 기준 및 자발성과 합의에 놓여 있다. 여기에 사적 표준화 기구에 의해 제정되는 표준을 비롯해 사실 표준까지 고려하면, 표준은 '주어진 상황에서 최적의 상태에 도달함을 목적으로 활동이나 그 결과에 대해 일상적이고 반복되는 사용, 규칙, 가이드라인 혹은 성질을 규정하는 것으로서 합의에 기초해 제정된 목표나 기준'이라고 정의할 수 있다.

물론 사실 표준이 시장에서 강자에 의해 강제된다는 반론이 가능하다.

---

11. 공식 표준과 사실 표준이라는 개념은 필자가 2015년에 발간한 『세상을 바꾸는 표준』(경산: 영남대학교 출판부)의 10~11쪽에서 정리해 사용하기 시작했다.

하지만 그것은 공권력에 의한 강제가 아니라 구조적 강제에 해당할 뿐이며, 이 구조적 강제는 비단 시장에만 해당하는 것이 아니라 사회 체계가 존재하는 한 어디에나 편재하는 것이기 때문에 논박의 근거가 될 수는 없다. 다시 말해 공식 표준에도 보이지 않는 구조적 강제가 작동한다고 말할 수 있기 때문이다. 위의 표준 정의에서 말하는 합의성은 가시적인 구체적 절차를 의미할 뿐이다. 사실 표준도 소비자들에 의해 자발적으로 선택된다는 점에서 이것은 적어도 가시적인 구체적 절차에서는 자율적 합의에 기초한다고 볼 수 있다.

그러면 표준화란 무엇인가?[12] 표준화는 말 그대로 표준을 제정하는 작업으로 이해하기 쉽다. 하지만 표준화 활동에서 표준화는 비단 제정 작업에 국한되지 않는다. 우선 산업 표준과 관련해, 우리나라 산업표준화법[13] 제2조는 표준화에 대해 다음 사항들을 통일하고 단순화하는 것으로 규정하고 있다.

가. 광공업품의 종류·형상·치수·구조·장비·품질·등급·성분·성능·기능·내구도·안전도

나. 광공업품의 생산방법·설계방법·제도방법製圖方法·사용방법·운용방법·원단위原單位 생산에 관한 작업방법·안전조건

다. 광공업품의 포장의 종류·형상·치수·구조·성능·등급·방법

라. 광공업품 또는 광공업의 기술과 관련되는 시험·분석·감정·검사·검정·통계적 기법·측정방법 및 용어·약어·기호·부호·표준수標準數·단위

마. 구축물과 그 밖의 공작물의 설계·시공방법 또는 안전조건

바. 기업 활동과 관련되는 물품의 조달·설계·생산·운용·보수·폐기 등

12.표준화 개념에 대해서도 교재편찬위원회(2013), 제1장 1.2절 참조.

13.산업표준화법[시행 2016.1.6] [법률 제13737호, 2016.1.6. 일부 개정].

을 관리하는 정보 체계 및 전자 통신 매체에 의한 상업적 거래

사. 산업 활동과 관련된 서비스 전기통신 관련 서비스는 제외의 제공절차·방법·체계·평가방법 등에 관한 사항

그리고 국제표준화기구 ISO 는 표준화에 대해 "실질적이거나 잠재적인 문제들과 관련해 주어진 상황에서 최선의 질서를 확립하는 것을 목적으로 일상적이고 반복되는 사용을 위한 규정을 수립하는 활동"[14] 으로 정의하고 있다. 이때 표준화는 일차적으로 제품, 공정, 서비스의 적합성 개선과 무역 장벽의 방지, 기술 협력의 촉진을 위해 적합성, 호환성, 통일성, 안정성, 환경 보호, 제품 보호 등을 확보하는 것을 목적으로 한다. 따라서 표준화는 '특정 사물이나 활동에 대해 순서 있게 접근할 목적으로 규칙을 세우고, 이것을 적용하는 과정에서 모든 이해관계자들[15] 의 이익, 나아가 최선의 경제성을 촉진함은 물론, 기능적 조건과 안전성 요구까지 포괄하면서 모든 이해관계자들의 협력 하에 이루어지는 조직적인 행위'라고 말할 수 있다.

더 나아가 앞에서 말한 것처럼 표준화는 제정 과정뿐만 아니라 적용 과정 등 제정 이후의 활성화 단계까지 포괄한다. 이때 활성화 단계의 대표적 행위는 인증과 인정 및 적합성 평가의 절차다. 따라서 표준화는 인문사회적 표준을 포괄해 표준을 제정하는 행위뿐만 아니라 인증, 인정, 적합성 평가까지 포함하는 것으로 이해해야 한다.

14.ISO/IEC(2004).

15.이 글에서 이해관계자는 이해 당사자와 이해관계인(일정한 사실 행위나 법률 행위의 당사자는 아니지만 그것에 의해서 자기의 권리나 이익에 영향을 받는 사람) 들을 포괄하는 개념으로 사용한다.

표준의 기능

전통적으로 표준은 호환성 확보, 기본 품질 보장, 정보 제공이라는 세 가지 기능을 수행해 왔다. 그러나 변화와 다양성의 시대를 거치면서 제품과 공정뿐 아니라 제도와 경영 및 문화와 윤리의 영역에도 확대되어 이제는 법률의 대체 개념으로까지 등장하고 있다.[16] 그리고 변화와 다양성의 시대를 넘어 표준은 무역 규범, 사회 통합 수단, 사회적 책임SR 이행 수단, 기업 경영 전략, 기술 혁신 도구, 지속 가능 발전의 도구로도 기능한다. 뿐만 아니라 교육, 노동, 환경, 문화, 행정, 복지 및 윤리에 이르기까지 표준의 기능은 더욱 확장되고 있으며, 실제 각종 표준화 기구들이 이 분야들에서 표준을 제정하고 있다.

호환성 확보는 제품의 기능이나 성능을 유지하면서 장치나 기기의 부품 등 구성 요소를 다른 기기의 요소와 서로 바꾸어 쓸 수 있는 조화 가능성compatibility과, 치수나 형상을 통일하여 성능과 기능을 대체할 수 있는 교체 가능성interchangeability을 확보하는 것을 말한다. 특히 생산공정에서 표준화를 추진하는 경우에는 생산원가를 절감하고 공급을 원활하게 하여 가격 경쟁력을 확보하고 규모의 경제economies of scale를 가능하게 한다. 곧 표준은 생산공정의 복잡성을 단순화하고 표준을 통해 통일함으로써 호환성을 확보하게 하여 대량생산과 규모의 경제를 가능하게 하는 것이다.[17]

기본 품질 보장 기능은 제품이나 서비스의 기본 품질 요건을 마련하고

16.Hallström, Kristina Tamm, 2004, *Organizing International Standardization: ISO and the IASC in Quest of Authority* (Cheltenham, UK and Northampton, MA: Edward Elgar), pp.3~15.

17.단순화와 통일화를 통한 복잡성 저감을 또 다른 표준의 기능으로 보는 경우도 있다[예를 들어, Blind, Knut, 2004, *The Economics of Standards: Theory, Evidence, Policy* (Cheltenham, UK and Northampton, MA: Edward Elgar), pp.13~23]. 그러나 단순화와 통일화가 복잡성의 저감을 가져오고 이 복잡성의 저감은 결국 호환성으로 귀결되기 때문에 여기에서는 복잡성의 저감을 호환성에 포함시킨다.

이 최소한의 요건을 만족시키도록 하는 것을 의미한다. 이 기능은 소비자의 기대에 부응하고 공정한 거래를 보장하기 위해 법·제도와 연계하여 강제 적용하는 경우가 많다. 표준은 또한 환경, 안전, 보건 분야에서 생활의 편익을 증진하고 삶의 질을 향상시키는 기능을 수행한다.

표준의 내용은 사실상 정보 자체라고도 할 수 있다. 규격을 단순화하고 통일함으로써 호환성을 확보한다거나 최소한의 품질 기준을 정해 이를 지키도록 할 때, 그 규격과 품질의 내용은 일정한 정보에 해당하며, 이를 통해 수행되는 기능이 정보 제공이다. 호환성 확보와 기본 품질 보장의 기능은 표준 정보 자체만으로 발휘되는 것이 아니라, 제정된 표준이 법이나 제도 혹은 생산과정을 통해 제품이나 서비스에 적용된 후에야 비로소 소비자를 비롯한 표준 이용자들에게 발휘된다. 반면, 정보 제공은 표준 자체가 소비자와 표준 이용자들에게 직접 다가가고 이들에 의해 이용되는 정보로서의 기능이다.

현대 사회에서 표준은 더 이상 전통적 기능만을 수행하지 않는다. 그 새로운 기능으로 꼽을 수 있는 첫 번째가 무역 규범으로서의 기능이다. 국제 표준화 기구들이 환경, 보건, 안전 등에 관한 국제 표준을 제정하는 것은 이 부문들이 국제 무역 경쟁의 수단이 됨으로써 인간의 행복추구권을 침해하는 것을 방지하기 위해서다. 특히 현실주의 입장에서 볼 때, 국제 질서는 약육강식의 정글법칙이 작용하는 무대이다. 따라서 위와 같은 국제 협약이나 기구들조차 강대국의 이익을 위해 희생될 수 있다고 할 수 있다. 회원국 모두가 함께 참여해서 공동으로 제정할 수 있는 규칙이 보장된다면, 국가들 간 합의에 의한 국제 표준을 통해 이러한 무역 경쟁을 제한할 수 있을 것이다. 이러한 의미에서 표준은 국제 사회에서 새로운 무역 규범으로 작동한다.

둘째, 표준은 사회 통합 수단으로 기능한다. 세계는 정치에서 시작하여 산업과 정보에 이르기까지 통합의 역사를 거쳐왔고, 앞으로도 통합의 역사를 창조해 나갈 것이다. 어느 사회든 통합은 규범을 통해 이루어지며, 그 규범이 강제적이 아니라 동의와 합의를 통해 이루어질 때 통합은 보다 견고하고 오래 지속될 수 있다. 또한 동의와 합의에 기반하여 생성된 규범은 다시 사회적 동의를 거쳐 그 유용성과 실익을 인정받을 때 모든 사회 구성원들에게 강제성을 띠는 약속 내지 법률로 제정되기도 한다. 그리고 기존의 규범이 약화되거나 사라지고 새로운 규범이 등장하는 것을 볼 수 있는데, 그것은 그 규범이 통합의 기능을 상실했기 때문이다. 표준은 동의와 합의를 기반으로 하고 자발적 수용을 전제로 하기 때문에 진정한 통합의 기능을 수행할 수 있으며, 현재 국내·국제적으로 새로운 통합 규범으로 등장하고 있다.

셋째, 표준은 사회적 책임SR: Social Responsibility의 이행 수단이다. 세계는 경제 사회의 통합뿐만 아니라 다른 다양한 영역들의 통합으로도 나아가고 있다. 그러나 세계는 여전히 군사적 알력이 아니라면 경제적 다툼의 장이다. 따라서 경제적 갈등과 다툼이 심해질수록 국제 사회에서도 경제 주체들의 사회적 책임에 대한 요구가 높아져왔다. 그에 따라 사회적 책임은 비단 기업뿐만 아니라 다양한 이해관계자들에게 공통적으로 요구되고 있다. 이미 2002년부터 국제연합UN은 유엔환경계획UNEP의 국제협약Global Compact을 통해 기존의 '기업의 사회적 책임CSR'에서 '기업'을 삭제하고 '사회적 책임SR'이라는 용어로 변경했고 이어 2006년에는 국제표준화기구ISO와의 협정을 통해 사회적 책임을 인권, 노동, 반부패, 환경 등의 부문으로 확장해 관련 국제 표준을 제정키로 합의하였다.[18]

넷째, 표준은 기업 경영 전략으로 기능한다. 계획Plan하고 실시Do하고 확인Check하고 실행Action하는 것은 표준 시스템의 전형적인 업무 추진 방법이다. 이러한 기본적인 방법의 도입은 벤처기업을 대기업으로 성장시

18.정병기, 2008,『표준: 새로운 시대 규범 - 국가 표준 정책 교육 교재』, 기술표준원 정책보고서, 42쪽.

키는 데 핵심적인 역할을 한다. 즉, 표준이 제정되는 과정에서 많은 기업 경영의 경험을 가진 전문가들의 조언을 듣고 각종 보고서를 참고하기 때문에 표준은 투자의 위험 요소를 알려주고 경영 성과의 지름길을 제공해 주는 것이다.

다섯째, 표준은 기술 혁신 도구이다. 표준화된 기술은 이미 그 내용과 정보를 공개한 것일 뿐만 아니라 당대에서 가장 널리 사용되는 기술이며 대부분 가장 앞선 기술에 해당한다. 따라서 표준 기술은 새로운 기술을 개발하고자 할 때 가장 기본이 되는 지표이다. 때문에 표준을 알면 학습 효과뿐 아니라 실패를 최소화할 수 있는 간접 경험 효과도 거둘 수 있다. 다시 말해 표준은 기술 경제적 혜택을 극대화할 수 있는 최선의 기술state-of-the-art을 선택할 수 있는 기회를 제공하고 성공 사례로부터 신뢰성을 확보할 수 있는 최상의 관행best practice을 발견하며 개발 목적에 가장 근접한fitness for purpose 기술을 개발하도록 유도한다.

여섯째, 표준은 지속 가능 발전의 수단으로 기능한다. 무절제한 경제 발전의 문제는 사회 통합과도 관련된다. 사회 통합의 문제는 실업과 빈곤 문제의 해결 같은 경제 사회의 통합뿐만 아니라 다양한 소수자의 삶을 보장하는 것도 포함한다. 또한 환경과 관련된 삶의 질 보장도 진정한 사회 통합을 위한 주요 요건 가운데 하나다. 표준의 지속 가능 발전 수단 기능은 경제 발전이 저해할 수 있는 환경 보전과 사회 통합의 문제를 고려하여 이 세 가지 문제 해결이 함께 이루어지는 발전을 추구한다.

실제 2006년 UN과 ISO의 협정은 표준의 기능을 더욱 확장했다. 사회 통합과 환경 보호를 표준의 대상으로 포함시켜 표준을 지속 가능 발전의 도구로 확립한 이 협정은 교육, 문화, 행정, 복지 및 윤리 같은 더 많은 관련 영역들로 확대될 수 있는 여지를 갖추게 한 것이다. 이를 통해 확장된 표준이 기능하는 영역은 위기관리, 건설, 교통, 교육, 소방, 방재, 환경, 노동, 문화 관광, 정보 보안, 공공 행정, 재무, 예산, 해양 수산, 물류 유통, 보건 복지 및 윤리에까지 이르고 있다. [그림 1-1] 참조.

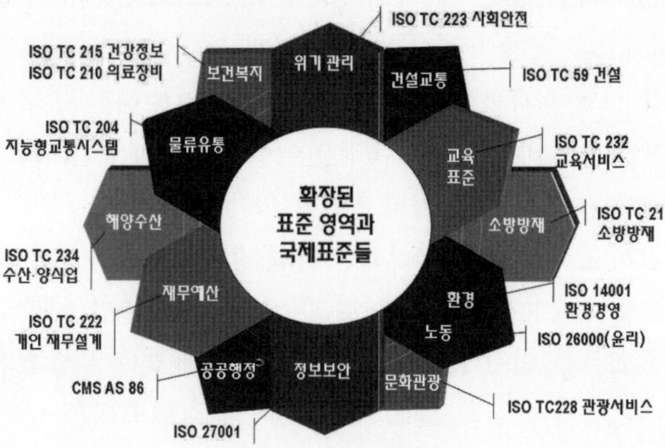

[그림 1-1] 표준 기능의 확장
출처: 정병기(2009), 97쪽

2. 표준 및 표준화의 효과

표준 및 표준화의 긍정적 효과

표준이 사회 경제적으로 미치는 영향은 실로 막대하다. 세계 무역의 약 80%가 표준의 영향하에 있으며, 유럽연합은 사회 통합의 도구로서 표준을 매우 중시하고 있다.[19] 독일표준협회DIN: Deutsches Institut für Normung는 독일에서 표준이 창출하는 경제적 효과를 연간 160억 유로Euro로 추산하는데, 이는 독일 GNP의 1%에 해당한다고 한다.[20] 영국표준기구BSI: British Standards Institution도 표준화에 의한 노동생산

19.김창수, 2001, 『21세기 표준과 인증의 이해』(서울: 대광서림), 2쪽.

20.DIN, 2004, “German Standardization Strategy” (Berlin: DIN), p.6. 표준화의 경제적 효과 전반에 대해서는 DIN, 2000a, *Economic Benefits of Standardization* (Berlin, Wien und Zürich: Beuth Verlag); DIN, 2000b, *Gesamtwirtschaftlicher Nutzen der Normung: Zusammenfassung der Ergebnisse, wissenschaftlicher Endbericht mit praktischen Beispielen* (Berlin,

성 상승 효과가 13%에 이른다고 평가하며, 오스트레일리아표준기구SA: Standards Australia도 국가 표준이 1% 증가하면 생산성도 0.17%[21] 상승한다고 보았다. 그밖에 사회적 책임과 안전보장 및 기본 품질 보장 기능에 따른 사회적 영향도 비록 계량적 측정은 어렵지만 사회 전반적으로 심대한 것으로 나타나며 갈수록 증가하고 있다.

이와 같이 표준이 미치는 막대한 사회 경제적 영향은 표준의 본질적 기능이 산출하는 표준화 효과를 통해 가능하다. 표준의 효과는 크게 수확 체증 효과, 네트워크 외부성 효과, 확장성 효과 및 공공성 효과로 나눌 수 있다.

표준의 첫 번째 긍정적 효과는 수확 체증의 효과이다. 수확 체증 효과는 한 마디로 일단 시장에서 성공한 제품이나 기업, 다시 말해 표준을 획득한 제품이나 기업은 계속해서 성공하는 반면, 실패한 기업은 계속해서 실패하는 이른바 '긍정적 환류positive feedback' 효과를 의미한다. 어떤 제품이 시장에서 한 발 앞서 나아가기 시작하면, 그 앞선 것 때문에 시장에서 계속 앞서 나아가는 선발자先發者 이익이 극명하게 나타날 가능성이 크다는 것이다. 가격이나 기술에서 우위를 가리기 힘든 제품들이 경쟁하고 있을 때, 긍정적 환류 현상은 초기의 작은 우위성에 의해 어떤 하나의 제품이 표준화되면 이 제품이 시장 전체를 장악하여 고정되는 잠김 현상lock-in으로 연결된다. 이러한 원리가 작용하는 표준화 경쟁에서 기업은 초기 수요자 선점을 통한 선순환 효과를 거두기 위해 다양한 시장 확보 전략을 모색한다.[22]

수확 체증이란 노동시간이 추가될수록 산출량이 증가한다는 '규모의

Wien und Zürich: Beuth Verlag) 참조.

21.정병기(2008), 55쪽

22.현대원·김광재, 2007, 『디지털 미디어 혁명과 표준전쟁』(서울: 디지털미디어리서치), 77쪽.

경제economies of scale'와도 같은 의미이다. 수확 체증은 특히 전기, 가스, 철도, 전화, 쓰레기 처리 같은 자원 독점형 산업에 적용되는 효과지만, 최근에는 하이테크 산업에도 이 효과가 적용된다고 알려져 있다.[23] 무엇보다 지식 주도형 경제에서는 미래의 기술을 누가 먼저 선점하여 표준화하느냐가 대단히 중요하다. 표준을 획득한 기업은 그 표준이 가져오는 막대한 경제적 이득뿐만 아니라 기술 혁신 면에서도 유리한 위치에 서게 되어 긍정적 환류 효과가 더욱 커진다. 또한 경제적 이익과 기술 혁신은 관련 제품과 서비스로 확산되어 또 다시 환류됨으로써 이른바 네트워크 외부성 효과로 인해 수확 체증 효과는 더욱 증폭된다.

둘째, 네트워크 외부성Network Externality효과는 "각 경제 주체가 특정 재화를 사용하여 획득하는 효용이 특정 재화와 호환적인 재화를 사용하는 소비자가 많을수록 그 재화로부터 얻을 수 있는 효용이 커"지는 것을 말한다.[24] 표준화는 기본적으로 네트워크가 있기 때문에 존재하며, 이 네트워크는 당해 제품의 수요자들 사이에서뿐만 아니라 유사 제품들의 공급자 사이에도 존재한다. 네트워크 내에서 일어나는 갖가지 혼란을 방지하고 생산과 유통을 원활하게 하기 위한 조치 중의 하나가 표준화인 것이다. 또한 당해 제품뿐만 아니라 호환성을 가진 다른 제품들의 수요가 많아질수록 당해 제품의 수요는 다시 커지게 된다.

네트워크 외부성은 크게 직접적인 형태와 간접적인 형태, 두 가지로 나타난다. 직접적인 네트워크 외부성은 동일 제품 사용자의 수가 증가함으로써 직접 야기되는 효용의 증가를 의미하며, 간접적인 네트워크 외부

23.Arthur, W. Brian, 1996, "Increasing Returns and the New World of Business," *Harvard Business Review,* July-August, pp.1~10 참조.

24.현대원 · 김광재(2007), 72쪽. 네트워크 외부성 효과는 네트워크 효과라고도 한다. 그러나 간접적인 네트워크 외부성 효과까지 포함하는 개념으로서는 네트워크 외부성 효과라는 용어가 더 적절하다.

성은 호환되는 상품, 즉 보완재의 종류와 수가 증가함에 따라 그 제품의 가치가 증가하는 것을 말한다. 직접적인 네트워크 외부성은 인터넷 포탈, 커뮤니티 등 온라인 서비스 분야처럼 네트워크 안에서 상호 소통하는 것 자체의 효용이 클 경우에 잘 나타나며, 간접적인 네트워크 외부성은 운영체제M/S 분야 같이 파급 효과가 큰 영역에서 잘 나타난다.

셋째, 확장성의 효과는 국제 표준화하는 경향을 말한다. 표준의 영역은 무한히 확대되어 왔으며, 그에 따라 표준화도 그 외연을 확장해 이제 표준화를 국내 차원에서만 실행하는 경우는 거의 없다. 국제 표준을 국가 표준으로 수용하는가 하면, 국가 표준을 국제 표준으로 수립하려는 경쟁이 심화되고 있다. 이러한 과정을 통해 표준은 무한히 확장되고 있는 것이다.

물론 표준은 네트워크 외부성 효과를 지님으로써 그 자체로 이미 확장성을 띠고 있다. 그러나 이제 표준화는 일국 내에 머무는 것이 아니라 세계화 현상과 더불어 국제 규범화의 성격을 내면화했다는 점이 중요하다. 말하자면, 표준화의 국제성 혹은 지구적 확장성은 새로운 기술 시대에 나타난 새로운 성격이자 효과라고 할 수 있다.

넷째, 공공의 이익을 촉진한다는 의미에서 표준은 공공성의 효과를 갖는다. 현대 사회에서 표준화는 자연 발생적으로 생겨나는 것이 아니라 의도적이고 조직적인 작업을 통해 공식 표준을 생산하는 방향으로 나아가고 있다. 또한 표준화의 중요성은 바로 공식 표준의 제정과 활성화에 있다고 할 수 있다. 그만큼 표준과 표준화의 공공성이 확대되고 있기 때문이다. 공공성과 강제성을 기준으로 표준과 기술 규정을 구분하는 시대는 지나가고 있다고 해도 과언이 아니다. 특히 표준은 이미 인간의 삶과 문화를 아우르는 모든 영역에 침투해 있어서 공공성을 언급하지 않고는 표준을 논할 수 없는 상황이 되었다. 그렇지만 표준은 법규화하지 않는 한, 여전히 자발성에 기초하는 것이 사실이다. 또한 바로 이 점이 표준에 대한 합의와 동의의 수준을 높이는 중요한 요인이 되기도 한다. 근본적으로 표준은 그 제정뿐만 아니라 활성화에 있어서도 자발성과 합의에 기초하고 있다. 다만 강제성을 띠어서라도 공공의 이익을 보호할 필요가 있을 때 표준은 강제적 법령으로 작용할 수 있을 뿐이다.

표준은 일단 제정되면 다수의 수요자를 창출하는 성격을 가지고 있다. 특히 인간 삶의 질과 연결된 영역에서 최소한의 기준을 정하고 그에 적합한 제품과 공정 및 서비스를 권고하는 것은 국제 표준화 기구의 중요한 기능 중의 하나일 뿐 아니라, 사람들의 요구 수준이 높아져 가고 있는 현대에는 많은 동조자들을 동원하기도 한다. 그밖에 삶의 질과 직접 연결되지 않은 경제 부문에서도 사회적 책임SR이 표준의 주요 대상으로 부상하면서, 표준의 공공성 효과는 더욱 확대되었다. 직접적이든 간접적이든 인간 삶과 상대적으로 더 많이 연결되어 있는 부문일수록 사람들의 관심은 높아질 것이며, 따라서 표준의 영역은 이러한 부문으로 우선적으로 확대될 가능성이 크다.

표준 및 표준화의 부정적 효과

표준의 사회 경제적 효과들이 반드시 긍정적으로 작용하는 것은 아니다. 이 효과들과 직·간접적으로 얽혀서 발생하는 부정적인 효과들도 있다. 그 부정적 효과로는 고착화 현상과 양분화 현상이 대표적이며, 그밖에 네트워크 효과와 직접 관련된 부정적 파급효과도 있다.

그렇지만 이 부정적 효과들은 긍정적 효과들과 맞물려 발생하는 만큼 긍정적 효과들을 충분히 살리면 미연에 방지될 수 있다. 또한 부정적 효과들은 대부분 무한 경쟁이 난무하는 사실 표준에서 자주 나타나므로, 공식 표준의 구속력 확대를 통해서도 일정한 해결이 가능하다.

부정적 효과의 첫 번째는 고착화 현상이다. 이 현상은 표준이 승자독식에 따른 독점화 폐단을 초래하여 새로운 도전의 기회를 가로막고 기술혁신을 저해하며 네트워크 외부성 효과를 통해 소비자들의 과도한 관성을 유발하기 때문에 나타난다. 새로운 기술에 대한 저항으로 표출되는 소비자들의 이러한 관성은 이른바 전환 비용swiching cost 때문에 발생한다.[25] 곧, 시장이 하나의 기술에 이미 고착되었다면, 소비자들은 다른 기술로 전환하는 데 따르는 학습 시간과 새로운 제품 구입 같은 비용을 지불하지 않으려 한다는 것이다. 또한 수확 체증 현상이 적용되는 경제에서는 그 과정에서 제품 선택에 진입 장벽으로 작용할 보조금 같은 전환 비용도 이미 증가했기 때문에 소비자들의 선택은 더욱 어렵게 된다.

이러한 고착화 현상이 발생하게 되면 독점체의 전횡으로 인해 시장이 왜곡되고 새로운 기술 개발에 대한 유인도 사라지게 된다. 따라서 표준화 기구들은 일정 기간이 지나면 기존의 표준에 대해 다시 점검하고 그 개폐를 논의하여 고착화 현상을 방지하기 위해 노력한다. 사실 독과점에 의한 폐단은 표준화 기구만이 해결할 문제가 아니다. 국가의 공권력과 법규를 통해 부당한 독과점의 행위를 차단하는 것이 필요하다. 그러나 국제 사회에서 국가의 행위는 한계가 있다. 따라서 적어도 이러한 점에서는 국제 사회에서 표준화 기구가 해야 할 일이 더 많다고 할 수 있다. 표준의 새로운 기능 중의 하나인 공공성의 효과를 충분히 살려 사회적 책임에 대한 표준화 작업을 확대하는 것이 중요한 방법이 될 것이다.

둘째, 수확 체증 효과 및 네트워크 외부성 효과로 인해 양극화 현상도 나타난다. 기술적 우위를 바탕으로 국제적인 표준이 형성되면 기술적으로 열위에 있는 국가와 기업들은 이에 종속될 수밖에 없으며, 이러한 구조적인 종속 관계가 지속된다면 표준 선점자와 남은 자들의 양극화가 심화된다. 특히 첨단 기술의 경우, 표준을 선점한 선진국의 독점화 현상이 심화되고 있기 때문에 이러한 현상이 나타날 가능성은 훨씬 높다. 더욱

25.Porter, Michael E., 1980, *Competitive Strategy: Techniques for Analyzing Industries and Competitors* (New York: Free Press, etc.) 참조.

이 적절한 기술 개방을 의무로 하는 표준화가 이루어지지 않고 지식재산권을 과도하게 보호하는 경우에는 표준화에 실패한 국가와 기업들이 과다한 로열티를 지불해야 하는 결과가 생기기도 한다. 모든 관련 내용들의 독점을 허용하는 특허에서 이 문제는 가장 첨예하게 나타난다. 그러나 시장에 맡겨진 사실 표준에서도 문제는 역시 마찬가지이며, 표준을 지정만 할 뿐 기술 공개와 같이 표준과 관련된 책임이 수행되지 않을 때에도 결과는 마찬가지다. 곧, 양극화는 독점화의 다른 표현이라고도 할 수 있다. 결국 기업의 사회적 책임을 표준화 영역으로 확대하여 공공성의 효과를 극대화하는 것이 한 방편이 된다.

또 다른 측면의 양극화로 고용 감소에 따른 공익의 훼손과 사회적 불평등이 생길 수 있다. 단순화와 통일화로 효율성을 높이는 표준화로 인해, 특히 자동화를 통한 생산 공정의 표준화로 인해 제품 품질과 기업 생산성은 향상될 수 있지만, 그 부정적 효과로 고용이 감소할 가능성이 크다. 이 문제도 역시 사회의 양극화로 귀결될 것이 자명하다. 따라서 특히 노동을 비롯한 삶의 질과 관련된 영역에서 이루어지는 표준화 활동은 새로운 기능의 하나인 공공성 효과를 고려하는 데 항상 신중을 기할 필요가 있다.

셋째, 네트워크 외부성으로 인해 악단차 효과bandwagon effect와 속물 효과snob effect 및 공장 옆 과수원 효과가 발생한다.[26] 악단을 태운 악단차는 공연 선전을 하며 마을 어귀를 돌아다니며, 이 악단차 뒤에는 악단 구성원뿐만 아니라 이 선전 공연을 보려는 구경꾼들이 따라다닌다. 악단이 흥행할 수 있다면 이 선전 공연에서부터 구경꾼들이 많이 모일 것이다. 이처럼 한 무리의 사람들이 유행을 이끌면 이후 다른 사람들이 그 유행을 따르는 현상이 악단차 효과다. 표준화로 인해 유행이 성립된다면 그 제품

26.이준구, 2008, 『미시경제학』, 제5판(서울: 법문사), 161~163쪽; 이덕희, 2008, 『네트워크 이코노미: 부분과 전체의 복잡성에 대하여』(서울: 동아시아) 참조.

이 잘 팔리게 되는 효과가 바로 악단차 효과의 하나라고 할 수 있다.

속물 효과는 명품 소비의 예가 대표적이다. 이른바 속물근성이 강한 사람일수록 남들이 감히 사지 못하는 값비싼 명품에 집착한다. 남들이 구매하지 못하는 물건을 지님으로써 자신의 능력과 힘을 과시하려는 심리가 깔렸다고 할 수 있다. 이 경우에는 어떤 상품을 소비하는 사람이 많을수록 그 상품의 소비가 오히려 줄어드는 결과가 생겨난다. 이러한 경우도 네트워크 외부성 효과의 하나이다.

매연을 뿜어대는 공장 옆의 과수원도 이 네트워크 외부성 효과로 인해 손해를 보는 경우이다.[27] 우리나라에서 문제된 바 있는 소위 '쓰레기 시멘트'의 문제가 대표적인 예다. 쓰레기 재활용을 위해 화학 쓰레기들까지 녹여 시멘트를 만듦으로써 그 유독 가스와 먼지로 인해 주변 농장의 피해가 심각하게 나타난 사실이 보도된 바 있다.

그러나 속물 효과는 표준화와 관련해 그다지 심각한 문제로 떠오르지 않는다. 이른바 속물근성은 표준화와는 무관한 다른 사회적·인성적 차원의 문제이기 때문이다. 따라서 속물 효과는 표준화로 인해 생겨나는 폐해도 아닐뿐더러 표준화로 해결할 수 있는 문제도 아니다.

악단차 효과에서 나타나는 '유행'의 의미도 단순히 '남을 따라 하는 유행'의 의미라면, 이 근성 또한 또 하나의 속물근성이라고 할 수 있다. 남들이 다 하는 것을 하지 못함으로써 자신의 능력이 뒤떨어진다고 생각하는 열등감에서 무리와 낭비를 초래하면서까지 유행을 따라가는 것은 소극적 의미의 속물근성인 것이다. 표준화에서 이야기하는 다수의 수요 획득은 표준의 기본 품질 보장 기능을 전제로 하여 그 효용과 가치를 인정받았다는 의미를 갖는다. 물론 유행을 사실 표준으로 볼 수도 있다. 그러나 사실 표준도 최소한의 기능과 품질을 보장 받는다는 측면에서 확보될 때

27.이덕희(2008) 참조

진정한 의미의 표준이 된다. 그리고 표준화는 공식 표준의 제정과 활성화에 한정하는 것이므로 속물근성에 따른 '유행'은 표준화의 직접 관심사가 아니다.

반면 공장 옆 과수원의 문제는 표준화가 의도하지 않은 문제이지만 표준화와 관련이 될 수 있는 문제이다. 위의 예에서 '쓰레기 시멘트'를 환경보호와 관련된 우수 제품으로서 표준화했다면 그것은 표준화의 심각한 오류가 될 것이다. 그러나 이 오류도 역시 표준의 본래 기능에서 파생된 것이라기보다 표준화 활동의 오류로 인해 파생된 결과일 뿐이다. 표준을 제정할 당시에 고려할 환경 문제는 비단 쓰레기의 재활용만이 아니라 인근 자연 환경의 보호도 포함된다. 그럼에도 불구하고 표준화 과정에서 고려할 사항을 충분히 고려하지 못한 심사상의 오류인 것이다. 따라서 이것은 절차상의 시정으로 해결할 문제라고 할 수 있다.

3. 새로운 규범으로서 표준의 가능성과 표준 연구의 동향과 전망

새로운 규범으로서 표준의 가능성

현대 사회는 다양성의 사회다. 그에 맞추어 표준의 영역과 기능도 무한히 확장되어 왔다. 이제 새로운 시대 규범으로서 표준은 국가에 의한 강제 규정에 머물지도 않으며 시장에 방임되지도 않는다. 그러나 표준의 성격은 본질적으로 공적 접근성을 가지며 갈수록 그 공공성이 확대되고 있다.

표준은 공적 성격을 띠지만 자발적 영역에 속하기 때문에 구속성을 갖는다하더라도 법이나 명령 및 조례와 같이 강제적 구속력을 갖지는 않는다. 합의를 통해 제정하여 임의로 수용하도록 하는 것이다. 그러나 표준의 기능과 효과에서 본 바와 같이 표준을 선점한 자와 수용한 자 및 수용하지 않은 자 사이에서 갖가지 기능과 효과는 다르게 나타난다. 따라서 그 공적 성격을 제도적으로 확보할 것이 요구된다.

사회가 복잡해질수록 법으로 규정할 수 없는 영역이 확대되며 그에 따라 자발성의 영역이 넓어진다. 이 영역은 근본적으로 다양성의 영역이라고 할 수 있다. 새로운 시대 규범으로서의 표준의 성격은 이와 같이 공적 접근성과 함께 다양성의 보장과 관련된다.

국제적으로도 국가들 간 협정만으로는 더 이상 국제 사회를 온전히 규율할 수 없게 되었다. 성, 문화, 인종, 종교, 언어 등의 모든 현상들이 세계화를 통해 통일을 지향하면서도 결코 단일성으로 귀결될 수 없는 다양성의 복합을 필요로 하기 때문이다. 이러한 사회에서 필요한 것은 최소한의 질적 기준이 될 뿐만 아니라 발전 지향적 모범이 되는 규범이다. 그리고 이 규범은 국가들뿐만 아니라 모든 이해관계자들이 함께 논의한 결과로서 그들의 이해관계를 반영해야 한다.

인류의 역사는 실로 원자화의 시대에서 통일로 발전하고 다시 통일에서 다양성으로 발전해 왔다. 진시황의 진 나라와 로마 제국 이전에 동·서양은 제각기 수많은 나라들이 각축하던 원자화된 사회였다. 이 시대가 진秦 제국과 로마 제국으로 통일되었으며, 이 제국들은 다시 해체되어 봉건사회를 이루었다. 그러나 이 봉건사회는 과거의 원자화된 소규모 국가들보다는 큰 규모의 국가들이 각축하는 사회였다. 원자화와 통일의 변증법적 발전이 이루어져온 것이다.

이후 봉건사회의 제후국들은 다시 통일의 수순을 밟아 민족 국가를 이루고 급기야 양차 대전을 전후해서는 파시즘 국가들과 자유주의 국가들이라는 두 진영으로 분리·통합되었고, 이 형태는 양차 대전 이후 현실 사회주의와 자본주의라는 두 진영으로 재분할되었다. 이른바 동맹의 형태로 통일이 이루어져온 것이다.

그리고 1980년 말 이후에는 지식과 감성으로까지 기술 개념이 확장되는 다양성의 사회가 도래했다. 그와 동시에 세계화라는 흐름 속에서 새로운 통일성의 기운이 팽창하기도 한다. 그러나 과거의 통일성이 다양성을 대체할 수는 없다. 역사는 언제나 발전적으로 종합하면서 전개되어왔기 때문이다. 따라서 현대의 다양성은 획일성을 요구하는 세계화가 아니라 다양하게 포진하고 있는 인간과 집단들의 이해관계가 골고루 반영되는 새로운 통일성이 될 것이다. 그 새로운 통일적 규범이 곧 표준이라고 할 수 있다. 새로운 규범으로서의 표준은 다양성을 포기하는 것이 아니라 최소한의 기준을 마련함으로써 보다 질 높은 다양성을 추구한다.

다양성을 포괄하는 표준은 다시 표준화 영역의 다양성으로 연결된다. 표준은 그동안 전통적 기술 분야에 국한되어 제정되어왔다. 그러나 기술의 의미가 확장된 것처럼 표준의 의미도 확대되고 있다. 사회적 책임을 포괄하는 설명에서 보았듯이 이제 표준은 위기관리, 교육, 재무 관리, 정보 보안, 공공 행정 등 다양한 분야로 그 대상 분야를 확장해 나가고 있다. 그에 따라 표준의 기능도 능률과 효율뿐 아니라 삶의 질 개선 같은 다양한 사회적 이슈 영역으로 확장되어가고 있다. 표준은 이제 특정 사회나 국가에만 한정되지도 않으며 전통적인 기술 영역에 한정되지도 않는다. 따라서 표준은 현대와 미래 사회의 모든 영역을 포괄하는 새로운 규범으로 자리잡아간다고 할 수 있다.

표준 연구도 이러한 경향을 반영해 과학 기술 영역에 한정된 각론적 연구를 넘어 점차 표준 일반의 성격과 규범성에 관한 연구들로 확장되고 있다. 최근 유럽과 한국에서 표준 연구 학회들이 생겨나 총론적 연구를 수행하고 독자적 연구 방법론을 개발하려고 노력하는 것이 이를 증명한다.

표준 연구의 동향과 전망

표준에 대한 각론은 특히 공학과 경제학을 중심으로 헤아릴 수 없이 많은 연구들이 축적되었지만, 그 총론적 논의는 아직 많지 않다. 물론 한국표준협회 등 표준 관련 기구들이 편찬하는 문헌들이 발간되고 있다.[28] 또한 표준이 특별히 발전한 독일과 프랑스의 논의들까지 살펴본다면 적지 않은 총론적 표준 연구들을 접할 수 있을 것이다.

그러나 실무 전문가들이나 표준 전문 기구들이 발간하는 문헌은 주로 표준 업무 종사자들을 대상으로 하거나 표준을 보급하려는 목적으로 제작된 만큼 학술적 논의와는 거리가 멀어 연구동향 검토에서 제외한다. 물론 이 문헌들도 학술 연구의 일차 자료로서는 중요한 가치가 있으므로 연구 대상이나 참고 자료로 사용할 것이다. 독일어와 프랑스어로 쓰인 문헌들도 이 장의 한정된 지면에서는 함께 다루기가 어려워 제외하며 각론에서만 다룬다. 따라서 표준 연구 동향으로 다룰 문헌들은 한글과 영어로 된 학술 연구 결과들만을 대상으로 한다.

우선 한글로 된 총론적 표준 연구로는 김병기, 김상규, 김원중, 박기식·강대경, 윤강술·강대경, 이기상 및 필자 등이 제출한 일곱 편의 한글 논문들과 강병구 교수와 필자의 단행본들이 있다[29]. 그리고 영어로 씌어진 연

28.표준 관련 기구에 근무하는 실무 전문가들이나 표준 관련 기구가 직접 발간한 것으로는 다음 문헌들이 대표적이다: 공업진흥청, 1994,『세계 각국의 표준화와 인증제도』(서울: 한국표준협회); 기술표준원, 2001,『산업 표준화 40년사』(과천: 기술표준원); 김창수(2001); 신명재, 2007,『신표준화개론』(서울: 한국표준협회); 최종완, 1997,『알기 쉬운 표준화 이야기』(서울: 한국표준협회); 한국산업기술진흥협회, 1999,『기술 혁신을 위한 표준 제도의 현황과 발전 방향에 대한 연구』(서울: 과학기술정책관리연구소); 한국표준협회가 발간하는『미래 사회와 표준』(2011년도 개정 4판까지는 한국표준협회를 저자로 표기했으나 최신판인 2013년도 개정 5판은 교재편찬위원회를 저자로 표기).

29.김병기, 2008, "국가 표준 체계의 정합성을 위한 법·제도적 제언,"『중앙법학』 제10집 1호(중앙법학회), 361~393쪽; 김상규, 1996, "산업 표준화의 역사적 고찰,"『경영사학』 제13집(한국경영사학회), 37~56쪽; 김원중, 1989, "표준화의 문제점과 대책," 한국품질경영학회 발표문집, 22~36쪽; 박기식·강대경, 1998, "시장 변화에 따른 표준화 과정,"『국제통상연구』 제3집 2호(한국국제통상학회), 147~167쪽; 윤강술·강대경, 2000, "시장에 있어서 국제 표준화의 채택 과정에 관한 연구,"『산업경제연구』 제13권 2호(한국산업경제학회), 27~42쪽; 이기상, 1994, "표준화의 비용과 효과 분석,"『정보통신정책연구』 제1권 1호(정보통신정책학회), 33~67쪽; 강병구, 2009,『'표준'이 시장을 지배한다』(서울: 삼성경제연구소); 정병기(2009); 정병기(2015b).

구들로는 오리얼과 베넴Auriol and Benaim, 패럴과 살로너Farrell and Saloner, 호이트Hoyt, 매틀리와 뷰테Mattli and Büthe, 매튜츠와 레지보Matutes and Regibeau, 오스트로브스키와 샤츠Ostrovsky and Schwarz, 비얼Veall 등이 쓴 일곱 편의 논문들[30] 및 블라인드Blind, 게이벨Gabel, 그린들리Grindley, 호킨스와 맨셀 및 스키어Hawkins, Mansell and Skea, 크라이슬로브Krislov, 브런슨 외Brunsson, et al., 부시Busch 등이 저술한 여덟 편의 단행본들[31] 이 대표적이다.

우선 필자의 논문은 무엇보다 표준학의 성립을 제안하면서 표준의 개

30.Auriol, Emmanuelle and Michel Benaim, 2000, "Standardization in Decentralized Economies," *The American Economic Review,* vol.90, no.3, pp.550~570; Farrell, Joseph and Garth Saloner, 1985, "Standardization, Compatibility, and Innovation," *The RAND Journal of Economics,* vol.16, no.1, pp.70~83; Hoyt, Homer, 1919, "Industrial Combination and the Standardization of Production," *The Journal of Political Economy,* vol.27, no.2, pp.95~104; Mattli, Walter and Tim Büthe, 2003, "Setting International Standards: Technological Rationality or Primacy of Power?," *World Politics,* vol.56, no.1, pp.1~42; Matutes, Carmen and Pierre Regibeau, 1989, "Standardization Across Markets and Entry," *The Journal of Industrial Economics,* vol.37, no.4, pp.359~371; Ostrovsky, Michael and Michael Schwarz, 2005, "Adoption of Standards under Uncertainty," *The RAND Journal of Economics,* vol.36, no.4, pp.816~832; Veall, Michael R., 1985, "On Product Standardization as Competition Policy," *The Canadian Journal of Economics,* vol.18, no.2, pp.416~425.

31.Blind(2004); Gabel, H. Landis (ed.). 1987, *Product Standardization and Competitive Strategy* (Amsterdam: North-Holland); Gabel, H. Landis, 1991, *Competitive Strategies for Product Standards: The Strategic Use of Compatibility Standards for Competitive Advantage* (London: McGraw-Hill Book Company); Grindley, Peter, 1995, *Standards Strategy and Policy: Cases and Stories* (Oxford: Oxford University Press); Hawkins, Richard, Robin Mansell and Jim Skea (eds.), 1995, *Standards, Innovation and Competitiveness: The Politics and Economics of Standard in National and Technical Environments* (Aldershot, UK and Brookfield, IL: Edward Elgar); Krislov, Samuel, 1997, *How Nations Choose Product Standards and Standards Change Nations* (Pittsburgh, PA: University of Pittsburgh Press); Brunsson, Nils, Bengt Jacobsson and Associates, *A World of Standards* (New York: Oxford University Press), pp.1~17; Busch(2011).

념과 기능 및 효과에 대해 상론했다. 국내 표준학회가 성립할 무렵에 제출된 것으로서 의미 있는 논의라고 할 수 있으나 기본적인 이해에 머물러 있다. 필자의 단행본도 이러한 맥락에서 논의를 더 확대해 대중적 관심을 끌어내고자 했지만, 학술 연구서라고 보기 어려워 총론적 연구로서도 일정한 한계를 지닌다. 강병구의 저서도 시장과 표준의 관계에 특화해 전문적 저술의 성격을 띠지만 대중의 표준 이해를 돕기 위한 책으로 역시 총론적 학술 연구로서는 한계를 갖는다.

한편, 김병기의 논문은 우리나라 국가 표준 제도의 한계를 논하면서 '가칭국가 표준 체계의 확립 및 국제 표준화 대응 역량 강화를 위한 특별법' 제정을 제안하는 등 전 방위적인 법적·제도적 개선을 제안하고, 김상규는 표준의 역사를 기술하였으며, 김원중은 사내社內 표준에 초점을 두어 표준의 제정 절차와 원리를 당위적으로 서술하였다. 박기식·강대경의 논문과 윤강술·강대경의 논문은 특정한 경제학적 개념과 원리를 이용해 국가 표준과 국제 표준의 경제적 효과를 분석하였고, 이기상은 표준의 비용 편익을 이론적으로 고찰하였다.

그중 김병기의 논문은 표준에 관한 가장 포괄적인 논의를 펼쳤으나 국가 표준 제도의 법적 제체 정비에 치중하였고, 김원중과 김상규의 논문은 분석적이라기보다 역사와 사실에 대한 기술에 가깝다. 김병기의 논문은 특히 다양성과 통일성의 효과를 상호 충돌하지 않게 잘 설명하고 있는 반면, 김원중과 김상규의 연구들은 통일성의 기능에 한정한 것으로 보인다. 그리고 박기식·강대경 및 윤강술·강대경의 논문은 경제학 원리를 정교하게 적용하여 분석적인 결과를 도출하였다. 그러나 규모의 경제와 네트워크 외부 효과에 한정했으며, 두 논문은 사실상 대부분 동일한 내용을 가지고 있다. 이기상의 연구는 실제 효과의 계량적 분석의 한계를 언급하면서 이론적 측정에 집중하여 표준의 비용 편익을 치밀하게 분석하였다. 그러나 이 논문도 경제적 효과에 치중하여 이 글이 목적으로 하는 총론적 분석의 일면을 만족시키는 데 머물고 있다.

영어권 논의들도 그린들리Grindley의 역사와 사례 분석 및 크라이슬로브Krislov 의 국가와 표준의 관계 분석을 제외하면, 모두 총론적 입장에서 방대한 관심을 표출한 문헌들이다. 그러나 이 문헌들도 대부분 경제학적 논의에 한정되어 있어 학제적 논의로의 확대가 필요하다. 곧, 사회 경제적 효과에 대한 논의에서 이해관계자들 간의 갈등 조정이 필요하다고 언급되어 있을 뿐, 이 갈등이 표준의 기능과 구체적으로 어떻게 연관되어 있고 또 어떻게 정치적 조절이 가능한지에 대해서는 논구하지 못했다. 정책적 관심을 보이기는 했으나 이 관심도 표준화 기구와 국가의 표준 제정과 확산 정책 혹은 전략에 머물렀다. 이것은 지금까지 표준에 대한 연구가 사회 과학에서도 이루어지기는 했지만, 주로 경제학과 행정학에 국한된 점에 기인하는 것으로 보인다.

그러한 가운데에서도 브런슨 등과 부시의 저서는 특히 주목할 만하다. 브런슨 등이 집필한 단행본은 표준 연구사상 처음으로 사회 규범과 법령 및 표준의 관계를 다룬 브런슨과 제이콥슨Brunsson and Jacobsson의 "표준화의 현대적 확장The Contemporary Expansion of Standardization" 등 다양한 논의들을 포괄한다. 부시의 단행본도 표준에 대한 새로운 분류와 규범성 및 민주주의 논의에 이르기까지 표준에 관한 논의를 확장하기 위해 노력했다.[32] 이 두 단행본은 총론적 논의에서 그 주목에 값하며 그런 만큼 더욱 발전시킬 가치가 있다.

필자는 여러 경로를 통해 표준 연구가 독자적 학문으로 성립할 수 있으며 그 성격은 사회 과학에 가장 근접한다고 주장한 바 있다. 독자적 학문의 성립은 고유한 연구 대상의 존재, 이론과 방법론의 발전, 연구 결과물의 축적이 있어야 가능하다. 그리고 그 분과 학문이 속하는 계열 학문

32.이 단행본은 2015년에 한글로 번역되었다. Busch, Lawrence, 2015, 『표준: 현실을 만드는 레시피』, 이종삼 역(파주: 한울아카데미).

은 연구 대상의 성격에 따라 규정된다. 표준은 자연 과학과 공학의 도움을 필요로 하고 이 분야와 중복되는 부분이 없지 않지만, 인간 사회의 중요한 수단이 될 뿐만 아니라 새로운 규범으로까지 발전하고 있다. 따라서 굳이 분류하자면 사회 과학의 대상이라고 할 수 있다.

사회 과학에서 어떤 대상이 인간과 인간 사회의 본질을 구성하거나 심대한 영향을 미칠 때 학문적 대상으로 독립될 수 있다. 근대 사회에서 법치 국가가 생겨나고 법이 더 이상 권력 현상의 수단이 아니라 근대 국가의 존재 근거로 확립됨으로써 법학이 발전했던 것이다. 이와 같이 표준도 그 영역과 기능 및 사회 경제적 효과가 확대됨으로써 새로운 시대 규범으로 발전할 가능성이 커졌다. 따라서 표준을 대상으로 하는 사회적 요구와 조건은 충분히 갖추어졌다고 할 수 있다.

이론과 방법론도 다양하게 발전되어 왔다. 일일이 거론할 수 없을 정도로 많이 제출된 표준 연구들에서 경제학과 공학 및 행정학 이론과 방법론들이 활용되어 왔다. 그것은 표준에 대한 연구가 정보나 제품 및 기술과 공정들 중 개별 품목과 사안에 대해서만 이루어져 왔기 때문이다. 심지어 문학에서도 맞춤법 통일안과 같은 개별 표준에 대한 연구가 별도로 진행되어 왔다. 따라서 이론과 방법론의 발전도 충분히 이루어졌다고 할 수 있다. 문제는 이 이론과 방법론의 체계화다. 개별 분과 학문에서 독자적으로 전개되어온 이론과 방법론들을 학제적으로 엮어 체계화하는 작업이 요청된다는 것이다.

연구 결과물도 위에서 말한 것처럼 각론에서는 헤아릴 수 없이 방대하게 축적되었다. 그러나 이론과 방법론이 분과 학문별로 발전해왔듯이 연구 결과물도 분과 학문들 내에서 개별적으로 축적되었다. 따라서 표준 연구의 결과물은 개별 대상에 대한 사례 연구의 형태를 띨 수밖에 없었다. 모든 학문은 총체적 체계화를 필요로 한다. 이론과 방법론의 체계화와 마찬가지로 연구 결과물의 체계화도 총론의 구성을 통해 가능할 수 있다. 표준 연구의 학문화는 이제 총론 작업만을 남겨두고 있는 것이다.

표준을 대상으로 하는 학문은 '표준학'이라고 부를 수 있다. 그 계열 학문적 성격은 사회 과학에 가장 가깝다고 할 수 있다. 그렇지만 기호학이 철학 내에 위치한 것처럼 사회 과학의 한 분과 학문 속에 위치하는 것도 가능하다. 그러나 표준학의 특수성은 대단히 학제적이라는 것이다. 이와 관련해 아직 부족한 점이 있다면 사회학적 접근과 정치학적 접근이다. 표준 이해당사들 간의 분쟁 조정이나 제정 과정에 대한 연구는 사회학이나 정치학적 접근을 통해 가능할 수 있다. 사회학과 정치학을 포함하는 학제적 성격을 충분히 갖춘 표준학의 성립도 총론 작업과 동시에 이루어질 수 있다.

제2장

표준의 포괄적 규범성과 공동 규제성

제2장

표준의 포괄적 규범성과 공동 규제성

표준이라고 하면 대부분 KS 마크를 떠올린다. KS 마크는 일본의 JIS나 독일의 DIN 같은 대표적인 공업 규격[1] 혹은 기술 표준이다. 그러나 사회가 더 복잡해지고 국제 관계가 더욱 긴밀해짐에 따라 표준은 공업 규격이나 기술 표준에 머물지 않고 무역 관계뿐 아니라 각종 조직과 단체의 사회적 책임 ISO 26000 및 인문 사회적 영역으로까지 확대되고 있다. 그에 따라 표준은 공공성의 의미가 갈수록 커져갔고, 또한 그로 인해 시장 경쟁에서 자율적으로 형성되는 사실 표준에 비해 표준화 기구가 공식 절차를

1.규격은 제품이나 재료의 품질, 모양, 크기, 성능 등의 기준을 의미하는 것으로 주로 광공업 제품과 관련해 사용되어 초기에는 표준과 동일한 의미로 이해되었다. 이것은 우리나라 현대 표준이 일본 규격을 들여오면서 시작되었다는 점으로 인해 일본에서 사용하는 단어를 그대로 도입했기 때문으로 알려져 있다. 그러나 점차 표준 개념이 확대됨에 따라 표준의 하위 개념으로 이해되다가 최근에는 표준 개념으로 대체되는 추세다. 정병기·김찬우, 2013, "산업 표준 보유 및 표준화 활동 추이로 본 한국 산업 표준 정책의 특징과 변화," 『한국과 국제정치』 제29권 3호(경남대학교 극동문제연구소), 163쪽.

통해 제정하는 공식 표준이 더욱 발전하게 되었다. 이것은 표준의 영역과 공공성이 확대됨으로써 인문 사회적 사회 규범과 더욱 중첩되어간다는 것을 의미한다.

앞 장에서 설명한 것처럼 표준의 사회 경제적 효과는 매우 지대한 것으로 알려져 있다. 또한 현재 많은 국가들이 공식 표준의 제정에 더욱 큰 중요성을 부여하면서 환경 보호, 안전, 소비자 보호 등의 영역에서는 표준을 '기술 규정 혹은 기술 기준'으로 규정하여 법령의 강제적 구속력까지 갖추어가는 추세다. 이것은 표준의 규범성이 강화되어 법령과 중첩되어 가는 영역이 커져 감을 의미한다.

이러한 규범성은 규제성과도 연결된다. 국제 표준은 이미 국제 무역에서 기술 장벽을 제거하기 위한 수단으로 사용되고 있다. 그러나 다른 한편으로는 표준이 상이하게 나타남으로 인해 새로운 기술 장벽이 되기도 한다. 또한 국내적으로도 표준은 규격과 공정 등의 제정을 통해 시장에 개입하는 효과적 수단으로 이용되는가 하면, 특허와 비교해서는 오히려 탈규제를 통해 시장의 개방과 기술 혁신을 촉진하기도 한다. 표준은 규제와 탈규제라는 이중성을 가지고 있는 셈이다.

이와 같이 표준은 사회 규범 및 법령과 중복되는 규범성을 가지고 있으며 규제와 탈규제의 양면성을 띠는 이중적 복합성을 갖고 있다. 이 장은 표준의 복합성에 관한 논의들을 바탕으로 사례 연구를 통해 표준의 규범성과 규제성을 올바로 규명하는 것을 목표로 한다. 사례 연구는 이 복합성이 가장 잘 드러나는 사례로 인정되는 유럽공동체 및 유럽연합과 독일의 표준화 정책을 대상으로 한다.

우선 표준의 규범성을 사회 규범 및 법령과 비교해 그 구속성을 비교하고 구체적으로 유럽연합과 독일에서 법령에 대한 표준의 위상이 어떻게 설정되어 있는가를 살펴본다. 사례 연구에서 법령과 표준의 위상만 살펴보는 것은 표준의 정의와 대상이 사회 규범의 영역까지 아우르고 있다는 점에서 사실상 국제표준화기구ISO의 규정과 동일하기 때문이다. 다음으로는 규제성 논쟁을 중심으로 표준의 규제 수단적 성격을 규명하면서 이 규제성이 구체적 사례에서 실질적으로 어떻게 인식되고 실현되고 있는지를 고찰한다. 서술 방식은 먼저 규범성과 규제성에 대한 이론적 논의를 정리한 다음 구체적인 사례를 설명하는 순서를 따른다.

1. 표준의 규범성과 규제성에 관한 선행 연구의 의미와 한계

표준이 사회 과학적으로 주목받기 시작한 것이 오래되지 않은 것처럼 표준의 규범성과 규제성에 대한 학술적 논의가 시작된 것도 최근의 일이며 몇몇 연구에 한정되었다. 2000년에 브런슨과 제이콥슨Brunsson and Jacobsson[2] 이 처음으로 사회 규범과 법령 및 표준의 관계를 다루기 시작했고, 2011년에 부시Busch[3] 가 그 깊이를 더했다. 또한 2003년에 마틀리와 뷔테Mattli and Büthe[4] 가 국제 표준을 대상으로 권력의 측면에서 규범성을 다루었고, 국내에서는 2009년 필자[5] 가 표준학의 성립을 제안하면서 유일하게 표준의 새로운 규범성을 논했다.

한편 표준의 규제성에 관한 논의도 1990년대 탈규제와 규제를 둘러싼 논쟁으로 시작되어 2000년대까지 이어졌지만, 아직 양적으로 많이 축적되지는 못했다. 표준을 탈규제 수단으로 파악한 학자들은 프랑스

2.Brunsson, Nils and Bengt Jacobsson, 2000, "The Contemporary Expansion of Standardization," Nils Brunsson, Bengt Jacobsson and Associates, *A World of Standards* (New York: Oxford University Press),

3.Busch, Lawrence, 2011, *Standards: Recipes for Reality* (Cambridge, MA: The MIT Press).

4.Mattli, Walter and Tim Büthe, 2003, "Setting International Standards: Technological Rationality or Primacy of Power?," *World Politics*, vol.56, no.1, pp.1~42.

5.정병기, 2009, "표준의 사회 경제적 효과와 새로운 규범의 가능성 및 표준학의 전망," 『한국정치연구』 제18집 3호(서울대학교 한국정치연구소), 87~111쪽.

사례 연구를 통해 "공공 정책의 탈정치화"를 주장한 조베르 Jobert[6] 와, 이해관계자들의 광범위한 참여를 통해 자율적으로 이루어지는 지식 생산을 강조한 조르다나 및 레비-포르 Jordana and Levi-Faur[7] 등으로 대표된다. 반대로 표준의 규제적 성격을 강조하는 학자들로는 유럽공동체 및 유럽연합의 표준을 이용한 재규제 re-regulation 혹은 "규제 국가 regulatory state" 경향을 지적한 마존 Majone[8] 과, 현실 사회주의 국가들과 프랑스의 규제 규범적 성격을 강조한 차야와 헤써 Czaya and Hesser[9] 가 있다. 한편, 보라즈 Borraz[10] 는 유럽 표준 정책을 연구해 입법적 규제 행위를 이해관계자들의 행동과 결합시킨다는 의미에서 표준화를 공동 규제 co-regulation 의 한 모델로 파악하기도 했다.

이 연구들은 모두 표준의 규범성과 규제성에 대한 논의의 단초를 여

---

6. Jobert, Bruno, 2003, "Le Mythe de la Gouvernance Depolitisee," Pierre Favre, Jack Hayward and Yves Schemeil (eds.), *Etre Gouverne. Etudes en L'honneur de Jean Leca* (Paris: Presses de Sciences Po.), pp.273~285.

7. Jordana, Jacint and David Levi-Faur, 2004, "The Politics of Regulation in the Age of Governance," Jacint Jordana and David Levi-Faur (eds.), *The Politics of Regulation: Institutions and Regulatory Reforms for the Governance Age* (Manchester: Edward Elgar and the CRC Series on Regulation), pp.1~28.

8. Majone, Giandomenico, 1996, La *Communaute Europeenne: Un Etat Regulateur* (Paris: Montchrestien); Majone, Giandomenico, 1994, "The Rise of the Regulatory State in Europe," *West European Politics,* vol.17, pp.77~101; Majone, Giandomenico, 1999, "The Regulatory State and Its Legitimacy Problem," *West European Politics,* vol.22, pp.1~24.

9. Czaya, Axel and Wilfried Hesser, 2001, "Standardization Systems as Indicators of Mental, Cultural and Socio-Economic States," *Knowledge, Technology, & Policy*, vol.14, no.3, pp.24~40.

10. Borraz, Olivier, 2007, "Governing Standards: The Rise of Standardization Processes in France and in the EU," *Governance: An International Journal of Policy, Administration, and Institutions,* vol.20, no.1, pp.57~84.

는 데 기여한 것으로 인정된다. 하지만 규범성에 관한 연구는 법령과 표준의 관계에 한정되거나, 부시 Busch의 경우처럼 사회 규범 및 법령과 표준을 비교해 연구했을지라도 구체적 사례나 규제성 논의로 연결되지 못했다. 마찬가지로 규제성에 관한 논의들도 규범성 논의를 토대로 하지 않고 구체적인 사례를 통해 규제 혹은 탈규제 기능을 드러내는 데 한정되었다.

반면, 사례 연구의 경우에는 일찍부터 풍성하게 이루어져 왔다. 그러나 이 사례들을 규범성과 규제성이라는 주제에 맞추어 연구한 사례는 많지 않다. 독일 표준에 관해서는 하틀리프 등 Hartlieb, et al.[11] 이 탈규제의 관점에서 독일의 표준과 법령의 관계를 논했고, 우리 국내에서도 필자[12] 가 독일 표준화 정책에 대해 소개했다. 유럽 차원의 표준화 정책에 대해서도 보라즈 Borraz, 드위트 Dewitt 등 여러 연구들이 발표되었고,[13] 이 연구들은 사회 과학적 표준 연구에 크게 기여했다. 그러나 이 연구들도 유럽 차원이나 독일의 표준화 정책에 대한 개괄적 논의에 치중하거나 법령과 비교한 표준의 위상에 관한 논의에 한정되었다.

11.Hartlieb, Bernd, Peter Kiehl und Norbert Müller, 2009, *Normung und Standardisierung: Grundlagen* (Berlin, Wien und Zürich: DIN).

12.정병기, 2007, “독일의 표준 정책과 독일표준협회(DIN)의 표준화 활동: DIN의 조직 구성과 표준화 전략 및 국제 표준 전략을 중심으로,” 『사회과학연구』 제25집(경상대학교 사회과학연구소), 37~67쪽.

13.특히 다음의 저술들이 대표적이다: Borraz(2007); Dewitt, Roland, 1999, “Standardisation and legislation in Europe,” *Polymer Degradation and Stability*, no.64, pp.535~544; Goerke, Laszlo and Manfred J. Holler, 1998, “Strategic Standardization in Europe: A Public Choice Perspective,” *European Journal of Law and Economics*, vol.6, no.2, pp.95~112; Griller, Stefan, 1990, *Europäische Normung und Rechtsangleichung: Zum Abbau technischer Handelshemnisse in Europa – unter besonderer Berücksichtigung Österreichs* (Wien: Signum-Verlag).

2. 표준의 규범성과 규제성

사회 규범 및 법령과 다른 포괄적 규범성

앞 장에서 표준을 '주어진 상황에서 최적의 상태에 도달함을 목적으로 활동이나 그 결과에 대해 일상적이고 반복되는 사용, 규칙, 가이드라인 혹은 성질을 규정하는 것으로서 합의에 기초해 제정된 목표나 기준'이라고 정의했다. 이 정의를 따를 때, 표준은 목표와 기준의 하나이므로 규범norm이 되기도 한다. 그런데 표준이라는 규범은 인간 생활과 관련되는 다른 중요한 규범들인 사회 규범social norm 및 법령directive과 중첩되는 부분이 적지 않다.

바로 그렇기 때문에 표준을 이 규범들과 구별할 필요가 있다. 위 규범들 중 특히 사회 규범은 뒤르켐David Émile Durkheim이 언급한 '규범Norm, norme'을 의미한다. 다만 인간과 관련된 모든 규율 혹은 규정들을 통칭하는 개념으로 사용되는 규범과 구별하기 위해 뒤르켐의 규범을 사회 규범이라고 지칭할 뿐이다.[14] 뒤르켐의 '규범'은 인간과 인간의 관계를 규정하는 데 한정되기 때문이다.

뒤르켐 식의 사회 규범과 표준을 잘 구별한 학자는 부시Busch다[15]. 그에 따르면, 사회 규범은 인간과 인간관계에만 적용되지만, 표준은 인간과 사물 및 양자 관계에 모두 적용된다. 관습, 윤리, 도덕 등과 같은 사회 규범은 '집단 의식collective consciousness'의 한 부분으로서 "공동체 내에서 가장 높은 수준의 동의를 충족시키도록 기대되는 행위의 표준"[16] 이므로 높은 수준

14.독일어의 Norm과 프랑스어의 norme는 보통명사로서 규범을 의미할 뿐만 아니라 표준을 의미하기도 한다.

15.Busch(2011), pp.23~24 참조.

16.Nee, Victor and Paul Ingram, 1998, "Embeddedness and Beyond: Institutions, Exchange, and Social Structure," Mary C. Brinton and Victor Nee (eds.), *The New Institutionalism in*

의 동의를 요구하는 물신적·형이상학적 규범이다. 반면, 표준은 경험적 차원에 토대를 둔 폭넓고 낮은 수준의 동의를 요구하며 다양한 목표 혹은 기준으로 현상하는 규범이다. 따라서 표준은 인간과 인간관계뿐 아니라 사물의 성질 및 사물과 인간의 관계까지 규정하며, 이러한 점에서 사회 규범은 넓은 의미의 표준에 포함된다고 할 수 있다. 물론 표준은 대개 사회 규범에 근거하고 있고, 사회 규범을 너무 벗어나는 표준은 받아들여지지 않는다.[17] 그러나 이것은 사회 규범과 중첩되는 영역에 적용될 뿐, 사물의 성질에 대해 적용할 때에는 반드시 그렇지는 않다. 예를 들어, 도량형과 같은 측정 표준은 생활의 편리를 고려할 뿐 사회 규범과는 무관하기 때문이다.

한편 사회 규범뿐 아니라 법령에 대한 표준의 차이에는 브런슨과 제이콥슨이 관심을 가졌다. 그들은 특히 법령을 권위authority와 관련되는 것으로 보고 어떤 집단에 소속됨으로써 준수 의무가 발생하는 규범이라고 규정했다.[18] 따라서 법령은 그 집단의 리더십에 따른다는 점에서 강제적이며, 명시적이고 명백한explicit and evident 자원을 토대로 제정된다. 이때 어떤 집단에 소속할지는 자발적이지만국가는 예외, 일단 소속되면 그 리더십을 따라야 한다. 반면, 표준은 공식 표준을 넘어서면 집단 소속이나 권위와 무관하며, 그 준수가 의무적이지 않다.

하지만 사회 규범과 법령으로부터 표준이 엄격하게 구별되는 것은 아니며, 기술 규정기술 기준처럼 법령과 표준이 일치되는 경우나 사회 규범적 표준처럼 사회 규범과 표준이 중첩되는 경우도 증가하는 추세다. 특히 표준은 명시적이고 명백한 자원을 갖는다는 점에서 법령과 유사하고 사회

Sociology (New York: Russell Sage Foundation), p.19.

17.Brunsson, Nils, 2000, "Organizations, Markets, and Standardization," Brunsson, Nils, Bengt Jacobsson and Associates, *A World of Standards* (New York: Oxford University Press), p.30.

18.Brunsson and Jacobsson(2000), pp.12~13 참조.

규범과 다르며, 그 준수가 자발적이라는 점에서 사회 규범과 유사하고 법령과 다르다.[19] 그러나 법령도 그 준수가 항상 의무적은 아니어서 지원이라는 적극적인 유인책과 과세 · 벌금 같은 부정적 혹은 간접적 유인책도 존재하며 타협과 협상을 통한 합의에 의해 제정되기도 한다. 사회 규범도 비록 공권력에 의한 강제성을 띠지는 않더라도 사회적·구조적으로 실질적인 강제적 구속력을 갖기도 하며 조직의 행위 규율처럼 명시적이고 명백한 자원을 갖기도 한다. 표준도 마찬가지로 이러한 여러 측면에서 사회 규범 및 법령과 중첩된다. [20]

이와 같이 사회 규범과 법령 및 표준은 유사하고 때로 중첩되는, 거버넌스governance 규범의 세 유형이라고 볼 수 있다. 그러나 한 가지 분명한 점은 표준이 사물의 영역까지 규정함으로써 사회 규범이나 법령보다 광범위한 대상을 다룸으로써 광의로 볼 때에는 다른 두 거버넌스 규범을 포괄하는 규범이라고 할 수 있다는 것이다. 부시가 사회 규범에 대해 인간 사회를 대상으로 한다고 설명한 것을 법령에 적용하면, 법령은 사회 규범을 넘어 인간관계뿐 아니라 인간과 사물의 관계까지 규정하지만 사물의 성질 자체를 대상으로 하지는 않기 때문이다.

공적 강제와 민간 자율의 공동 규제성

표준은 협의로는 사회 규범 및 법령과 함께 거버넌스 규범의 한 유형이지만 광의로는 사회 규범과 법령을 포괄하는 현대 사회 거버넌스 규범을 대표한다. 이와 같이 거버넌스 규범으로서 표준은 일정한 구속력을 갖는 규제 규범으로 이해된다. 그러나 그 규제성은 특정한 경우에 강제성을 동반하기도 하지만 일반적으로는 자

19.Brunsson and Jacobsson(2000), p.13.
20.Busch(2011), pp.26~27.

발성을 본질로 한다. 하지만 공식 표준의 영역이 확대되면서 사실 표준의 규제성도 비록 공권력에 의한 강제성은 아닐지라도 사회적·구조적 강제성을 더욱 강하게 띠어가고 있다. 그에 따라 표준의 규제성에 대한 논쟁이 심화되어 가는 추세다.

표준의 규제성에 관한 논쟁은 탈규제와 규제를 두고 시작되었지만, 점차 규제의 성격이 강조되면서 공공 기구에 의한 강제적 규제와 민간 기구에 의한 자율적 규제를 둔 논쟁으로 전환하고 있다. 하지만 표준의 탈규제성을 주장하는 진영도 시장으로부터 국가가 퇴각하는 자유주의적 혹은 신자유주의적 입장을 취하지는 않는다. 대표적으로 조베르Jobert[21] 가 프랑스 표준 정책 연구를 통해 공공 정책이 더 이상 국가 기관에 의해서만 만들어지지 않게 되는 "공공 정책의 탈정치화"에 주목하면서 표준을 탈규제 수단으로 파악했다. 또한 조르다나와 레비-포르Jordana and Levi-Faur [22]도 지식 생산이 과거와 달리 우선적으로 국가에 의해 이루어지지 않고 이해관계자들의 광범위한 참여를 통해 자율적으로 이루어지는 현상이 강화되는 것에 착목해 표준화를 그 대표적 현상의 하나로 보았다.

반면, 마존Majone[23] 은 유럽 표준 연구를 통해 표준화가 의도적은 아니지만 점차 공공 행정을 강화하는 방향으로 진행되는 추세를 강조하면서 표준의 재규제re-regulation 경향을 지적했다. 차야와 헤써Czaya and Hesser[24] 가 분석했듯이 실제 현실 사회주의 국가에서 표준은 법령처럼 대표적 규제 규범으로 작용했으며, 프랑스 같은 경우에도 표준 제정은 국가 행위의 대리 혹은 지원 제도로 작용함으로써 규제 규범의 성격을 띤다고 한다. 마

21.Jobert(2003).

22.Jordana and Levi-Faur(2004).

23.Majone(1996).

24.Czaya and Hesser(2001).

존은 또한 다른 논문들[25] 을 통해 표준 제정은 "규제 국가 regulatory state" 등장의 고유한 성격에 기인하는 것이며, 그렇기 때문에 표준화는 공공 기관이 명령이나 통제에 의존하지 않고 신뢰성 있는 정치적 약속을 이행할 수 있게 하는 중요한 수단으로 기능한다는 입장을 피력했다.

한편 보라즈 Borraz[26] 는 유럽 표준 정책을 연구해 유럽 의회가 특수한 상황에서는 표준화를 입법의 대안으로까지 생각하고 집행위원회는 거버넌스의 맥락에서 고려한다는 점을 들어 표준화를 공동 규제 co-regulation 의 한 모델로 파악했다. 그가 말하는 공동 규제는 입법적 규제 행위를 이해관계자들의 행동과 결합시키는 것을 의미한다. 또한 표준은 합의와 자발성에 기초하지만 일반 대중의 참여를 광범위하게 허용하기는 어려운 전문적 작업의 결과라는 사실이 강조된다. 따라서 보라즈가 말하는 이해관계자의 참여는 논리적으로는 특정 표준의 모든 이용자들에게 해당되지만, 현실적으로는 표준 제정의 전문적 지식을 가진 행위자에 한정된다.

표준의 규제성 논쟁은 이와 같이 규제성을 인정하는 방식으로 점차 공동 규제성을 규명하는 방향으로 나아가고 있다. 나라마다 표준의 기능이 상이하게 나타나고 있어 표준이 탈규제 수단으로 작용하기도 하고 강력한 규제 수단으로 기능하기도 한다. 현실 사회주의 국가에서 표준은 법령과 거의 유사한 구속력을 가진 규제 수단이지만, 영국이나 미국 등지에서는 표준 제정이 민간의 자율에 맡겨짐으로써 기존의 국가 개입을 축소하는 탈규제 수단으로 사용되기도 하기 때문이다. 반면, 유럽연합이나 독일 등과 같이 표준의 공공성을 강조하는 경우에는 두 성격을 모두 가진 공동 규제의 중요한 수단이 된다. 따라서 모든 경우를 종합해 볼 때에는 공동

25.Majone(1994); Majone(1999).

26.Borraz(2007).

규제성으로 파악하는 것이 올바른 시각이라 할 수 있다.

부시의 표준 및 표준화의 구분은 표준의 공동 규제성을 이해하는 데 중요한 시사점을 준다.[27] [표 2-1]에서 보는 바와 같이 표준화의 영역은 상업 merchant, 시민 civic, 산업 industrial, 영감 inspirational, 내부 domestic, 견해 opinion, 환경 environmental 이라는 일곱 가지로 구분된다. 상업 부문에서는 상품의 가치가 중요하고, 시민 영역에서는 시민의 자질과 공공성, 산업 부문에서는 제품의 성격과 생산 방식이 중요하며, 학문이나 예술 같은 영감 영역에서는 양보다 질이 중요하고, 내부 표준화 영역에서는 소규모 단체 등 사적 미시 영역의 내규와 질서 혹은 충성이 중요하며, 견해 표준화 영역에서는 인기나 평판 등이 중요한 덕목으로 작용하고, 환경 부문에서는 친환경적 행위와 성질이 중요한 덕목이다.

[표 2-1]

표준 영역	표준의 예	표준 유형
상업	판매량, 이윤, 부가가치, 부 축적	서열 표준
시민	경제 활성화 도시, 사회 보장, 집단 소속감, 효과적 공공 서비스 제공 학교, 병원, 물, 하수, 전기, 가스	여과 표준
영감	탁월성, 통찰력, 대중 인기 초월	월계관 표준
내부	예절, 처신, 충성	서열 표준, 구분 표준
산업	엄밀성, 정확성, 유용성, 효율성, 공식 자격	서열 표준, 구분 표준
견해	명성 fame, 유명 renown, 저명 eminence, 악명 notoriety	월계관 표준
환경	무공해, 청결, 자연 친화성	여과 표준

출처 : Busch(2011), p.260의 표를 수정.

27.부시의 구분은 정당화(justification) 가치에 따라 분류한 영역으로 이루어졌지만, 이 글에서는 단순히 영역만을 표시한다. Busch(2011), pp.251~258 참조.

표준의 유형은 월계관 표준, 여과 표준, 서열 표준, 구분 표준으로 나뉜다. 월계관 표준은 0000년도 대표 와인, 0000년도 최고 호텔, 올해의 인물 등 최고 수준의 제품이나 인물을 선정해 월계관을 씌우는 것처럼 승자독식의 1인자를 선정하는 표준인 반면,[28] 여과 표준은 시험을 통해 충족 여부를 판단하는 최저 혹은 기본 수준을 설정하는 표준이다. 그리고 서열 표준은 순위를 결정하며, 구분 표준은 순위와 무관한 분류를 위해 사용된다.[29]

월계관 표준은 영감 표준화 영역에서 탁월성, 통찰력 등을 인정받는 대표적 작품이나 인물이 선정되는 것, 혹은 견해 표준화 영역에서 유명세나 악명을 떨치는 사물이나 인물을 선정하는 것으로 나타난다. 여과 표준은 시민 표준화 영역에서 사회 보장의 최소 기준이나 공공 서비스의 최소 수준을 정하는 것과, 환경 표준화 영역에서 자연 친화성이나 무공해의 기준을 설정하는 것을 예로 들 수 있다. 그리고 서열 표준은 상업 부문의 판매량 순위, 산업 부문에서 제품의 유용성 정도 혹은 내부 표준화 영역에서 충성도의 측정 방식으로 나타나며, 구분 표준은 내부 표준화 영역에서 예절의 종류를 구분하거나 산업 표준화 영역에서 자격증의 종류를 분류할 때 사용된다.

이 구분에 따라 규제성을 고찰해보면, 환경, 시민, 산업 부문에서 인간 생활을 위협할 수 있는 사안과 제품에 대해 공공 기구의 강제적 규제가 강하게 나타나며, 이 규제는 주로 여과 표준이나 구분 표준에 해당한다. 그리고 그 규제는 공권력에 의한 강제뿐만 아니라 지원이나 촉진 정책을 통한

---

28. 부시는 월계관 표준을 올림픽 표준이라고 지칭했다. 그러나 올림픽 경기에서도 금메달, 은메달, 동메달 등의 순위가 정해지므로 올림픽 표준이라고 하면 서열 표준과 혼동될 우려가 있다. 따라서 올림픽에서 1등에게만 월계관을 씌우는 점에 착안해 이 글에서는 월계관 표준이라는 단어를 사용한다.

29. Busch(2011), pp.43~48 참조.

간접적 규제의 형태를 띤다. 반면, 월계관 표준이나 서열 표준이 작동하는 영감, 내부, 견해 표준화 영역에서는 조직이나 개인의 자율적 규제가 이뤄지며, 상업 부문에서는 공공 기구에 의한 강제적 규제와 민간 기구 혹은 개인에 의한 자율적 규제가 동시에 나타날 수 있다. 하지만 다른 영역에서도 두 규제의 비중이 다를 뿐 두 가지 규제가 함께 작용할 수 있음은 물론이다. 따라서 개별 표준화 영역뿐 아니라 표준화 영역 전체를 볼 때 표준의 규제적 성격은 공공 기구에 의한 강제적 규제와 민간 기구개인을 포함에 의한 자율적 규제가 동시에 작동하는 공동 규제성을 띤다고 할 수 있다.

3. 포괄적 규범성과 공동 규제성의 사례: 유럽연합EU과 독일

유럽연합 **유럽공동체와 유럽연합**

유럽 차원에서 표준은 1961년 유럽표준화위원회CEN: Comite Europeen de Normalisation; the European Committee for Standardization 창설 이후 표준화 기구를 통해 제정되어 민간의 자발적 수용의 대상이었다. 그러나 1973년 저전압지침73/23/EEC이 제정된 이후 표준의 위상은 달라졌다. 즉, 주요 부문에서 표준은 준강제적으로 준수 의무를 가지는 법령의 위상에도 속하게 되었다.

AC 50~1000 볼트나 DC 75~1500 볼트로 작동하는 제품들의 자유 이동 보장을 다루어 당시 유럽공동체EC 9개국에 적용된 이 지침은 해당 제품에 대해 "조화 표준harmonized standards"이라는 개념으로 공동 표준의 적용을 규정했다. 저전압지침은 무엇보다 '지침'을 통해 표준 적용을 규정함으로써 공적 권위를 갖춘 유럽 표준화 정책의 시작을 알렸다는 점에서 중요하다.[30]

30.Vardakas, Evangelos, 2003, "Technical Regulations and Standards in Europe: A Histori-

유럽공동체와 유럽연합이 제정하는 규정은 법률/조약과 같은 제1차 법령과 지침 directive, 규칙 regulation, 결정 decision 이라는 제2차 법령들로 구성되는데, 제2차 법령들 중에서는 지침이 가장 상위에 속하는 법령이기 때문이다.[31]

유럽 표준의 규범성 및 규제성과 관련해 또 다른 중요한 정책은 1985년에 채택된 신접근전략 the New approach to technical harmonization and standards 이다. 신접근전략은 집행위원회가 역내 시장 완성에 관한 백서 White Paper 를 발행하고 유럽이사회 European Council 가 이를 수용해 유럽공동체 역내의 자유 이동, 최소 합의, 상호 인정, 보충성, 경계 폐지 등의 다섯 가지 원칙을 제시함에 따라 수립된 표준화 정책이다. 신접근전략에서 특히 중요한 점은 유럽 표준화 기구들에게 공적 권위를 부여해 유럽 표준 EN 을 제정하는 권한을 일임하고, 다양한 이해관계자들의 참여를 보장하되, 이후 적합성 평가를 분리하여 유럽공동체 EC 혹은 유럽연합 EU 이 CE 마크[32] 를 관장하는 방식으로

---

cal Background," *Vademecum on European Standardisation* (Brussels: European Commission), Part I, Chapter 1.1, pp.2~3. 이때 '조화'는 인증의 상호 인정뿐 아니라, '동일하거나 기술적으로 호환 가능한 규정을 제정하고, 생산품이 그 규정에 적합해야 함을 수용하는 것'으로서 사실상 회원국들 간 합의에 의한 표준 통합을 의미한다. Commission of the European Communities, 2001, "Implementing Policy Principles for External Trade in the fields of Standards & Conformity Assessment: A Toolbox of instruments," Commission Staff Working Paper, SEC(2001) 1570, Brussels, 28.09.2001, p.11.

31.박종봉, 2005, "유럽의 표준화 추진 체계," 한국정보통신기술협회, 『정보통신 표준화 추진 체계 분석서: 국가 및 공식 표준화 기구』(성남: 한국정보통신기술협회), 597쪽.

32.CE 마크 제도는 신접근전략 수립에 의해 법적 틀이 마련된 후 1993년에 제정되어 1995년부터 실시되었다. CE는 해당 제품이 유럽의 지침에 적합하다는 표시로서, 기계 제품과 기타 안전, 보건, 환경 보호와 관련된 제품에 대해 그 부착이 의무화되어 있다. CE 마크는 역외 상품에도 적용되어 CE 마크를 획득하지 않으면 유럽 역내로 진출할 수 없게 함으로써 유럽 시장의 비자(visa)로 불리기도 한다. CE 마크 제도는 적합성 증명 절차를 A에서 H까지 8개로 모듈화하고 있다. CE 마크를 부착한 제품에 적합성의 결함이 발견

제도화했다는 것이다.[33]

구체적으로 이 전략은 보건, 안전, 환경·소비자 보호 등 특별한 기술적 해결이 개입될 필요 없이 그 자체로 달성해야 할 결과나 다룰 수 있어야 할 위험들과 관련되는 영역들에서는 핵심 요건들essential requirements을 명시해 표준화 기구가 제정한 표준들에 준강제적 구속성을 부여했다. 또한 이 분야에 기계 제품까지 포함해 적합성 부호인 CE 마크 부착을 의무화하여 구속성을 확대했다.

이러한 발전을 거쳐 유럽 표준은 그중 제2차 법령들 중 최상위 법령인 지침에 의해 공적 권위를 부여받았으며, 특히 공공성이 강한 표준들의 경우에는 직접적으로 지침의 구속력이 작용한다. 또한 이 지침들은 하위 법령인 규칙과 결정을 통해 시행 세칙으로 구체화된다. 따라서 [그림 2-1]

된 경우에는 즉시 유럽연합 적합선언서에 서명한 사람에게 통보되고 제조자는 신속하게 제품을 시장에서 수거할 의무를 져 리콜이 이루어지며, 경우에 따라서는 유럽연합 적합선언 서명자에게 금고형 내지는 벌금형이 부과될 수 있다. 지침이나 규격 자체에 문제가 있을 경우가 아니면, 제품에 관한 책임은 전적으로 제조자 자신에게 있다. CE 마크는 초기에 영국의 EC, 독일의 EG 등 나라별로 달리 사용되었으나 1993년 7월 각료이사회 지침 93/69/EEC를 통해 불어로 유럽공동체를 의미하는 Communaute Europeen의 약자인 현재의 CE로 통일되었다. 한한수, 2000, "유럽의 품질 동향과 표준화 사업에 관한 고찰," 『경영사학』 15집 2호(한국경영사학회), 71~75쪽; Hahn, Hans Peter, 1995, *CE-Kennzeichnung leichtgemacht: Ein praktischer Leitfaden* (München und Wien: Hanser); Hanson, David, 2005, *CE Marking, Product Standards and World Trade* (Cheltenham, UK and Northampton, MA: Edward Elgar) 참조.

33.Commission of the European Communities, 1998, "Efficiency and Accountability in European Standardisation under the New Approach," Report from the Commission to the Council and the European Parliament, COM 291 final, Brussels, 13.05.1998, p.3; DG ENTR I3, 2009a, "Formal Objection to a Harmonized Standard: Guidelines for the Administrative Procedure," *Vademecum on European Standardisation* (Brussels: European Commission), Part II, Chapter 6, p.2 참조.

에서 보는 것처럼, 유럽연합에서 표준은 각종 단체들이 자율적으로 제정하여 단체 내에 적용하는 작업 규정을 제외하면, 제2차 법령의 위상에서 준강제적 구속성을 지닌 핵심 요건 표준 및 CE 마크 표준과 자발적 준수의 대상이 되는 일반 표준CEN/CENELEC/ETSI 표준으로 나뉜다.

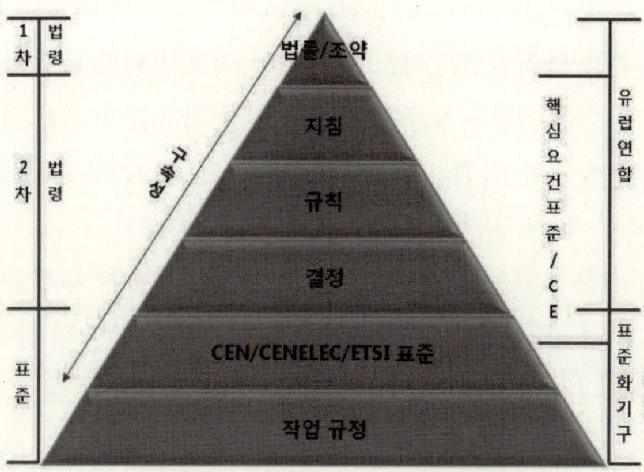

[그림 2-1] 유럽연합 표준의 위상

이와 같이 유럽 차원에서 표준은 공공성이 강한 영역에서 법령의 구속성을 부여받아 법령과 중첩되는 성격을 가짐과 동시에 이용자들의 자발성이 보장되는 자율성의 성격도 함께 갖는다. 다시 말해, 특별히 지침으로 규정한 경우가 아니라면 표준은 일반적으로 자발성의 영역에 속해 법령과 같은 강제적 구속력의 대상이 아니지만, 표준과 표준화 기구의 공적 위상이 확보되어 있다는 것이다.

표준과 표준화 기구의 공적 위상은 유럽법원이 판결한 두 번의 재판으로 확보되었는데, 1979년 카시스 드 디종Cassis de Dijon 판결과 2012년 프라보 SpAFra.bo SpA 판결이 그것이다. 우선, 프랑스 리큐어 '카시스 드 디종'을 독일에 수출하려는 회사가 제소한 이 사건에서 유럽법원은 "각국 법률의 차이에서 기인하는 제품 이동 제한은 제정 감독의 효율성, 공중 보건, 상업 교류의 공정성, 소비자 보호와 관련되는 한에서 인정되어야 한다."고 판결했다.[34] 이 판결은 유럽 차원의 통일된 기술 관련 규정의 수용을 통해 제품의 자유로운 이동을 보장하는 한편, 공공성의 범주 안에서는 회원국들의 독자적 기술 관련 규정을 통한 제약을 정당화했다. 그리고 이 판결은 독일 가스·물 분야 표준화 기구의 하나인 DVGW Deutsche Vereinigung des Gas und Wasserfaches e.V. - TechnischWissenschaftlicher Verein 와 이탈리아 회사인 Fra.bo SpA 간 표준 인증을 둘러싼 소송에도 적용되어, 유럽법원은 독일의 표준과 인증을 정당화했다. 이것은 표준화 기구나 인증 기구를 최소한 역내 시장 접근과 관련되는 한 준 법적 quasi-statutory 혹은 준 공공 기구 quasi-public authority 의 한 유형이라는 점을 분명히 한 것을 의미한다.[35]

한편, 신접근전략을 수용한 유럽의 표준화 정책은 구접근전략이 시도한 과도한 규제가 실패함에 따라 세계적 추세에 부응해 탈규제 deregulation 로 전환했다는 주장이 제기되기도 했다. 특히 크라이슬로브 Krislov, 게르케와 홀러 Goerke and Holler[36] 는 신접근전략 이후의 표준화는 독립된 표준화 기구에 위임되어 정치적 이슈에 종속되지 않고 이해관계자들의 협력과 참여에 기반해 합의에 의하여 제정된다는 점을 지적하며 탈규제성을 강조했다.

그러나 신접근전략은 유럽 합의 표준들이 입법을 통해 마련된 합법적 조건들을 준수하도록 집행위원회와 회원국들이 함께 통제할 수 있는 체

34.Vardakas(2003), p.4.

35.Van Gestel, Rob and Hans-Wolfgang Micklitz, 2013, "European Integration through Standardization: How Judicial Review Is Breaking Down the Club House of Private Standardization Bodies," *Common Market Law Review*, vol.50, no.1, p.159, p.175.

36.Krislov, Samuel, 1997, *How Nations Choose Product Standards and Standards Change Nations* (Pittsburgh, PA: University of Pittsburgh Press); Goerke and Holler(1998).

제를 구축하는 방안으로 보는 것이 더 합당하다.[37] 또한 핵심 요건 표준과 CE 마크 제도를 고려하면, 비록 당시의 기존 접근전략[구접근전략 the Old Approach 으로 부름]에 비해 규제성이 약화되기는 했지만 포기된 것은 아니다. 따라서 신접근전략 이후 유럽 표준화 정책은 탈규제가 아니라 차야와 헤써 Czaya and Hesser[38] 가 올바로 주장했듯이 공적 권위를 부여받은 민간 조직과 공공 기관의 공동 규제 co-regulation 라고 보는 것이 옳다.

독일 서독과 통일 독일

독일 표준과 표준화 기구의 공적 위상은 연방정부와 독일표준협회 DIN 의 계약을 통해 국가 표준화 기구가 확립되었다는 기원적 측면에서부터 시작된다.[39] 독일 표준화 기구[40] 는 설립 이후 줄곧 순수 민간 기구로 활동해 왔으나 1975년 연방정부와 계약[41]을 통해 국가 표준

37.Leibrock, Gerhard, 2002, "Methods of Referencing Standards in Legislation with an emphasis on European Legislation: Enterprise Guides" (Brussels: European Communities), p.9.

38.Czaya and Hesser(2001), p.30.

39.독일은 제2차 대전 종전 이후 분단 국가였기 때문에 서독과 동독의 표준화 정책이 상이했다. 하지만 분단 이전의 표준화 기구와 표준화 정책은 서독에서 이어져 독일 표준화 정책의 역사적 정통성은 서독이 가지고 있었으며, 통일 이후 동독의 표준은 서독에 흡수되어 통일 독일의 표준과 표준화 정책은 서독의 표준과 그 정책을 이어가고 있다. 게다가 동독의 표준은 현실 사회주의적 국가 표준의 성격을 띠어 법령과 거의 동일한 위상을 가지고 있었으므로 이 글의 맥락과 어울리지 않는다. 따라서 동독과 통일 독일의 표준 및 표준화 정책은 이 글에서 따로 다루지 않는다. 동독 및 독일 표준 통일에 대해서는 정병기·이희진, 2013, "동서독의 표준화 체계와 표준 통일 과정: 남북한 표준 협력에 대한 함의,"『한국정치연구』 제22집 1호(서울대학교 한국정치연구소), 215~236쪽 참조.

40.1917년 독일산업표준위원회(NADI)로 설립되어 1926년 독일표준위원회(DNA)로 개명하고 1975년 연방정부와 계약하기 직전에 현재의 독일표준협회(DIN)로 다시 개명했다.

41.Vertrag zwischen der Bundesrepublik Deutschland, vertreten durch den Bundesminister

화 기구로 공인되었다. 이 계약을 통해 연방정부는 제정 기간에 대해 독일표준협회의 동의를 얻어 우선순위의 표준을 제안할 수 있지만, 공공 이익이나 법률 혹은 법률 집행에 기여한다고 판단되지 않을 때에는 어떠한 방식으로도 관련 규정을 제정할 수 없고 제3자에게 제정을 위임할 수도 없게 되었다. 곧, 연방정부는 독일표준협회를 독일 전역에 걸치는 국가 표준화 기구로 인정하고 직·간접적으로 독일표준협회를 지원하며 제1조 1항과 3항, 독일표준협회는 헌법과 법률을 준수하고 공공 이익을 위해 표준을 제정하는 업무를 전담하게 제1조 2항 된 것이다.

이로써 독일표준협회는 순수 민간 기구에서 전국적인 국가 표준화 기구의 위상을 갖게 되었으며, 연방정부는 국가적 차원에서 독일표준협회에 영향력을 행사할 수 있게 되었다. 그러나 연방정부는 독일표준협회의 활동에 대해 계약상 규정을 벗어날 정도로 개입할 수는 없고, 독일표준협회의 독립적 표준화 활동이 보장되었다. 그렇지만 연방정부는 독일표준협회 재정의 약 15%를 지원함으로써 독일표준협회에 대해 적지 않은 영향력을 행사할 수 있게 되었다. 이후 연방정부의 노동사회부, 경제기술부, 건설교통부 및 환경부 등은 직접적으로 독일표준협회와 관련을 가지고 있으며, 기타 대부분의 부처도 관련 부문에서 직간접적으로 관계를 맺어 왔다.[42]

연방정부와 독일표준협회의 계약을 통해 성립된, 표준과 표준화 기구의 위상은 이후 연방법원 및 연방헌법재판소의 판결과 연방의회의 입법

---

für Wirtschaft, und dem DIN Deutsches Institut für Normung e.V. Vertreten durch dessen Präsidenten, Bonn den 5. Juni 1975.

42.Troge, Andreas, 2005, "Der Normenvertrag in der Praxis: Erfahrungen und Perspektiven aus Sicht des Umweltschutzes," Vortrag vom Kolloquium am 10. Juni 2005 im DIN, DIN Mitteilungen, H.8, S.15.

을 통해 재차 확인되었다.[43] 1984년 연방법원은 독일표준협회가 한 출판사를 상대로 DIN 표준을 재발행한 데 대해 보상을 요구한 것을 두고 표준은 저작권 보호의 대상이 아니라고 판결했고, 1999년 연방헌법재판소도 이를 수용했다. 하지만 1997년에 16개 주정부는 독일표준협회와 계약을 맺어 DIN 표준과 관련되는 조건에서 공공 기관지에 표준을 무료로 재발행하기 시작했고, 2003년 독일 의회는 저작권법을 개정해 유럽연합 저작권 지침을 수용하고 DIN 표준의 저작권을 인정하는 한편, 의무적 라이선스 제도를 도입해 독일표준협회의 사전 승인을 얻는 조건에서 표준의 무료 발행과 보편적 준수 가능성을 확정했다.

이 일련의 과정은 표준이 기본적으로 저작권법의 대상으로서 민간의 자율적 영역에 속하지만, 공공성이 강한 영역의 경우에는 법령의 강제적 구속력의 대상이 되기도 한다는 점을 의미한다. 이것은 유럽연합에서 핵심요건 표준이나 CE 마크 표준과 같은 법령적 구속력 인정과 유사하다고 할 수 있다. 그러나 유럽연합의 경우에는 표준의 영역을 엄격히 분리한 반면, 독일의 경우는 라이선스 제도로 보완했을 뿐 기본적으로 자율적 영역에 일원화시켰다는 점에서 중요한 차이점을 갖는다.

[그림 2-2]에서 보듯이 독일의 표준은 CE 마크나 핵심 요건 설정 같은 법령 차원의 규정들이 없어 유럽연합 표준에 비해 구속성 정도는 높지 않다. 다시 말해, 독일의 표준은 법적 효력을 갖지 않아 이용자들에 의해 자율적으로 적용되며, 사적 계약이나 법률 및 명령과 관련될 경우에 한해 제3의 법적 효력을 갖는다. 따라서 표준은 국가 권력이 개입하는 법률과 명령 및 조례의 아래 수준인 민간 경제에서 작동한다.

물론 독일 표준도 개별 민간 경제 주체들의 독자적 작업 규정보다는 상위의 효력을 가지고 있어, 표준의 구속성은 공적인 효력을 갖는다. 특히

---

43. Van Gestel and Micklitz(2013), pp.169~171.

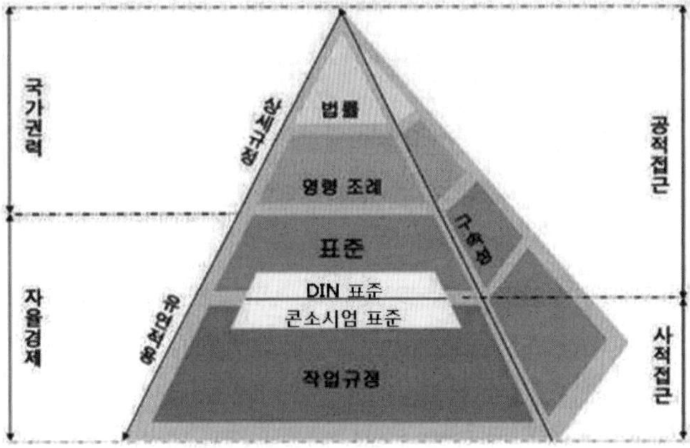

[그림 2-2] 표준 기능의 확장

출처: DIN, 2013a, "Gesetzgeber vs. Regelsetzer," http://www.din.de/cmd?level=tpl-unterrubrik&menuid=47421&cmsareaid=47421&menurubricid=47436&cmsrubid=47436&menusubrubid=47429&cmssubrubid=47429&languageid=de (검색일: 2013.09.02)

민간 기구나 단체에 의해 제정되는 콘소시엄 표준과 달리 독일표준협회가 제정하는 표준은 자율 경제 영역에 속하면서도 공적 접근의 대상으로서 일정한 구속성을 갖는다. 유럽연합의 표준이 법령의 성격과 임의 표준의 성격을 동시에 갖는 반면, 독일의 표준은 임의 표준의 성격을 가지면서도 국가의 정책을 통해 간접적으로 구속성을 띠는 양상을 보인다.

이와 같이 독일은 연방정부와 독일표준협회의 계약을 통해 독일표준협회를 공공 기구와 민간 기구의 성격을 융합한 공적 민간 기구로 설정함으로써 강제적 규제와 자율적 규제의 공동 규제성을 더욱 명확히 한 경우다. 독일에서는 심지어 표준을 제정하는 표준화 기구를 입법부에 버금가는 '제2의회'라고 지칭하기까지 한다.[44] 이때 하원과 상원은 정치학의

---

44. Voelzkow, Helmut, 1996, *Private Regierungen in der Techniksteuerung: Eine sozialwissenschaftliche Analyse der technischen Normung* (Frankfurt am Main und New York: Campus), S.226~227 참조.

일반적 용례에 따라 제1의회와 제2의회로 구분하지 않고 두 의회를 함께 '제1의회'로 지칭한 것이다. 주권을 가진 국민 개개인의 의사를 선출된 대표들이 대변하는 의회를 '제1의회'라고 하고, 이해관계자들을 조직화를 통해 전문적 지식을 가진 전문가 대표들이 대변하는 새로운 대변 기구를 '제2의회'라고 부른 것이다.

물론 독일표준협회의 공식 입장은 표준화를 탈규제의 수단으로 파악한다는 점을 중요한 반론으로 제기할 수 있다. 독일표준협회 홈페이지[45]는 "표준화는 탈규제적으로 작동한다: DIN 표준은 경제에 유익할 뿐만 아니라 입법 행위자인 국가의 부담을 경감하고 이를 통해 시민들로 하여금 엄격한 규정들의 부담으로부터 벗어나게 한다."라고 밝히고 있기 때문이다. 그러나 이어지는 문장은 "국가는 예를 들어 기업을 넘어서는 표준들의 기술적 내용들에 대해서는 법률을 통해 기본적인 요구 조건들을 지정한다."라고 규정함으로써 표준의 법률적 위상과 공적 구속성을 부여하였다. 또한 1994년 4월에 제정된 독일표준협회 규정 제820조 5.9항 §5.9 DIN 820 Teil 1은 '일반 이익에 일치하는 경우 표준의 저작권은 적절한 조건에 따라 사용 허가 license를 해주어야 한다.'라고 못 박았다.[46] 따라서 탈규제성을 언급한 독일표준협회 언급들은 규제성의 유일한 측면이 아니라 공동 규제성의 한 측면을 설명한 것이라고 할 수 있다.

45.DIN, 2013b, "Dereulierung," http://www.din.de/cmd?level=tpl-unterrubrik&cmssubrubid=47489&languageid=de (검색일: 2013.09.26).

46.Maaßen, Stefan, 2006, *Normung, Standardisierung und Immaterialgüterrechte* (Köln, Berlin und München: Carl Heymanns Verlag), S.738.

4. 요약과 시사점

표준은 법령 및 사회 규범과 중첩되는 포괄적 규범으로서 공공 기관에 의한 강제적 규제와 민간 기구에 의한 자율적 규제의 공동 규제성을 띤다. 포괄적 규범으로서 표준은 인간과 인간관계 및 인간과 사물의 관계와 사물의 성질까지 규정하며, 공동 규제 수단으로서 협치協治라는 의미의 거버넌스를 대표한다.

유럽연합과 독일에서 표준의 이러한 위상은 작업 규정의 상위 규범으로서 자발적 준수의 대상이 되지만 공공성이 강한 영역에서는 법령에 의해 그에 준하는 지위를 획득하거나 강제적 준수의 대상이 되는 것으로 표현되었다. 또한 이것은 입법과 판결을 통해 표준화 기구의 독립적 위상을 확보하는 것으로 나타나기도 했다. 그리고 이는 다시 공동 규제성으로 연결되어 표준화 기구의 권한과 활동이 공적 권위를 부여받아 저작권이라는 사법 적용의 대상임과 동시에 공법 적용의 가능성도 보장되었다.

이와 같이 독일과 유럽연합의 사례는 표준화 기구의 위상이 사적 민간 기구가 아니라 공적 민간 기구라는 것을 보여준다. 독일은 계약을 통해 민간 기구에 공적 권위를 부여했고, 유럽연합은 제2차 법령의 최고 규정인 지침을 통해 표준과 표준화 기구에 공적 권위를 부여했다. 이 사례들이 공통적으로 시사하는 것은 민간 기구의 자율적 규제와 공공 기구의 강제적 규제를 조화시켰다는 것이다.

이러한 공동 규제성은 본질적으로 거버넌스의 한 유형으로 간주된다. 유럽집행위원회는 표준화를 거버넌스의 맥락에서 고려하고 있는데, 이 거버넌스를 표준화 기구에 대한 위임까지 포함해서 해석할 때 유럽의 표준화 정책은 공동 규제에 입각한 협치governance로 실현된다고 할 수 있다. 그리고 이 점은 독일에서 독일표준협회와 독일표준협회를 지원하는 연방정부에 의해 수행되고 있다. 공동 규제의 거버넌스는 유럽에서 구속력 있는 입법적 규제 행위를 이해관계를 가진 주요 행위자들의 행동과 결합하는 것으로 이해되며, 독일에서는 독자적인 독일표준협회의 활동에 정부가 적극적으로 참가하고 지원하는 것으로 표현된다. 표준화에서 유럽 집행위원회와 유럽의회 및 독일 연방정부와 연방의회는 위임과 지침 혹은 계약을 통해 메타 규제meta-regulation를 행하는 핵심 역할을 수행하며, 세 유럽 표준화 기구들CEN/CENELEC/ETSI 및 독일표준협회는 공공성 부합 목표에 따라 자율 규제self-regulation를 수행한다.

그러나 규범성과 공동 규제성이 갖추어졌다 할지라도 표준화 기구의 구체적 작동 과정에서 조정 기능이 올바로 작동하지 않는다면, 표준화 거버넌스는 전문가 정치의 폐해를 해결할 수 없다. 표준화는 여전히 전문적 지식을 필요로 하고, 소비자와 같은 대중 이용자들의 접근이 매우 제한적이기 때문이다. 독일과 유럽연합의 표준화 정책은 상대적으로 제정의 합의성과 수용의 자발성을 잘 지키려는 노력을 보여 온 것으로 알려져 있다.

유럽연합은 신접근전략을 통해 세 유럽 표준화 기구들에게 공적 권위를 부여함과 동시에 이 기구들 내부나 유럽연합의 표준 관련 법령 제정에서도 기업, 소비자, 노동조합, 기타 NGO 같은 이해관계자들의 참여를 보장했다. 그에 따라 신접근전략 이후 유럽의 표준화는 독립된 표준화 기구에 위임되어 정치적 이슈에 종속되지 않고 이해관계자들의 협력과 참여에 기반해 합의에 의하여 제정된다는 점을 강조하고 있다.[47] 독일에서도 소비자 단체와 환경 단체들 및 직업 단체들은 1975년 연방정부와 독일표준협회의 계약 당시부터 독일표준협회 조직 내에 자신들의 대표 기구를 공식화할 것을 요구해, 이슈와 직업별로 자문 기구나 집행 부서를 설치하게 되었다.[48] 물론 소비자 단체의 경우는 자문 위원회로서는 상대적 위상

47.Goerke and Holler(1998), p.102.

48.Moritz, Carl-Heinz, 2005, "Der Normenvertrag in der Praxis: Erfahrungen und Perspektiven aus Sicht der Verbraucher," Vortrag vom Kolloquium am 10. Juni 2005 im DIN, *DIN Mitteilungen,* H.8, S.18.

이 높지 않다는 불만을 표출하기도 했지만, 독일표준협회의 가장 높은 의사 결정 단위에 사회단체들의 참여가 보장되어 있다.

표준화 기구 조정 기능의 중요성은 펠츠코브Voelzkow가 독일과 유럽연합의 사례를 두고 표준화 기구를 '민간 정부private Regierung, private government'로 규정한 것에서 극명하게 드러난다.[49] 곧, 사회 집단들이 행하는 통치 기능이 비록 정치 영역에서 유래하여 시장에 부여된 것이기는 하지만, 이것은 결국 "사적 통치private Regierungen"이고, 이 관점에서 볼 때 사적 통치는 "정치의 재의회화"라고도 할 수 있다는 것이다. 이때 표준화 기구는 국가 기관은 아니지만, "국가 앞의 영역vorstaatlicher Raum"에서 민법에 따라 자발적인 연합체로서 기능한다고 보았다. 의회에서 대변과 합의를 통해 사회적 이해관계들을 조정해가듯이 표준화 기구가 이해관계자들의 갈등을 조정해 나가야 한다는 의미로 이해된다.

표준화 기구가 처음부터 국가 기관으로 설립되어 지금까지 유지되고 있는 우리나라의 상황에서 유럽연합과 독일의 사례가 주는 시사점은 포괄적 규범성과 공동 규제성을 충분히 인식하고 그 조정 기능을 어떻게 활성화할 것인가에 대한 대답과 관련된다. 우리나라는 한때 국가 표준화 기구의 민간 이양을 추진하기도 했는데, 그 시도는 언제라도 다시 시작될 수 있다. 국가 기관으로 남는 것이 반드시 옳다고 하기도 어렵지만, 민간 이양이 더 나은 대안이라고 장담하기도 어렵다. 중요한 것은 포괄적 규범성과 공동 규제성에 입각해 공적 권위를 갖춘 민간 기구로서 조정 기능을 충분히 수행할 수 있어야 한다는 것이다.

49.Voelzkow(1996).

제3장

표준의 권력성과 표준화 기구의 조정 기능

제3장

표준의 권력성과 표준화 기구의 조정 기능

국제 무역에서 표준은 기술 장벽을 제거하기 위한 수단으로 사용됨과 동시에 새로운 기술 장벽이 되기도 한다. 국내적으로도 표준은 탈규제를 통해 시장의 개방과 기술 혁신을 촉진하기도 하지만 규격과 공정 등의 제정을 통해 시장에 개입하는 효과적인 수단으로도 이용된다. 이러한 양면성에 대해서는 표준의 규범적 성격을 통해 설명할 수 있다. 이 규범성은 강제적이든 자율적이든 일정한 구속력을 갖는 권력적 본질과 연결된다.

강제성을 띤 법령에 비해 표준은 기술 규정을 제외하면 임의성과 자발성을 토대로 한다. 따라서 표준은 권력의 성격을 가지면서도 강압적 권력으로 작용하지는 않는다. 그렇다면 표준의 권력성은 어떻게 규정되어야 하는가? 그것은 임의성과 자발성이라는 측면을 포착하면서도 권력의 보편적 성격을 놓치지 않는 논의를 필요로 한다.

하지만 표준의 권력성에 대한 연구는 한 손에 꼽을 정도로 드물다. 그 드문 예로, 마틀리와 뷔테Mattli and Büthe가 국제 표준에 대해 권력의 측면에서 접근하고,[1] 브런슨과 제이콥슨 Brunsson and Jacobsson 및 부시 Busch 가 사회 규범과 법령 및 표준의 관계를 다루면서 표준의 권력적 측면을 논해 중요한 기여를 했다.[2] 또한 국내에서는 필자가 표준의 규범성과 함께 권력성을 논한 바 있고,[3] 김상배의 네트워크 권력 논의도 주목할 만하다.[4] 하지만 이 연구들은 표준 일반의 권력적 성격을 직접 대상으로 논한 것이 아니라 관심 대상을 특정 영역의 표준이나 표준의 일부 성격에 국한하거나 다른 권력 현상을 논할 때 표준을 예로 드는 정도였다.

표준에서 권력성은 규범성에서 비롯되며, 이 규범성은 공동 규제의 성격을 띤다. 또한 강압적 권력이 아니라 자발성과 합의성에 토대를 둔 권력이라는 점을 고려할 때, 표준의 권력성은 표준화의 조정 기능과도 관련된다. 특히 공식 표준의 제정에서 표준화 기구의 역할은 다양한 이해관계자들의 조정 기능으로 현상하고, 그러므로 이 조정 기능은 협치(協治)라는 의미에서 거버넌스 governance 개념으로 연결된다. 이 장은 표준의 권력성을 이와 같이 서로 연결되는 규범성과 규제성 및 조정 기능과 거버넌스

1.Mattli, Walter and Tim Büthe, 2003, "Setting International Standards: Technological Rationality or Primacy of Power?," *World Politics, vol.56*, no.1, pp.1~42.

2.Brunsson, Nils and Bengt Jacobsson, 2000, "The Contemporary Expansion of Standardization," Nils Brunsson, Bengt Jacobsson and Associates, *A World of Standards* (New York: Oxford University Press), pp.1~17; Busch, Lawrence, 2011, *Standards: Recipes for Reality* (Cambridge, MA: The MIT Press).

3.정병기, 2013a, "사회 통합적 경제 발전을 실현하는 표준화 거버넌스," 한국표준협회(편), 『Next Standards 2014: 미래를 위한 표준 정책 마일스톤』(서울: 한국표준협회), 210~237쪽; 정병기, 2013b, "표준의 포괄적 규범성과 공동 규제성: 유럽연합과 독일의 사례를 중심으로," 『유럽연구』 제31권 3호(한국유럽학회), 241~266쪽.

4.김상배, 2009a, "소프트 파워와 21세기 권력," 김상배(편), 『소프트 파워와 21세기 권력: 네트워크 권력론의 모색』(서울: 그린비), 15~56쪽; 김상배, 2009b, "결론을 대신하여: 네트워크 권력론의 모색," 김상배(편), 『소프트 파워와 21세기 권력: 네트워크 권력론의 모색』(서울: 그린비), 299~332쪽.

의 맥락에서 규명하고자 한다.

분석할 주요 문제들은 다음과 같다: 첫째, 표준은 과연 권력성은 갖는가? 둘째, 권력성을 갖는다면 그 권력성은 표준의 어떠한 속성으로부터 비롯되며 그 성격은 어떠한가? 셋째, 표준의 권력성은 어떤 형태로 표출되며 어떠한 기능을 수행하는가? 이중 첫째 문제와 둘째 문제는 표준의 규범성을 통해 권력성을 도출한 후 권력성의 일반적 성격을 알아보는 방식으로 고찰한다. 이어 셋째 문제와 관련해 공식 표준과 사실 표준 등 표준의 종류에 따라 달리 나타나는 구체적 성격을 밝힘으로써 표준의 권력성이 표출되는 형태와 기능을 고찰한다. 마지막으로 이를 거버넌스 논리로 연결시켜 표준화의 조정 기능을 활성화하는 표준화 거버넌스의 단초를 제시한다.

1. 표준의 규범성과 구성적 권력성

권력의 개념과 규범성에 근거한 표준의 권력성 | 앞 장에서 보았듯이 표준은 하나의 규범으로서 사회 규범 및 법령과 중첩되면서도 구분된다. 이 세 규범들이 각자의 영역을 가지고 있으면서도 중첩되는 것은 인간 생활과 관련된 어떤 것들에 대해 구조적으로든 제도적으로든 혹은 직접적으로든 간접적으로든 규정을 행하기 때문이다. 이 규정은 강제적이든 자발적이든 의도한 결과가 일어나도록 한다는 점에서 권력과 관계된다.

권력은 논자에 따라 매우 다양하게 정의되지만 일반적으로 '타인의 행동에 영향을 미쳐 자신이 의도하는 결과를 얻는 능력'을 의미한다. 이것은 러셀Russell과 베버Weber의 권력 개념에 가장 근접한 것으로 정치권력을 넘어 인간 사회 전반에 걸쳐 적용되는 영향력influence으로서, 의도한 결과를 도출해낼 수 있는 능력임과 동시에[5] 사회적 관계에서 상대방의 반대나 저항에도 불구하고 자신의 의지를 관철시킬 수 있는 기회를 의미한다.[6]

롱Wrong은 러셀의 개념을 토대로 권력을 다시 네 가지로 분류했다.[7] 즉, ①물리력과 정신력을 통한 강제력force, ②은폐된 방식으로 의도를 관철시키는 영향력을 말하는 조종력manipulation, ③자발적 수용을 이끌어냄으로써 의도한 결과를 관철하는 설득력persuasion, ④위압coercion, 유인inducement, 정통성legitimation, 권한competence, 개인적 관계personal relation 등에 의해 의도한 결과를 관철하는 권위authority로 나눈다. 올슨Olsen도 권력을 네 가지 형태를 구분했다.[8] ①바라던 결과를 성취하기 위해 타인에게 의도적으로 행사하는 사회적 압력인 강제력force, ②조직화된 사회 내에서 확립된 역할이나 기능을 실행하는 지배력domination, ③ 지시를 받아들일 수밖에 없는 사람들에게 지시를 내릴 수 있는 권리인 권위authority, ④특정 행위자에게 고유하게 체현된 영향력 행사 능력을 말하는 매력attraction이 그것이다.

이 구분들은 권력의 행사나 수용을 말하는 작동 방식과 관련되며, 주로 강제적인가 자발적인가의 문제로 수렴된다. 하지만 다른 한편으로 권력의 작동 방식은 권력의 형성 과정과도 연결된다. 구조적 작동이나 제도적 작동에 관심을 보인 룩스Lukes와 포기Poggi의 권력 개념 접근도 권력이

5.Russell, Bertrand, 2003,『권력』, 안정효 역(서울: 열린책들).

6.Weber, Max, 1972, *Wirtschaft und Gesellschaft: Grundriss der verstehenden Soziologie,* fünfte, revidierte Auflage, besorgt von Johannes Winckelmann (Tübingen: J. C. B. Mohr), S.28.

7.Wrong, Dennis H., 1995, *Power: Its Forms, Bases, and Uses* (New Brunswick, NJ: Transaction Publishers).

8.Olsen, Marvin E., 1993, "Forms and Levels of Power Exertion," Marvin E. Olsen and Martin N. Marger (eds.), *Power in Modern Societies* (Boulder, CO: Westview Press), pp.29~36.

구조적으로 형성되는가 아니면 제도적으로 형성되는가의 문제로 이해할 수 있다.[9] 또한 이것은 권력의 정당성 문제로 연결되는데, 구조적이든 제도적이든 법이나 공동 신념 혹은 자발적 동의가 주로 정당성의 근원이 된다.[10]

이 논의들을 한층 더 확장하면 권력은 비단 권력자와 비권력자의 대립적인 양자 관계가 아니라 상호 영향 관계와 동시에 사회 구성원 전체를 포괄하는 다자 관계를 가정한다. 이러한 관점에서 아렌트Arendt는 타인들과 결속하여 통일적으로 행동할 수 있는 능력으로 권력을 이해하는 공화주의 권력관을 제시했고, 구성주의 이론은 행위자적agential 성격과 상호주체적intersubjective 성격에 주목했다.[11] 또한 푸코Foucault는 권력 개념보다 권력 관계라는 개념을 사용하자고 제안했으며, 네트워크 이론은 권력 형성의 과정과 권력의 다양한 관계에 커다란 관심을 가졌다.[12]

9.룩스는 정치 체제 내에서 명시적인 갈등적 이슈에 대해 결정을 내리거나 특정 의제를 배제할 수 있는 능력으로 권력을 규정하면서 구조화되고 문화적으로 의식화된 측면을 강조했으며, 포기는 구조적·제도적 차원에 주목했다. Lukes, Steven, 2005, *Power: A Radical View,* 2/e with two major new chapters (London: MacMillan); Poggi, Gianfranco, 2001, *Forms of Power* (Cambridge, UK: Polity); 신진욱, 2009, "근대 서양정치사상과 소프트 파워: 베버와 그람시," 김상배(편), 『소프트 파워와 21세기 권력: 네트워크 권력론의 모색』(서울: 그린비), 59~111쪽 참조.

10.Beetham, David, 1991, *The Legitimation of Power* (London: Macmillan), p.98.

11.Arendt, Hannah, 1970, *Macht und Gewalt* (München: Piper), S.44~47; Guzzini, Stefano, 2005, "The Concept of Power: a Constructivist Analysis," *Millennium: Journal of International Studies,* vol.33, no.3, p.507.

12.Foucault, Michel, 1978, *Dispositive der Macht. Über Sexualität, Wissen und Wahrheit* (Berlin: Merve Verlag); 이수영, 2009, 『권력이란 무엇인가』(서울: 그린비), 46~47쪽; 한병철, 2011, 『권력이란 무엇인가』, 김남시 역(서울: 문학과지성사), 60~61쪽; 장덕진, 2009, "정치권력의 사회학적 분해: 자원권력과 네트워크 권력," 김상배(편), 『소프트 파워와 21세기 권력: 네트워크 권력론의 모색』(서울: 그린비), 203쪽.

표준의 권력성은 이와 같이 확장된 권력 개념과 관련된다. 표준의 권력성은 규범성에서 비롯되며, 그 규범성은 인간 생활을 규정하는 모든 영역에서 형성되고 작동된다. 그것은 인간과 인간의 대립적 양자 관계뿐만 아니라 자발성을 통한, 사회 구성원 전체의 상호 주체적 관계와 다자 관계를 포괄한다. 또한 인간 생활의 편리와 관계되는 한, 인간과 사물의 관계 및 사물 간 관계도 규정의 대상이 된다. 따라서 표준의 권력은 규범을 통한 규제의 문제로 연결된다.

공동 규제적 규범의 권력과 구성적 권력성

표준의 공동 규제성에 대해서도 앞 장에서 상세히 논의했다. 하지만 이 규제성은 표준의 권력성 논의와 밀접하게 관련되므로 다소 반복의 위험을 무릅쓰고라도 간략하게 정리할 필요가 있다. 때문에 아래에서는 관련되는 부분에 한해 표준의 공동 규제성에 대해 논한 다음 표준의 권력성 논의를 이어간다.

표준의 규제성은 규제와 탈규제에 관한 논쟁과 연결되어 일견 규제성 여부를 둔 논의로 치닫는 것처럼 보이기도 한다. 하지만 표준은 기본적으로 규범의 하나로 작동하기 때문에 적어도 표준과 관련되는 한 탈규제는 규제의 폐지가 아니라 자율적 규제의 다른 표현으로 이해되는 것이 옳다. 따라서 표준의 규제성 논쟁의 실제 내용은 공공 기구에 의한 강제적 규제와 민간 기구에 의한 자율적 규제를 둔 논의로 이해되어야 하며 실제로도 그와 같은 방향으로 전환하고 있다.[13]

프랑스 표준 정책을 사례로 탈규제적 성격을 주장한 조베르Jobert가 실제로 의미한 것은 공공 정책이 더 이상 국가 기관에 의해서만 만들어지지

13.표준의 공동 규제성에 관해서는 정병기(2013b)를 참조.

않게 되는 "공공 정책의 탈정치화"다.[14] 역시 탈규제성을 강조한 조르다나와 레비-포르Jordana and Levi-Faur도 지식 생산이 과거와 달리 이해관계자들의 광범위한 참여를 통해 자율적으로 이루어지는 현상에 주목하고 표준을 그 대표적 예의 하나로 보았다.[15] 이와 달리 마존Majone이나 차야와 헤써Czaya and Hesser는 규제성의 성격을 강조했다. 마존은 유럽의 공공 행정 강화나 규제 국가regulatory state 추세를 지적하며 표준의 재규제re-regulation 경향을 주장했고, 차야와 헤써Czaya and Hesser는 현실 사회주의 국가에서 법령으로 기능하는 표준의 규제 규범성을 예시했다.[16]

이와 같이 상반되는 듯한 주장들은 보라즈Borraz의 논의를 활용해 공동 규제 유형으로 더 발전시킬 수 있다. 유럽 연합의 표준 정책을 연구한 보라즈는 유럽 의회가 특수한 상황에서는 표준화를 입법의 대안으로까지 생각하고 집행위원회는 거버넌스governance의 맥락에서 고려한다는 점을 들어 표준화를 공동 규제co-regulation의 한 유형으로 파악했다.[17] 여기에

14.Jobert, Bruno, 2003, "Le Mythe de la Gouvernance Depolitisee," Pierre Favre, Jack Hayward and Yves Schemeil (eds.), *Etre Gouverne. Etudes en L'honneur de Jean Leca* (Paris: Presses de Sciences Po.), pp.273~285.

15.Jordana, Jacint and David Levi-Faur, 2004, "The Politics of Regulation in the Age of Governance," Jacint Jordana and David Levi-Faur (eds.), *The Politics of Regulation: Institutions and Regulatory Reforms for the Governance Age* (Manchester: Edward Elgar and the CRC Series on Regulation), pp.1~28.

16. Majone, Giandomenico, 1996, *La Communaute Europeenne: Un Etat Regulateur* (Paris: Montchrestien); Majone, Giandomenico, 1994, "The Rise of the Regulatory State in Europe." *West European Politics,* vol.17, pp.77~101; Majone, Giandomenico, 1999, "The Regulatory State and Its Legitimacy Problem," *West European Politics,* vol.22, pp.1~24; Czaya, Axel and Wilfried Hesser, 2001, "Standardization Systems as Indicators of Mental, Cultural and Socio-Economic States," *Knowledge, Technology, & Policy, vol.14,* no.3, pp.24~40.

17.Borraz, Olivier, 2007, "Governing Standards: The Rise of Standardization Processes in

서 공동 규제는 입법적 규제 행위를 이해관계자들의 행동과 결합시키는 것을 말한다. 물론 보라즈가 말하는 이해관계자의 참여는 현실적으로 전문적 지식을 가진 행위자에 한정된다.[18] 특히 유럽 차원의 표준 제정처럼 표준화 과정은 전문적 지식을 요구하는 경우가 많기 때문이다. 그러나 독일 등 많은 서유럽 국가들과 유럽연합은 노동자나 소비자 같은 비전문적 이해관계자들에게도 단체의 형태로 참여의 기회를 보장하고 있다. 따라서 표준의 규제성은 현실적·논리적으로 민간의 참여를 포괄하는 공동 규제성으로 확장될 수 있고 실제로 그러한 노력이 이루어지고 있다.

규제는 기본적으로 규정의 제정에서 시작한다. 제정된 규정을 통해 규제를 실시하는 것은 행정적 규제로서 표준의 본성에는 해당되지 않는다. 물론 표준의 경우에도 기술 규정 같은 표준을 준수하지 않으면 사법적 제재가 따르며 일상 경제생활에서도 표준을 준수하지 않을 때 실질적인 손해를 보기 때문에 사실상 구조적 제재가 따른다고 할 수 있다. 그러나 이러한 규제도 표준의 준수와 관련되는 것이지만 표준이 법령이나 사회 규범과 중첩되는 경우에 그로부터 이전된 성격일 뿐이다.[19]

표준의 규제성은 기본적으로 게임의 규칙과 같은 규범을 제정하는 규정성에서 나오며, 그 규정성에서 권력성도 비롯된다. 그러므로 표준의 권력은 신민들을 지배하고 강제하는 철권 같은 권력은 아니다. 표준의 권력은 자연 세계처럼 있는 그대로의 방식임을 가정하므로 우리의 기대를 구

France and in the EU," *Governance: An International Journal of Policy, Administration, and Institutions,* vol.20, no.1, pp.57~84.

18. Jacobsson, Bengt, 2000, "Standardization and Expert Knowledge," Nils Brunsson, Bengt Jacobsson and Associates, *A World of Standards* (New York: Oxford University Press), pp.40~49 참조.

19. 물론 이것도 표준의 권력성의 일부임은 분명하다. 다만 그 구체적 성격의 하나로서 다음 장에서 다룬다

조화시킨다는 점에서 더욱 근원적이다. 아무리 하고 싶다고 하더라도 자연적으로 불가능하다고 판단될 때 기대를 포기하거나 아예 기대하지 않게 되는 방식으로 작동한다는 것이다. 다시 말해, 표준의 권력성은 어떤 사물을 자연 상태로 간주되게 함으로써 피할 수 없는 절대성으로 현상하므로 법령이나 정치권력의 힘보다 더욱 강력하고 근원적인 힘이라고 할 수 있다.[20]

규정을 제정하는 표준화는 여기에서 더 나아가 타인뿐 아니라 자신에게도 영향을 미치며 궁극적으로 인간과 인간관계 및 사물과 인간-사물 관계에도 영향을 미친다. 따라서 표준의 권력성은 이른바 '판을 짜는 구성력'으로까지 작용하는 상호 권력성으로도 나타난다. 이것은 게임의 규칙을 정하고 게임의 판을 짠다는 의미에서 구성력을 지칭하기도 하지만, 게임에 참가하는 다양한 행위자들에게 상호 영향을 미친다는 의미의 구성력도 포함한다. 표준의 이러한 권력성은 김상배가 추적해온 구성적 권력과 네트워크 권력에서 잘 설명되고 있다.

우선, 구성주의나 탈구조주의에서 제시하고 있는 '구성적 권력constitutive power'의 개념에 주목해 김상배는 상대방의 신념과 가치 체계의 구성에 작용하는 권력을 표준에 적용했다.[21] 이때 구성적 권력은 상호 주체적 메커니즘을 통해 상대방으로 하여금 규범을 수용하도록 함으로써 원하는 행위를 얻어내도록 작동한다. 마찬가지로 상호 작용을 통해 표준을 보유한 자나 제정자가 상대방으로 하여금 표준을 수용하도록 함으로써 표준 사

20.Busch(2011), pp.32~33.

21.김상배(2007), 98쪽. 푸코(Foucault)의 권력/지식(power/knowledge)의 개념과 나이(Nye)의 소프트파워(soft power) 개념도 이와 같은 맥락에서 파악할 수 있다. Foucault, Michel, 1980, *Power/Knowledge,* edited by M. C. Gordon (Brighton: Harvester); Nye, Jr., Joseph S., 2004, *Soft Power: The Means to Success in World Politics* (New York: Public Affairs).

용을 통해 의도하는 효과를 거둘 수 있다. 또한 표준 이용자는 자발적 수용의 메커니즘을 통해 거꾸로 표준 보유자나 표준 제정자에게 영향을 미침으로써 그 힘을 강화하거나 약화시킬 수 있다. 그리고 이것은 다시 표준 자체의 진화나 퇴화로 연결되며, 이러한 표준의 변화는 결국 표준을 둘러싼 사회 환경과 사회 구조의 변화를 야기한다.

결국 상호 작용의 구성력은 판을 짜는 구성력으로 연결되는데, 그 작동 방식은 네트워크와 유사하다. 네트워크 권력은 노드node 자체의 속성이나 노드가 보유한 자원, 즉 노드의 내재적 요소가 아니라, 개별 노드들의 경계 밖에 존재하는 외재적 요소로서 노드 간 관계 총합인 네트워크에 의해 생성되고 작동하는 권력을 의미한다.[22] 그러나 구성적 권력에서 본 것처럼 이때 네트워크가 초超노드적으로 처음부터 짜여 있는 것은 아니며 노드 자체도 네트워크가 구성되고 작동하는 데 필수적인 구성 요소로 기능한다. 따라서 네트워크 권력은 개별 노드들의 자유로운 선택에 기원을 두면서 그 작동과 영향은 노드가 아닌 네트워크 차원에서 이루어짐으로써 행위자와 구조의 차원에서 동시에 작동하는 상호 작용적인 구성적 권력으로 이해된다.

표준을 네트워크로 볼 때 표준의 생산자나 제정자 혹은 표준의 이용자들은 노드로 작동하며, 표준을 노드로 볼 때 이 노드들은 메타 표준이라는 네트워크를 구성하기도 한다. 또한 더 나아가 표준은 네트워크를 구성하는 프로그래머로서 표준을 둘러싼 사회와 시장의 판을 짜는 권력을 보유하기도 한다. 이와 같이 표준은 다양한 형태로 현상하는 상호 작용적인 네트워크 권력으로서 구성적 권력을 갖는다고 할 수 있다.

---

22. 김상배(2009b), 301~302쪽

2. 표준의 권력성과 조정 거버넌스

구조적 권력과 조정 권력성

어원에서 살펴본 것처럼, 표준은 기준을 제시하고 목표를 세우는 행위에서 비롯되는 권력의 성격을 갖는다. 표준은 대개 권력을 가진 소수나 공인된 다수에 의해 설정된다. 표준의 권력성에 주목하는 논자들은 공식 표준화를 제도적 권력 institutional power 현상으로 보고 시장의 표준 경쟁을 구조적 권력 structural power 현상으로 간주하기도 한다.[23] 공식 표준을 제정하는 표준화 기구는 국가 기구든 독립 공공 기구든 제도적 권력 기구로서 행위하며, 사실 표준이 제정되는 시장에서는 시장 질서를 규정하는 구조의 힘, 즉 구조적 권력이 작동한다는 것이다.

그러나 사실 표준이 점차 공식 표준으로 제정되는 추세가 증가하고 공식 표준도 공권력의 강제성이 아니라 민간의 자율에 의해 수용된다는 점을 고려하면 제도적 권력과 구조적 권력을 공식 표준과 사실 표준에 따로 적용하는 것은 더 이상 유효하지 않다. 사실 표준이 공식 표준으로 전환된다는 것 자체가 이미 구조적 권력이 제도적 권력으로 전환한다는 것을 의미하며, 공식 표준일지라도 수용하지 않으면 시장에서 불리한 처지에 놓일 가능성이 높을 경우에는 이를 수용하게 되는 구조적 압력이 작용하기 때문이다. 따라서 표준에서 권력 논의는 공식 표준과 사실 표준을 구분하지 않고 구조적 권력과 제도적 권력이 표준 일반에서 함께 작용하는 것으로 보아야 한다.

표준이 갖는 권력의 두 가지 성격들 중 이 절에서는 구조적 권력을 살펴보고 다음 절에서 제도적 권력을 살펴본다. 그리고 구조적 권력을 조정 성격과 연결시키고, 제도적 권력을 조정 거버넌스와 연결시킨다. 제도적

23. 김상배(2007), 92쪽 참조.

권력이 표준화 기구 같은 행위자 측면과 직접 결부되므로 적극적인 조정 행위와 결합한다면, 구조적 권력은 표준을 둘러싼 관계망, 즉 구조에서 작동하는 것으로서 행위자와 환경을 모두 고려하므로 표준의 권력이 갖는 본질적 성격인 조정 권력성과 결합하기 때문이다.

구조적 권력은 행위자들의 행위와 관계를 규정하는 구조적 환경에 영향을 미치는 능력으로서 '구성하는 권력'의 구체적 표현의 하나다. 스트레인지Strange는 구조적 권력을 "무엇을 할 것인가를 결정하는 권력, 즉 국가들 간, 개인들 간, 기업들 간 상호 관계를 설정하는 틀을 구성하는 권력"이라고 규정했다.[24] 이때 제도적 권력은 포함될 수도 있고 포함되지 않을 수도 있다. 다시 말해 구조적 권력은 제도적 영향력과 무관하게 실제 구조에 영향을 미치는 영향력을 말한다. 그것은 행위자의 의도로부터 영향을 받지 않는 것은 아니지만 행위자의 의도보다는 행위자를 포함한 체계system 자체에서 창출되는 효과이다. 때문에 구조적 권력만을 논할 때에는 행위자의 의도가 체계 전체가 창출하는 효과와 충돌할 경우 그 영향력을 상실한다는 논리적 결과가 도출될 수 있다. 스트레인지의 구조적 권력은 이러한 점에서 체계 내적으로 디자인된 '비의도적 편향non-intentional bias'으로 표현된다.[25] 그러나 앞서 구성적 권력성을 논하면서 행위자와 체계는 결국 상호 작용한다는 점을 명시한 바와 같이 행위자의 의도와 체계의 효과는 상호 영향을 미치며 다시금 상호 규정해나간다고 보아야 한다.

표준의 구조적 권력성과 조정 권력성은 나이Nye의 소프트 파워soft power 개념을 통해 네트워크 권력을 고찰한 논의들에서 더 잘 파악할 수 있다.[26]

24.Strange, Susan, 1988, *State and Markets* (London: Pinter Publishers), p.25.

25.Guzzini, Stefano, 1993, "Structural Power: The Limits of Neorealist Power Analysis," *International Organization,* vol.47, no.3, pp.462~463.

26.정병기(2013a), 222~226쪽 참조.

나이에 따르면, 소프트 파워란 '강제나 보상보다는 사람의 마음을 사로잡아 원하는 것을 얻어내는 능력'이다. 국제 관계에서 소프트 파워는 한 나라의 문화나 민주주의, 인권, 개인적 기회의 보장 등과 같이 그 나라가 추구하는 정치적 목표와 제반 정책 등에서 우러나오는 매력과 관련되므로, 국제 정치 무대에서 의제를 설정하는 능력으로서 국가 행위의 정당성과 도덕성에 기반을 두는 권력이다.[27] 마찬가지로 표준은 그 유용성이 인정됨에 따라 자발적으로 수용되는 과정을 밟아가므로 표준의 세계에서 그 유용성을 설정하는 힘으로서 표준화 기구 같은 표준 제정자의 정당성에 기반을 두는 소프트 파워의 성격을 갖는다.

그리고 네트워크 권력이란 행위자들 간 상호 관계의 아키텍처와 그 속에서 행위자들이 차지하는 관계적 위상이라는 구조적 의미로 이해된 '관계'에 주목해 '네트워크상에서 자기를 통하지 않고는 소통이 되지 않는 요충지를 차지하고 통通하는 과정을 통제하는 권력'을 의미한다.[28] 표준은 그 유용성을 인정한 이용자들에 의해 자발적으로 수용된다는 점에서 상술한 것처럼 소프트 파워의 성격을 가질 뿐 아니라, 이해관계자들과 이용자들의 네트워크에서 작용하며 그 효과가 증폭된다는 점에서 네트워크 권력의 성격을 갖는다. 특히 네트워크 권력 개념은 노드의 행동에서부터 비롯되지만 역으로 노드를 제약하는 구조로도 작동하는 권력, 즉 행위자와 구조의 차원에서 동시에 작동하는 권력의 이중성을 파악하는 데 유용하다.[29]

표준에서 네트워크 권력은 행위자actor와 과정process 및 체계system 차원에서 작동하는 세 가지 메커니즘으로 이해된다.[30] 표준의 생산자와 제정

27.Nye(2004).

28.김상배(2009a), 45~46쪽.

29.김상배(2009b), 301~302쪽.

30.네트워크 권력의 세 가지 성격에 대해서는 Isaac, Jeffrey C., 1987, "Beyond the Three

자 및 이용자로 이루어진 표준화 네트워크에서 이 행위자들은 표준의 제정과 생산, 이용이라는 과정에 모두 참여함으로써 상호 영향을 미치고 이 일체의 행위들은 다시 기존의 표준화 네트워크 체계로부터 영향을 받기 때문이다. 곧, 표준에서 네트워크 권력성은 네트워크라는 환경에서 특정 노드 또는 노드군群인 표준화 행위자들이 상호 작용의 '과정'에서 발휘하는 권력일 뿐만 아니라 역으로 노드를 제약하는 '구조'로서 네트워크가 행하는 권력으로 나타난다.

하지만 네트워크 권력이 아무리 상호 권력을 의미한다고 할지라도 네트워크상에서 나타나는 스위처switcher나 조정자coordinator가 있다면 그 권력은 곧 네트워크 권력에서 가장 중요한 위상을 차지한다. 여기에서 표준의 권력성은 조정 권력이라는 성격과 연결된다. 표준화 네트워크에서 표준화 기구가 갖는 위상은 표준화 네트워크를 설정하는 구성 권력으로 작용하기 때문에 다른 어떤 노드들보다 중요하며 가장 막강한 권력을 갖는다.

특히 표준의 권력성은 표준의 등장 자체가 대개 갈등이나 이견의 산물이라는 점과도 관련된다. 표준은 동의에 의해 제정되는데, 이 동의는 기본적으로 갈등과 이견을 통해 나오며 이 과정에도 승자와 패자가 존재하기 때문이다. 다만 패자나 다른 이용자들이 이 승패에 동의해 표준을 수용하는 것이다. 따라서 표준의 권력은 자연 상태로 인정되는 근본적 권력성을 토대로 소프트 파워로서 자발적 동의에 근거하는 한편, 네트워크 권력으로서 제정자인 표준화 기구의 조정 권력을 통해 행사된다.

Faces of Power: A Realist Critique," *Polity,* vol.20, no.1, pp.4~31; 김상배(2009b), 302쪽 참조.

제도적 권력과 조정 거버넌스

구조적 권력은 제도적 권력을 포괄한다. 하지만 행위자적 측면에서 구조적 권력은 행위의 체계상 제약으로 작동하지만 제도적 권력은 제도로서의 행위자가 주체적으로 행사하는 힘으로서 보다 적극적 의미를 갖는다. 특히 표준화 과정에서 표준화 기구가 보유하는 제도적 권력은 표준이라는 규범을 제정하는 데 핵심적인 요소다.

물론 제도와 행위자를 구분해 제도를 행위자가 운동하는 체계의 하나로 간주한다면 얘기는 달라진다. 이때 제도적 권력은 행위자의 운동을 제약하는 요소로서 구조적 권력이 더 좁은 영역인 제도로 옮겨진 것에 불과하다. 구조적 권력의 제도적 표현에 다름 아니라는 것이다. 그 대표적 예가 정치 지도자의 개혁 정치를 제약하는 관료제적 권력을 들 수 있다. 하지만 표준에 있어서 표준 제정자는 표준화 기구로 한정하고 이 표준화 기구를 제도로 규정하며, 이 표준화 기구를 둘러싼 다른 제반 환경적 요인들을 구조적 요인으로 본다. 따라서 제도적 권력은 일차적으로 표준화 기구라는 행위자적 요인으로 인식된다.

하지만 표준화에서 제도적 권력은 표준화 기구라는 단일한 성격의 행위자를 가정하지는 않는다. 국제 정치 이론에서 말하는 제도적 권력 개념을 수용하지만 메타 권력의 논의까지 확장하지도 않는다. 국제 정치 이론에서 제도적 권력은 행위자들의 상호 작용이 발생하는 환경으로서의 제도가 작동하는 힘이 아니라 이 제도에 영향을 미치는 권력을 의미한다. 크래스너Krasner의 메타 권력meta-power 논의가 한 예인데, 그에 따르면 메타 권력은 기존의 제도적 틀 안에서 이익의 극대화를 꾀하는 능력인 관계적 권력relational power과 달리, 제도적 틀 자체를 바꿀 수 있는 능력을 의미한다.[31]

31.Krasner, Stephen D., 1985, *Structural Conflict* (Berkeley, CA: University of California

그러나 이 글에서 제도적 권력은 제도로서의 표준화 기구라는 행위자적 측면에 초점을 두고 조정 권력으로 작동하는 경우를 말한다. 표준화 기구에 영향을 미쳐 그 틀을 바꿀 수 있는 메타 권력의 작용은 이 글의 관심 대상이 아니다. 다만 제도로서의 표준화 기구가 분해 불가능한 단일한 존재가 아니라 다양한 이해관계자들의 집합체로서 협치(協治)의 원리에 따라 작동한다고 본다. 따라서 표준화 기구의 제도적 권력은 협치를 행사하는 조정 거버넌스 권력체가 행사하는 힘이다.

거버넌스 개념은 분과 학문별로 다양하게 이해된다.[32] 행정학에서는 거버넌스가 새로운 국가 통치 행위 및 그 방식을 의미하는 국정 관리로 해석되는가 하면, 제도주의 경제학에서는 공동체적 자율 관리 체계로 간주되고, 사회학에서는 국가나 시장과 구별되는 사회의 자연스러운 조정 양식의 원형이나 자기 조직적 네트워크 등으로 정의된다. 그리고 정치학에서는 주로 다원적 주체들 간의 협력적 통치 방식을 의미하는 네트워크 통치, 협력적 통치 또는 통치 체제나 통치 활동 등으로 이해된다.

다양한 이해 방식 가운데에서도 공통적인 것은 강력한 개입 국가적인 과거 통치 방식을 거부하고 시장과 사회의 참여를 허용하는 새로운 협력적 통치 방식을 중시한다는 점이다. 거버넌스는 자율적 조직화와 상호 의존에 기반을 둔 조직 간 네트워크, 자원의 교환, 게임의 규칙, 국가에 대한 자율성을 중시하며, 게임의 공식적·비공식적 규칙을 관리하는 것으로서 권력 행사의 규칙을 결정하고 규칙과 관련된 갈등을 해소하는 방법을 의미한다.[33]

Press). 이 메타 권력 개념을 공식 표준화 메커니즘에 적용한 것으로는 김상배(2007), 89쪽 참조.

32.김석준, 2000, "거버넌스의 개념과 이론의 전개," 김석준·이선우·문병기·곽진영, 『뉴거버넌스 연구』(서울: 대영문화사), 41쪽.

33.Rhodes, R. A. W., 1997, *Understanding Governance: Policy Networks, Governance, Reflexivi-*

거버넌스 작동에서 중요한 원칙들은 정통성, 효율성, 민주주의, 책임성이다.[34] 정통성은 투입 측면에서는 규칙을 지키도록 요구받는 사람들의 합의로부터 형성되며, 산출 측면에서는 규칙이 구체적인 결과를 만들어 낼 수 있고 정책이 공동선에 부합할 때 생겨난다. 따라서 정통성은 민주주의적 효율성과 연결되는데, 이때 민주주의는 효율적이어야 하지만 다수결 민주주의보다는 합의 민주주의에 가깝다. 거버넌스 관점에서 다수결 민주주의가 완전히 거부되지는 않지만 협의와 합의를 통해 보완될 것이 요구된다.

또한 거버넌스는 민주적 책임성과도 연결되는데, 이 책임성은 정당이나 정치인들에게 통치를 위임하는 대의 민주주의로는 충족될 수 없다. 대의 민주주의의 여러 기제들이 사회 구성원들에 대한 책임을 다하는 데 결함이 많다는 것을 인정하고 다양한 이해관계자들의 참여를 보장하는 직접 민주주의의 형태로 충족된다. 기본적으로 거버넌스가 전제하는 권력은 푸코가 주장한 것처럼 상호적·관계적 속성을 갖는 것으로 보기 때문이다.

앞 장에서 언급한 바와 같이 사회 규범과 법령 및 표준은 서로 유사하고 때로 중첩되는, 거버넌스 규범의 세 유형이다. 하지만 표준은 사물의 영역까지 규정함으로써 사회 규범이나 법령보다 광범위한 대상을 다룸으로써 광의로 볼 때에는 다른 두 거버넌스 유형을 포괄하는 규범이라고 할 수 있다. 사회 규범이 인간 사회만을 대상으로 하고, 법령은 사회 규범을 넘어 인간관계뿐 아니라 인간과 사물의 관계까지 규정하지만 사물의 성질 자체를 대상으로 하지는 않기 때문이다. 따라서 표준이라는 규범을 제정하고 실현하는 표준화는 인간 생활과 관련되는 제반 사안들에 대해

---

ty and Accountability (Buckingham: Open University Press), p.15.

34.Kjær, Anne Mette, 2007, 『거버넌스』, 이유진 역(서울: 오름), 24~26쪽.

효율성과 책임성을 가진 합의 민주주의적 정통성을 가진 협치로서 다양한 이해관계자들의 조정 거버넌스라고 할 수 있다.

표준화 기구의 조정 권력은 주로 공식 표준화에서 발생하는 것이 사실이다. 시장에서 표준이 형성되는 사실 표준화에서는 이 표준이 공식 표준으로 수용되지 않는 한 표준화 기구의 조정 권력 행사 대상이 아니다. 때문에 사실 표준에서는 표준화 기구의 제도적 권력인 조정 권력보다는 시장의 비제도적인 구조적 권력이 주로 작동한다. 하지만 민간의 자율적 표준도 공공성이 강한 경우에는 표준화 기구의 조정 권력이 작용할 필요가 있으며, 실제로 조정 권력은 공식 표준화나 법령화 혹은 다양한 유인 정책을 통해 직·간접적 방식으로 작용한다. 중요한 것은 공공성이 강한 표준 영역에서 표준화 기구가 조정 권력을 통해 비제도적인 구조적 권력을 효과적으로 차단하고 공동 규제성을 확보하면서도 이해관계자들의 참여를 확대하는 합의 민주주의적 거버넌스가 필요하고 가능하다는 것이다.

물론 상술한 바와 같이 표준화는 기본적으로 전문적 지식을 필요로 한다는 점에서 모든 대중 이용자들이 참여하는 것이 쉽지는 않다. 이러한 이유로 표준화는 민주성이 결여된 전문가 정치의 한 유형이 될 우려가 없지 않다.[35] 하지만 전문 지식이 결여된 대중 이용자들일지라도 기본적으로 표준이 규범적·조정적 권력성을 띠기 때문에 이들의 표준화 참여는 충분히 보장될 수 있고 또 보장되어야 한다. 그것은 이들이 조직을 결성해 참여함으로써 가능할 수 있을 뿐 아니라, 표준화 기구가 적극적으로 공청회나 설명회 등을 개최하면 개인적 참여 방식으로도 활성화될 수 있다.

35.Busch(2011), 제6장; Brunsson(2000), p.33; Brunsson and Jacobsson(2000), p.1 참조.

3. 요약과 시사점

표준의 권력성은 목표와 기준이라는 어원과도 관련되며, 사회 규범과 법령까지 포괄하는 규범의 하나라는 성격에서 비롯된다. 특히 경험적 차원에 토대를 둔 폭넓고 낮은 수준의 동의를 요구하고 그 준수가 의무적이지 않은 다양한 목표 혹은 기준일 뿐 아니라 인간과 인간관계 및 사물의 성질이나 사물과 인간의 관계까지 규정한다는 점에서 표준은 사회 규범과 법령을 넘어서는 포괄적인 권력성을 갖는다.

이 권력성은 '타인의 행동에 영향을 미쳐 자신이 의도하는 결과를 얻는 능력'이라는 권력의 일반적 개념을 충족한다. 하지만 표준의 권력성은 권력자와 비권력자의 대립적인 양자 관계가 아니라 상호 영향 관계와 사회 구성원 전체를 포괄하는 다자 관계를 가정하므로 권력의 확장된 개념을 요구한다. 이와 같이 상호 주체적 다자 관계를 전제로 하는 표준의 권력성은 필연적으로 규범을 통한 규제의 문제로 연결된다. 규범을 통해 판을 구성하고 통제하는 권력이기 때문이다.

표준의 규제성은 강력한 개입 국가적 통제로부터 벗어나 점차 공공 기구와 민간 기구의 공동 규제성을 띠어가고 있다. 그리고 이 공동 규제성은 자발성과 합의성에 기반하는 표준의 본성에 부합한다. 표준화가 강력한 국가 개입의 한 방편으로 작동하는 나라가 없는 것은 아니지만, 이러한 경우는 표준이 법령의 하나로 규정된 경우에 해당할 뿐이다. 자발성과 합의성을 충족하는 표준의 규제성은 기본적으로 게임의 규칙 같은 규범을 제정하는 규정성에서 나오며 사회 구성원들의 기대를 구조화시킨다는 점에서 더욱 근원적이다.

이러한 규범적 공동 규제성으로 인해 표준은 다양한 형태로 현상하는 상호 작용적인 네트워크 권력으로서 구성적 권력의 성격을 획득한다. 구조적 권력은 그 구체적 표현의 하나다. 이 구조적 권력은 제도적 권력을 포괄하는 개념으로서 행위자들의 행위와 관계를 규정하는 구조적 환경에 영향을 미치는 능력을 말하는 '구성하는 권력'임과 동시에 행위자와 환경이 상호 영향을 미치는 '상호 구성하는 권력'이다.

표준화 기구의 존재와 관련해서는 구조적 권력이라는 성격 중에서도 제도적 권력이 매우 중요하다. 다양한 이해관계자들이 각자 권력의 주체로서 표준화 과정에 참여하지만 공식 표준화 과정에서 이들은 표준화 기구라는 제도를 통해 행위하기 때문이다. 따라서 표준화의 핵심 행위자로서 표준화 기구가 갖는 권력은 주체로서의 제도적 권력을 의미한다. 이 제도적 권력은 표준화 네트워크에서 핵심적인 조정 권력으로 작동한다. 표준화 기구는 다양한 이해관계자들의 행위를 제약하는 구조이기도 하지만, 그들의 상호 주체적 행위가 이루어지는 장으로서의 제도이기도 하기 때문이다. 따라서 표준화는 분해 불가능한 단일한 존재로서의 표준화 기구나 이 기구를 지배하는 국가 기구에 의해 일방적으로 진행되는 것이 아니라 다양한 이해관계자들의 집합체로서 협치協治의 원리에 따라 진행된다.

강력한 개입 국가적인 과거 통치 방식을 거부하고 시장과 사회의 참여를 통한 협력적 통치 방식을 중시하는 거버넌스가 곧 표준화의 작동 원리라고 할 수 있다. 거버넌스는 협의와 합의에 의해 생성되는 규칙에 따라 공동선에 부합하는 결과를 산출하는 자치나 조정 정치를 지향한다. 표준화 기구가 표준화 과정에서 가장 중요한 역할을 수행하지만, 그것은 거버넌스 방식으로 작동하는 조정의 형태로 기능할 때 표준화의 원리에 가장 적합하다.

그러나 공식 표준화든 사실 표준화든 현실적으로 그 과정에서는 강력한 시장 행위자나 국가 권력이 개입해 자발성과 합의성 및 공공성을 침해하는 경우가 생겨난다. 표준을 선점하려는 기업들의 각축이나 국가들의 심각한 경쟁들이 그 대표적 예들이다. 하지만 이러한 현실은 적어도 표준의 성격 및 표준화의 원칙들과 모순을 일으키는 운영의 문제에 가깝다. 표준과 표준화의 부정적 현실은 이 글의 고찰 대상이 아니다. 이 장에서 강조하려는 것은 표준의 성격과 표준화의 원칙들을 올바로 실현하기 위해서는 그 권력성을 정확하게 파악하고 그에 적합한 조정 거버넌스의 실현이 필요하다는 것이다. 현실도 본질을 구성하는 핵심 요소라는 관점에서 볼 때 표준과 표준화의 본질도 힘 관계일 수 있음을 부정하지는 않는다. 하지만 이러한 논의는 표준과 표준화의 현실에 대해 보다 광범위한 실증적 자료들을 추적해 분석할 때 비로소 가능하다.

다음 장에서는 코포라티즘 이론을 통해 조정 거버넌스를 구체화한다. 비록 실증적 자료들을 추적해 다양한 표준화 갈등들을 제시하지는 못했지만, 조정 거버넌스의 현실적 방안을 고민하는 데에는 중요한 기여를 할 것으로 기대한다.

제4장

코포라티즘적 표준화 조정 거버넌스

제4장

코포라티즘적 표준화 조정 거버넌스

이해관계가 존재하는 곳에는 갈등이 존재하며, 갈등이 존재하는 곳에는 그 갈등을 규제하고 조정하는 규범이 존재한다. 그러나 이 규범은 또 다른 갈등을 유발하기 때문에 규범이 존재하는 곳에서도 언제나 다시 갈등이 시작된다. 갈등을 규제하고 조정하는 규칙이 규범이지만, 이 규범이 어떻게 제정되느냐에 따라서 갈등의 원천인 이해관계가 달라지기 때문이다. 따라서 『사회정의론』을 쓴 롤스John Rawls같은 이는 패를 돌리기 전의 상황인 원초적 상황에서 게임의 규칙을 제정해야 한다고 주장하기도 했다. 패를 돌린 후에는 모든 경기 참가자들이 이미 각자의 이해관계를 가지게 되므로 공정한 규칙을 제정할 수 없게 된다는 판단이었다. 그러나 현실 사회에서는 이미 저마다 각자의 이해관계를 가진 개인과 단체 등 수많은 행위자들이 존재하고 있다. 이러한 상황에서 규칙을 제정할 수밖에 없는 처지다.

표준은 시장과 사회 및 국가에 존재하는 다양한 제품과 서비스에 대한 기준과 규격 및 품질을 규정하는 규범의 하나로서, 일국적으로나 국제적으로 점차 그 중요성을 더해가고 있다. 이 제품과 서비스를 생산하는 사람들 사이에서뿐만 아니라 그 생산자와 이용자 사이에서도 서로 다른 이해관계와 상호 갈등이 존재하며, 이 갈등은 그 규범인 표준을 제정하는 데에서 더욱 첨예하게 나타난다. 따라서 그 갈등을 효율적이고 민주적으로 해결할 필요가 있다. 그럼에도 우리나라 표준화 과정에서는 아직 갈등과 그 조정에 대한 연구나 해결 노력이 충분히 이루어지지 않고 있다.

사실 갈등은 이해관계자들이 참여한 상태에서 빚어지기도 하지만 이해관계자들이 참여하지 않은 상태에서 잠재적으로 존재하거나 참여 요구의 형태로 나타나기도 한다. 우리나라 표준화 과정은 적지 않은 이해관계자들의 참여가 배제된 상태이므로 후자의 경우에 해당한다. 산업표준화법[1] 에 의해 제정 절차의 대강이 규정되어 있는 산업 표준을 예로 들면, 공개성과 개방성을 원칙으로 명시하고 있지만 실제 개방성은 거의 실현되지 못하고 있기 때문이다.

우리나라 산업 표준의 제정 절차는 크게 두 가지로 나뉜다.[2] 국가기술표준원장이 제안하여 제정하는 것으로서 국가가 제안하여 제정하는 경우와, 개인, 기업, 관련 기관 등 이해관계자의 신청으로 제정하는 경우가 그것이다. 이중 국가기술표준원장이 제안·제정하는 경우는 학회나 연구소 등에 서비스를 의뢰하거나 자체적으로 초안을 작성하여 이루어진다. 표준 초안은 국가기술표준원 부회에 상정되어 심의를 거쳐야 하며, 부회는 전문 기술 분야 등의 검토가 필요하다고 판단하면 산하 전문위원회에 이송하여 검토하게 한다. 전문 분야별로 구성된 전문위원회는 부회에서 이송된 표준 초안에 대해 심의하고 심의 결과를 부회에 통보하며, 부회는 이를 승인하여 운영위원회를 거쳐 산업표준심의회로 넘긴다. 산업표준심의회 심의를 거친 초안은 국가기술표준원장이 공포함으로써 산업 표

1.산업표준화법[시행 2016.1.6] [법률 제13737호, 2016.1.6. 일부 개정] 참조.

2.국가기술표준원, 2016, "KS 제·개정," 국가기술표준원 홈페이지, http://www.kats.go.kr/content.do?cmsid=28 (검색일: 2016.01.22) 참조.

준(KS)을 획득하게 된다. 이때 국무총리를 위원장으로 하는 산업표준심의회는 비록 형식적 기구이기는 하지만 국가 표준 대표 기관에서 제정하는 국가 표준과 정부 각 부처에서 제정하는 기술 규정 사이의 갈등을 조정하는 역할을 한다.

이 표준 제정 절차에서 이해관계자들이 의미 있게 참여할 수 있는 기회는 공청회와 산업표준심의회에 있다. 이해관계가 있는 자는 서면으로 공청회 개최를 요구할 수 있고, 요구받은 국가기술표준원장은 반드시 공청회를 개최하여야 하며, 산업표준심의회는 각계각층의 위원들로 구성된다. 그러나 실제 공청회 개최는 전문적인 집단에 한정되어 있으며, 산업표준심의회의 구성도 정부 15%, 기업 22%, 학계 44%, 연구소 19%로 이루어져 있어, 비전문가들이나 소비자들의 참여는 사실상 봉쇄되어 있는 것이 현실이다.[3] 따라서 이 글은 표준화 갈등의 원인과 구조를 파악하고 그 효율적·민주적 해결 방식을 도출하여 표준화 갈등 해결의 시사점을 얻는 것을 목표로 한다.

우선 갈등의 원인을 파악하기 위해 표준의 성격을 새로운 방식으로 분류하고 이를 둘러싼 이해관계자들을 고찰하며 그 해결 방식을 모색한다. 무엇보다 표준은 사실 표준과 공식 표준으로 나뉘는데, 사실 표준은 시장에서 전개되는 자유 경쟁에 의해 제정되므로 갈등 조정을 위한 특정 행위자가 존재하지 않는 반면, 공식 표준에서는 표준화 기구나 국가와 같은 갈등 조정자가 존재한다. 그러므로 이 연구에서 갈등 해결 전략의 초점은 공식 표준에 맞추며, 표준화는 공식 표준의 제정 과정으로 표준화 기구에 의한 적극적이고 조직적인 행위에 한정한다.

갈등 해결 전략의 도출은 표준화 갈등도 사회 갈등의 하나로 보아 사회

---

3. 정병기, 2008, 『표준: 새로운 시대 규범』, 국가 표준 정책 교육 교재(과천: 지식경제부 기술표준원), 71~72쪽.

갈등 이론의 범주에서 이론 틀을 모색하는 데에서 출발한다. 사회 갈등 이론에서 갈등의 주요 행위자들은 집단으로 설정된다. 따라서 표준을 둘러싼 각 사회 집단들과 그 성격을 알아보고 그 집단적 이해관계의 성격과 갈등의 양상을 파악함으로써 분석 틀의 전제를 마련한다. 이 분석의 궁극적 목적은 다양한 표준화 갈등과 해결 전략을 고찰하고 이를 우리나라의 상황에 적절한 형태로 발전시키거나 새로운 전략을 제시하려는 것이다. 따라서 국가기술표준원이 국가 기구로서 표준화 갈등을 조정하고 있는 우리나라 현실을 고려하여 권위적 조정 기제를 염두에 두고 분석 틀을 모색할 필요가 있다. 그 대표적인 형태가 국가 혹은 정부가 조정하는 가운데 갈등하는 이해관계자들의 참여가 이루어지는 코포라티즘corporatism적 조정이다. 따라서 이 장은 코포라티즘적 조정 모델을 설정하여 우리나라 표준화 갈등의 유용한 해결 전략을 모색하고자 한다.

1. 표준화 갈등에 관한 선행 연구의 의미와 한계

표준에 관한 방대한 학제적 연구들과 달리 표준화 갈등을 다룬 연구들은 크게 진척되지 못했다. 다만 포괄적인 표준 논의나 간접적인 관련 연구에서 단편적으로 다루어진 것이 대부분이다. 그중 그린들리Grindley, 크라이슬로브Krislov, 페러리Ferrary, 호킨스 외Hawkins, et al., 슈타인Stein 등의 연구가 대표적이다.[4] 우선, 그린들리는 역사와 사례의 분석을 통해 단편적

4.Grindley, Peter, 1995, *Standards Strategy and Policy: Cases and Stories* (Oxford: Oxford University Press); Krislov, Samuel, 1997, *How Nations Choose Product Standards and Standards Change Nations* (Pittsburgh, PA: University of Pittsburgh Press); Ferrary, Michel, 2002, "Conflicts of Interest and Games of Power Concerning the Standardization of the Workforce," *Journal of Socio-Economics,* vol.31, pp.391~403; Hawkins, Richard, Robin

으로 갈등 문제를 다루었으며, 크라이슬로브는 국가와 표준의 관계에 대한 분석 속에서 표준 갈등을 일부 고찰하였다. 이 두 연구는 모두 총론적 입장에서 방대한 관심을 표출한 문헌들로서 사회 경제적 효과에 대한 논의에서 이해관계자들 간의 갈등 해결이 필요하다고 언급했을 뿐, 이 갈등이 표준의 기능과 구체적으로 어떻게 연관되어 있고 또 어떠한 해결이 가능한지에 대해서는 논구하지 않았다.

한편, 페러리는 노동표준 제정에서 나타나는 갈등을 구체적으로 다루면서 노동력의 표준화에 따라 경쟁력이 커짐을 밝혔다. 호킨스 등의 연구도 부문별 표준화 갈등을 다루었지만 공동연구인 만큼 여러 영역에 걸친 관심을 보였다. 그중 데이비드David는 네트워크 기술을 다루면서 표준 제정의 시기적 적절성을 강조하며 제도적 표준화와 사실상 표준화의 상호작용을 주장했고, IT 부문을 분석한 포레이Foray는 표준 참여의 문제에 천착해 표준 이용자들의 참여를 촉진해야 한다고 역설하며 이를 위한 여러 방법들을 제시했다.[5] 또한 환경 표준을 연구한 리쓰Leiss는 이해관계자의

Mansell and Jim Skea (eds.), 1995, *Standards, Innovation and Competitiveness: The Politics and Economics of Standards in National and Technical Environments* (Adlershot, UK and Brookfield, IL: Edward Elgar); Stein, Axel, 1979, "Die Verbraucheransprüche und ihre Geltendmachung durch Verbraucherverbände nach der UWG-Novelle," *Zeitschrift für Verbraucherpolitik,* Jg.3, H.1, S.29~40.

5.David, Paul A., 1995, "Standardization Policies for Network Technologies: The Flux between Freedom and Order Revisited," Hawkins, Richard, Robin Mansell and Jim Skea (eds.), *Standards, Innovation and Competitiveness: The Politics and Economics of Standard in National and Technical Environments* (Aldershot, UK and Brookfield, IL: Edward Elgar), pp.15~35; Foray, Dominique, 1995, "Coalitions and Committees: How Users Get Involved in Information Technology (IT) Standardization," Hawkins, Richard, Robin Mansell and Jim Skea (eds.), *Standards, Innovation and Competitiveness: The Politics and Economics of Standard in National and Technical Environments* (Aldershot, UK and Brookfield, IL: Edward Elgar), pp.192~212.

참여가 비용-효과적이고 경제적으로 지속 가능한 환경 보호에 대한 요구를 충족시킨다고 주장했으며, 공공 부문 표준화를 연구한 리퍼사드Repussard는 사회의 조직적 특성에 호응하는 표준 제정을 강조했다.[6] 이 연구들은 분야별로 구체적인 관심을 보였다는 점에서 앞의 두 연구들과 다르지만, 표준화 참여의 중요성과 효과 및 촉진 방법에 관심을 보였다는 점에서는 역시 표준화 갈등을 직접 다루지는 않았다.

반면, 슈타인Stein은 표준화 제정 과정에 초점을 두어 분석하면서 소비자 대변이 부족한 점을 지적하며 특히 중간 이하 계층의 대변이 강화되어야 하고 국가의 지원도 많아져야 한다고 주장해 표준화 갈등에 좀더 근접한 관심을 보였다. 그러나 이 연구도 소비자 대변에 국한해 표준화 갈등을 보는 데 그치는 아쉬움을 남겼다.

이와 달리 표준화 갈등에 대한 포괄적이면서도 명민한 분석은 펠츠코브Voelzkow의 연구에서 찾을 수 있다.[7] 펠츠코브는 특히 코포라티즘을 표준화 갈등 분석에 적용함으로써 이 글의 중요한 모티브를 제공하였다. 독일과 유럽연합의 표준화 과정에 주목한 그는 표준화 기구를 '민간 정부private Regierung, private government'로 규정한다. 곧, 사회 집단들이 행하는 통치 기능이 비록 정치 영역에서 유래하여 시장에 부여된 것이기는 하지만,

---

6.Leiss, William, 1995, "Stakeholder Involvement in the Administration of Environmental Standards," Hawkins, Richard, Robin Mansell and Jim Skea (eds.), *Standards, Innovation and Competitiveness: The Politics and Economics of Standard in National and Technical Environments* (Aldershot, UK and Brookfield, IL: Edward Elgar), pp.50~61; Repussard, Jacques, 1995, "Problems and Issues for Public Sector Involvement in Voluntary Standardization," Hawkins, Richard, Robin Mansell and Jim Skea (eds.), *Standards, Innovation and Competitiveness: The Politics and Economics of Standard in National and Technical Environments* (Aldershot, UK and Brookfield, IL: Edward Elgar), pp.62~66.

7.Voelzkow, Helmut, 1996, *Private Regierungen in der Techniksteuerung: Eine sozialwissenschaftliche Analyse der technischen Normung* (Frankfurt am Main und New York: Campus).

이것은 결국 "사적 통치 private Regierungen"이고, 이 관점에서 볼 때 사적 통치는 "정치의 재의회화"라고도 할 수 있다는 것이다. 이때 표준화 기구는 국가 기관은 아니지만, "국가 앞의 영역 vorstaatlicher Raum"에서 민법에 따라 자발적인 연합체로서 기능한다고 보았다.

이러한 분석 방법은 이미 코포라티즘 기제가 사회 경제적으로 잘 작동해온 독일과 유럽연합의 차원에서 충분한 설명력을 담보하고 있다. 그러나 표준화 기구가 정부기관으로 작동하는 우리나라 같은 경우에 적용될 시사점으로 연결하기에는 어려움이 있다. 따라서 이 글은 보다 일반적인 차원에서 코포라티즘적 조정이 갖는 조건과 특징을 면밀히 분석함으로써, 정부기관으로 작동하는 우리나라에 적용할 수 있는 가능성들을 도출하고자 한다.

2. 코포라티즘적 조정을 위한 이론적 배경과 새로운 표준 분류

코포라티즘 이론과 표준화 갈등 조정

코포라티즘 corporatism은 자본주의 사회에서 주로 노사 간 이해관계를 국가가 조정하는 기제를 일컫는다. 물론 그 역사와 변형을 둘러싸고도 수많은 논쟁이 있는 것이 사실이지만,[8] 여

8.전간기(戰間期)의 나치즘과 파시즘 등 독재정치의 사회통제 메커니즘이 국가 코포라티즘이라면, 안정된 의회 민주주의적 부르주아 지배 체제에서 피억압 계급을 체제에 통합시키는 방식으로서 사회 갈등을 평화적 방법으로 해소하려는 형태가 사회 코포라티즘이다. 또한 사회 코포라티즘은 1980년대 이후 신자유주의 정치가 대두하고 세계화가 진척됨에 따라 위기와 전환을 동시에 겪으면서 기존의 '수요조절 코포라티즘(demand-side corporatism)' 대신 '공급조절 코포라티즘(supply-side corporatism)'이라는 또 다른 변형으로 나타나고 있으며, 미시 코포라티즘의 형태로서 노사 간 협의 과정에만 한정된 변형태인 '생산성 협의'가 생겨났다는 주장도 있다. 이 글에서 방법론으로서의 코포라티즘은 민

기에서는 갈등을 분석하는 방법론으로 활용하려는 것이므로 그 개념과 성격에 관한 논의가 중요하다. 이 논의는 경제 체제나 구조로 보는 관점, 이해관계 조정 interest intermediation 체계로 보는 관점, 사회·정치적 과정으로 보는 관점, 그리고 구조주의적으로 본다는 점에서는 첫 번째와 동일하나 구체적으로 다소 차이를 보이는 기타 구조주의 관점으로 나눌 수 있다.

먼저, 경제 체제나 구조로 보는 관점은 코포라티즘을 사민주의 정부가 노동조합 운동을 자본주의 국가에 순치시키는 수단으로 도입한 기제나,[9] 국민들의 경제적 기능을 토대로 구성된 사회단체들 corporations 속에 대표와 개입이 제도적으로 융합된 국가 형태,[10] 혹은 사적 소유에 기반하나 공적 통제가 작동하는 체제로서 자본주의와 다른 경제 체제[11] 로 본다. 두 번째

주주의 사회에서의 조정 기제인 사회 코포라티즘을 의미한다. 이하 코포라티즘 이론 정리에 대해서는 정병기, 2004, "서유럽 코포라티즘의 성격과 전환: 통치 전략성과 정치 체제성," 『한국정치학회보』, 제38집 5호(한국정치학회), 326~328쪽; 정병기·도묘연, 2015, 『코포라티즘 정치: 통치전략성 및 정치 체제성과 결사체 거버넌스 전망』(파주: 아카넷, 제2장과 제3장을 주로 참조.

9. Panitch, Leo, 1977, "The Development of Corporatism in Liberal Democracies," *Comparative Political Studies,* vol.10, no.1, pp.61~90; Panitch, Leo, 1980a, "The State and the Future of Corporatism," *Capital & Class,* vol.11, pp.121~137; Panitch, Leo, 1980b, "Recent Theorizations of Corporatism: Reflections on a Growth Industry," *British Journal of Sociology,* vol.31, no.2, pp.159~187; Panitch, Leo, 1986a, *Working Class Politics in Crisis. Essays on Labor and the State* (London: Verso); Panitch, Leo, 1986b, "The Tripartite Experience," Keith Banting (ed.), *The State and Economic Interests* (Toronto, Buffalo and London: University of Toronto Press), pp.37~119.

10. Jessop, Bob, 1979, "Corporatism, Parliamentarism and Social Democracy," Philippe C. Schmitter and Gerhard Lehmbruch (eds.), *Trends Toward Corporatist Intermediation* (Beverly Hills & London: Sage), pp.185~212; Jessop, Bob, 1990, *State Theory: Putting the Capitalist State in its Place* (Cambridge: Polity).

11. Winkler, Jack T., 1976, "Corporatism," *Archives Europeénes des Sociologie,* vol.17, no.1, pp.100~136; Winkler, Jack T., 1977, "The Corporatist Economy: Theory and Adminis-

관점인 이해관계 조정 체계로 보는 입장은, 코포라티즘과 다원주의를 대당으로 놓고 산업 자본주의 국가에서의 통치 가능성에 관한 이론틀을 가지고 조직론적으로 개념화함으로써 특히 사회 코포라티즘을 구조기능주의 관점에서 이해관계 조정 기제로 보거나,[12] 이와 유사한 입장에서 '조직 내·외적 네트워크'로 보아 투입 면의 이해관계 대표 유형이자 국가 정책의 형성과 집행에도 참여하는 제도화된 정책 형성으로 보는[13] 입장이 있다. 한편 사회·정치적 과정으로 보는 관점은 코슨A. Cawson으로 대표되는데, 기능적 이해관계들을 독점적으로 대변하는 단체들이 조직원들의 이해관계 대표와 공공 정책 집행을 결합하는 역할을 수행하는 가운데 국가 기구들과 공공 정책 산출에 관해 정치적 교환을 하는 특수한 사회·정치

tration," Richard Scase (ed.), *Industrial Society: Class, Cleavage and Control* (London etc: Unwin Hyman), pp.43~58.

12. Schmitter, Philippe C., 1977, "Modes of Interest Intermediation and Models of Societal Change in Western Europe," *Comparative Political Studies,* vol.10, no.1, pp.7~38; Schmitter, Philippe C., 1979, "Still the Century of Corporatism," Philippe C. Schmitter and Gerhard Lehmbruch (eds.), *Trends Toward Corporatist Intermediation* (Beverly Hills & London: Sage Publications), pp.7~52; Schmitter, Philippe C., 1983, "Democratic Theory and Neocorporatist Practice," *Social Research,* vol.50, no.4, pp.885~928.
13. Lehmbruch, Gerhard, 1977, "Liberal Corporatism and Party *Government," Comparative Political Studies,* vol.10, no.1), pp.91~126; Lehmbruch, Gerhard, 1979, "Concluding Remarks: Problems for Future Research on Corporatist Intermediation and Policy Making," Philippe C. Schmitter and Gerhard Lehmbruch (eds.), *Trends Toward Corporatist Intermediation* (Beverly Hills and London: Sage Publications), pp.299~309; Lehmbruch, Gerhard, 1982, "Introduction: Neo-Corporatism in Comparative Perspective," Gerhard Lehmbruch and Philippe C. Schmitter (eds.), *Patterns of Corporatist Policy-Making* (London: Sage Publications), pp.1~28; Lehmbruch, Gerhard, 1984, "Concertation and the Structure of Corporatist Networks," John H. Goldthorpe (ed.), *Order and Conflict in Contemporary Capitalism*(Oxford: Clarendon Press), pp.60~80.

적 과정이 코포라티즘이라고 한다.[14] 마지막으로 기타 구조주의 관점은 자본주의 체제의 정치적 하부 구조 중의 하나로 파악하거나,[15] 포드주의 축적 양식과 연결하여 케인즈주의 양식이 사라지고 포스트포드주의로 이행과는 과정으로 파악하는가 하면,[16] 수렴 이론의 입장에서 다원주의적 민주주의를 대체한 것,[17] 혹은 자본주의와 사회주의 간의 제3의 체제적 대안으로 보거나,[18] 적절한 위기관리 방식으로 본다.[19]

이와 같은 다양한 견해는 크게 구조주의 관점과 비구조주의 관점으로 나눌 수 있다. 구조주의 관점에서 코포라티즘은 국가 기구의 적극적 중재가 이루어지는 가운데 사회 집단들의 독점적·기능적 이해관계 대변 조직들이 이해관계 대변과 국가 정책 집행을 연결하는 고리로서 노·사·정 3자의 정치적 교환에 참여하는 사회·정치적 과정으로 정의되며, 비구조주의 관점에서 코포라티즘은 새로운 정치 사회 체제에 적합한 새로운 사

14. Cawson, Alan, 1986, *Corporatism and Political Theory* (Oxford and New York: B. Blackwell), p.38.

15. Kastendiek, Hans, 1981, "Die Selbstblockierung der Korporatismus-Diskussion. Teilproblematisierungen der gesellschaftlichen Politikorganisation und gesellschaftliche Entproblematisierung korporativer Strukturen und Strategien," Ulrich von Alemann (Hg.), *Neokorporatismus*(Frankfurt a. M. & New York: Campus), S.92~116.

16. Hirsch, Joachim und Roland Roth, 1986, *Das Neue Gesicht des Kapitalimus. Vom Fordismus zum Post-Fordismus* (Hamburg: VSA).

17. Harrison, Reginald J., 1980, *Pluralism and Corporatism. The Political Evolution of Modern Democracies* (London etc.: George Allen & Unwin).

18. Wiarda, Howard J., 1997, *Corporatism and Comparative Politics: The Other Great "Ism"* (Armonk: M. E. Sharpe).

19. Esser, Josef, Wolfgang Fach, Gerd Gierszewski und Werner Väth, 1979, "Krisenregulierung - Mechanismen und Voraussetzung: am Beispiel der saarländischen Stahlindustrie," *Leviathan,* Jg.7, H.1, S.79~96.

회 운영 원리로 정의된다.[20] 그리고 이를 다시 종합하면, 코포라티즘은 집권당의 통치 전략이나 사회 집단들 간의 교환 과정에 그치는 것이 아니라, 때에 따라 구조화된 정치 체제로도 기능한다고 할 수 있다. 따라서 코포라티즘은 곧, "노사 간 힘의 일정한 균형 상태에서 국가 기구의 적극적 중재가 이루어지는 가운데, 독점적·기능적 사회단체들이 자본주의 질서의 유지에 합의하고 이해관계 대표정책 형성와 공공 정책 집행에 참여하는 노·사·정 3자간 정치적 협상과 교환이 사회 갈등 해결의 핵심 수단으로 제도화되거나 적어도 장기적으로 기능하는 사회·정치적 운영 원리와 과정"이라고 정의할 수 있다.[21]

이러한 정의를 표준화 과정에 적용하면, '표준화 갈등 당사자들표준화 이해관계자들 간 힘의 일정한 균형 상태에서 표준화 기구의 적극적 중재가 이루어지는 가운데, 독점적·기능적 집단들이 표준화의 중요성에 합의하고 표준화에서 이해관계 대표에 참여하는 협상과 교환이 갈등 해결의 핵심 수단으로 제도화되거나 적어도 장기적으로 기능하는 운영 원리와 과정" 이라고 할 수 있다. 이때 표준화 기구의 독립성이 확보된다면, 코포라티즘적 해결은 국가의 기술 통제에 따른 비효율성과 비전문성이라는 국가 실패를 해결함과 동시에 사회 집단의 기술 통제에 따른 무질서와 시장 실패를 함께 제한할 수 있는 방법이 된다.

이때 코포라티즘적 갈등 해결은 상충되는 이해관계 혹은 이해관계자

---

20. 이 때 사회 집단은 물론 사안에 따라 의약 집단이나 종교 집단 등 다양한 사회 집단들을 포괄하는 의미다. 그러나 산업자본주의 국가에서 노사의 대표 조직은 다원주의자들이 비차별적으로 등치시키는 사회 내의 무수한 다른 조직들과는 상이한 핵심 이해관계 대변 조직이라고 보아야 한다. 노사 대표 조직은 자본주의 국가에서 가장 중요한 경제적 요소인 자본과 노동을 대표하는데, 특히 코포라티즘 체제에서는 독점적으로 대표하고 통제할 뿐만 아니라 국가와 정부 정책의 정치적 정당성의 확보에도 직접적으로 관여하는 조직이기 때문이다.

21. 정병기(2004), 328쪽.

들의 일방을 부정하거나 억압함으로써 특정 이해관계 또는 이해관계자의 입장이나 주장으로 통일시키거나 모든 이해관계 혹은 이해관계자들을 부정하거나 억압하는 행위인 갈등 해소의 원리와 과정이 아니다. 곧, 코포라티즘적 해결은 표준화 과정에서 상충되는 이해관계나 그 이해관계자들의 입장이나 주장에 대해 상호 양보와 타협을 유도하여 갈등을 해결하는 행위인 갈등 조정의 원칙과 과정인 것이다.

코포라티즘 적용을 위한 새로운 표준 분류

표준을 분류하는 데는 표준이 없다고 할 정도로 다양하다. 그 다양한 분류 기준들은 주로 분야, 제정 주체, 제정 대상, 적용 범위, 구속성 등으로 거론된다.[22] 그중 가장 포괄적인 분류는 공식 표준과 사실 표준이라는 제정 주체에 따른 구분과, 인문 사회 표준과 과학 기술 표준이라는 분야별 분류다. 그러나 이 분류들도 다른 분류들과 현실적으로 중첩되기 때문에 대개 논리적 구분을 위해 필요할 뿐이다. 예를 들어 국제표준화기구ISO가 제정한 표준은, 제정 주체별 분류에서는 공식 표준에 해당함과 동시에 적용 범위에 따른 분류에서는 국제 표준에 해당한다. 또한 그 표준이 분야별로 과학 기술 표준의 측정 표준에 속하면서 제정 대상별로 방법 표준일 수 있으며 구속성 면에서 임의 표준에 해당할 수 있다. 다만 이 연구는 공식 표준만을 대상으로 하기 때문에 제정 주체에 따른 구분만을 수용하며 이를 다시 새로운 분류로 연결시킨다.

공식 표준의 제정은 사실 표준을 공식 표준으로 인정하는 것과 공백 상태에서 최초의 표준을 제정하는 것으로 나눌 수 있으나, 그 속성은 공공성의 확보다. 그러나 이 공공성은 적용 범위에 따라 달리 현상하기 때문에 새로운 분류가 가능하며, 코포라티즘적 조정도 공공성의 적용 범위에

22.신명재, 2007,『신표준화개론』(서울: 한국표준협회) 참조.

따라 달라진다. 이때 공공성은 크게 사회성과 국가성이라는 두 기준에 의해 분류될 수 있다. 그리고 사회성은 특정 분야에만 적용되는 직능적 공공성과 전 사회적으로 적용되는 사회적 공공성으로 나누는 기준이 되며, 국가성은 일국 내에서 특정 지역에만 적용되는 지역적 공공성과 국가 전역에 걸치는 국가적 공공성 및 국제적으로 적용되는 초국적 공공성으로 나누는 기준이 된다. 이러한 분류에 따라 아래 [표 4-1]에서 보는 것처럼, 표준은 직능적/사회적 표준과 지역적/국가적/국제적 표준이라는 분류와 맞물린다.

[표 4-1]

사회성 / 국가성	직능적 공공성	사회적 공공성
지역적 공공성	직능적 지역 표준	사회적 지역 표준
국가적 공공성	직능적 국가 표준	사회적 국가 표준
초국적 공공성	직능적 국제 표준	사회적 국제 표준

직능적 지역 표준은 농기계, 자동차 등 특정 분야에만 적용되는 표준으로서 일국 내에서도 특정 지역에서 제정되고 적용되는 표준을 말하며, 사회적 지역 표준은 특정 지역 사회의 전 산업에 영향을 미치는 포괄적 표준으로서 역시 일국 내 특정 지역에서 제정되고 적용되는 표준을 의미한다. 그리고 직능적 국가 표준은 농기계, 자동차 등 국가 전역의 특정 분야에만 적용되는 표준으로서 일국 내에서 제정되고 적용되는 표준이며, 사회적 국가 표준은 전 산업과 사회에 영향을 미치는 포괄적 표준으로서 역시 일국 내에서 제정되고 적용되는 표준이다. 마찬가지로 직능적 국제 표준은 특정 분야에만 적용되는 표준이지만 국제적으로 적용되는 표준을 뜻하며, 사회적 국제 표준은 전 산업과 사회에 영향을 미치는 포괄적 표준으로서 역시 국제적으로 적용되는 표준을 말한다. 그러나 이 연구의 목적은 우리나라 표준화 갈등 해결 전략의 가능한 전략을 도출하려는 것

이므로, 분석 대상은 지역 표준직능적, 사회적과 국가 표준직능적, 사회적에 한정하며, 국제표준화기구ISO에서 제정하는 국제 표준은 제외한다.

3. 표준화의 이해관계자와 갈등 구조

표준화 갈등의 이해관계자

코포라티즘적 갈등 해결 전략을 구상하기 위해서는 우선 갈등 당사자들, 즉 이해관계자들에 대한 이해가 필요하다. 표준화를 둘러싼 이해관계자들은 표준의 생산자, 이용자, 제정자뿐만 아니라 상품과 서비스의 생산자와 소비자 및 국가와 사회단체 등 다양하게 얽혀 있다. 따라서 이들을 갈등 당사자로 규정하기 위해 개념을 적절하게 정의해야 한다. 우선 표준 생산자standards producer는 표준을 제안하거나 획득한 개인이나 기업 혹은 기타 사회 집단이나 정부 및 공공 기관으로 이해하고, 표준 이용자standards user는 생산된 표준을 소비·이용·사용하는 개인이나 기업 혹은 기타 사회 집단이나 정부 및 공공 기관으로 정의한다. 특히 후자의 경우는 다시 개인을 포함해 시장의 대중 소비자들을 대중 이용자라 부르고, 기업이나 표준 관련 사회 집단 및 정부나 공공 기관을 단체 이용자라 칭한다. 그리고 표준 제정자는 표준화 과정을 관할하는 공공 기관인 표준화 기구를 의미하는 것에 한정하며, 조정자는 표준화 과정에서 갈등하는 이해관계자들의 입장과 주장들을 조정하는 행위자로 규정한다.

상품 및 서비스와 관련해서는 일반적인 용어법을 따른다. 생산자producer를 표준의 대상이 되는 상품, 서비스, 가치 등을 생산하는 개인이나 기업 혹은 기타 사회 집단이나 국가로 규정하고주로 기업을 지칭하는 경우가 많다, 소비자consumer는 표준의 대상이 되는 상품, 서비스, 가치 등을 소비 혹은 사용하는 개인이나 기업 혹은 기타 사회 집단이나 국가로 정의한다. 그리고 국가는 시장, 사회, 정부를 통칭하는 광의의 개념으로 사용되기도 하지만, 주로 시장 및 사회와 달리 공권력을 가진 영역으로서 정부행정부를 포함해 사법부와 의회까지 아우르는 모든 공적 기관을 의미한다.

표준 종류별 표준화 갈등 구조 직능적 지역 표준에서 표준화 갈등은 특정 지역의 특정 직능 영역에서 표준 생산자와 장차 이를 이용할 단체 이용자 및 대중 이용자의 갈등으로 나타난다. 이때 표준과 관련된 사안은 지역적 유통에 한정된 사안이므로 갈등 양상도 지역 내에 한정된다. 그리고 사회적 지역 표준과 달리 직능적 지역 표준은 특정 직능에 한정되므로 대중 이용자의 이해관계가 매우 협소하여 표준화 갈등은 주로 표준의 생산자와 단체 이용자들 간 갈등으로 나타난다. 이를테면 상가 간판과 관련해 최초로 표준화하거나 표준을 변경하는 경우를 예로 들 수 있다. 상가 간판 표준도 물론 간판의 대형화에 따른 불편과 시각적 차원에서 대중 이용자들과 전혀 무관하다고는 할 수 없지만 이들이 집단적 이해 갈등을 형성할 정도로 민감한 사안은 아니다. 간판 표준화 과정에서 이해 갈등은 주로 상가에 거주하는 사람들과 관련 상인들 사이에서 나타날 것이다. 이 경우에는 표준의 효과들 중 고착화 현상과 관련되어 특히 전환 비용을 둘러싼 갈등이 심화될 것이다.

사회적 지역 표준의 경우는 표준의 생산자와 단체 이용자들 사이뿐만 아니라 표준의 생산자와 대중 이용자들 사이의 갈등도 심하게 나타날 수 있다. 예를 들어, 지역 내 쓰레기 봉투 규격을 둘러싸고 이를 외주 받은 기업이 제안한 봉투 규격에 대해 쓰레기 수거를 수탁한 다른 기업들이 이의를 제기한다든가 주민들이 반론이나 비판을 제기하는 경우다. 쓰레기 봉투 표준은 지역 내 모든 주민들에게 공통적으로 적용되는 사안이기 때문에 사회적 공공성을 가진다고 할 수 있다. 이 경우 사회적 지역 표준을 둘러싼 갈등은 공공성의 효과를 중심으로 발생한다.

직능적 국가 표준은 한 국가 내의 특정 직능에 한정되는 표준으로서 직능 영역 내의 표준 생산자와 표준 이용자들 간의 갈등과 관련된다. 국내 자동차 산업에서 특정 부품의 표준화를 둘러싸고 일어나는 갈등을 예로 들 수 있다. 다만 이 부품이 자동차 이용자들에게 호환성이나 가격 면에서 영향을 미치지 않는 경우에 한하며, 자동차가 이미 대중화되어 자동차 이용자들을 대중으로 간주할 수 있다는 가정이 성립하는 경우다. 이때 이 부품의 표준 생산자는 생산규모의 확대를 통해 수확 체증의 효과를 볼 수 있으며 국제 표준화를 겨냥한 확장성의 효과도 볼 수 있지만, 다른 자동차 기업들의 경우는 단체 이용자로서 생산 비용이 상승하는 부정적 효과를 감수해야 한다. 이 경우 자동차 산업 내의 직능적 갈등이 생겨날 것이다.

사회적 국가 표준은 한 국가 내의 전 사회 영역에 걸쳐 적용되므로, 이 표준을 둘러싼 갈등은 사회적 지역 표준 갈등과 마찬가지로 표준의 생산자와 단체 이용자들 간뿐만 아니라 표준의 생산자와 대중 이용자들 간에도 발생한다. 진공청소기의 먼지 흡수 종이 규격을 둘러싼 갈등이 일어난다면 사회적 국가 표준 갈등의 하나라고 할 수 있다. 물론 이 때에도 국가 표준은 확장성의 효과와 관련해 국제 표준으로 발전할 수 있지만, 이 경우 국가 표준에 한정되는 제품만을 의미한다. 먼지 흡수 종이를 표준화함으로써 발생하는 효과는 표준 생산자들에게는 수확 체증의 효과로 연결될 수 있고 이를 통해 네트워크 외부성 효과도 거둘 수 있으며 표준 이용자의 입장에서 볼 때에는 공공성의 효과와도 관련된다. 종이 생산을 둘러싼 제지 기업들뿐만 아니라 청소기 생산 기업들의 이해관계가 밀접하게 연결되어 있으며, 대중 이용자들도 종이 규격의 호환성을 높이는 데 지대한 관심을 가지고 이해관계 갈등에 민감하게 대응할 것이다.

4. 표준화 갈등의 코포라티즘적 조정 전략

코포라티즘적 조정의 기본 요건 코포라티즘적 조정의 목적은 이해관계자들 간의 협의를 거친 합의와 이 합의의 효율적인 집행이다. 이러한 협의와 합의 및 집행이 가능하려면 첫째로 이해관계자들의 대표 조직이 존재해야 하며 이 대표 조직들은 각 이해관계 집단의 실질적인 대표 능력을 갖추어야 한다. 표준의 이해관계자들이 정부·공공 기관, 표준화 기구, 표준 전문가 집단, 표준 생산자, 표준 이용자들이므로 이 이해관계자들은 각기 대표 조직을 가지고 대표를 파견할 수 있어야 한다.

사실상 정부·공공 기관은 실질적 능력을 가지고 있으며, 표준화 기구는 코포라티즘적 조정에서는 조정의 역할을 수행하므로 이해관계자로서의 기능을 최소화해야 하기 때문에 문제가 되지 않는다. 표준 전문가 집단도 공공성의 확보와 관련해서는 자기 집단의 사적 이익을 표준화 과정에서 대변할 수 있도록 과잉 대변되어서는 안 된다. 게다가 이 전문가 집단은 각기 다른 표준 이해관계자 집단들 속에서 활동하므로 그 수준에서 만족해야 할 것이다. 특히 표준의 경우에는 비전문가와 대중 이용자들이 쉽게 접근할 수 없는 영역이고 전문적 능력을 필요로 하므로 전문가들을 무엇보다 표준화 기구 내에 충분히 확보하는 것이 적절하다.

코포라티즘의 기본 구도가 3자 협의라는 점을 준용할 때, 표준화에서도 대표적으로 이해관계가 대립되는 표준 생산자와 표준 이용자가 공평하게 대변되고 이들 사이를 조정하는 표준화 기구가 제3자로서 조정자가 된다. 그러나 실제 표준을 제정할 때 표준 생산자는 특정 개인이나 단체로 명확히 드러나지만 표준 이용자들 중 대중 이용자들의 경우는 실체가 명확하지 않다. 따라서 국가 차원에서 정부나 표준화 기구는 대중 이용자들의 상설 조직을 표준화 기구 내에 설치하거나 자발적인 독립 조직의 건설을 추동하고 지원할 필요가 있다. 가장 전형적인 경우가 소비자와 환경 및 노동 분야라 할 수 있다.

상술한 바와 같이 표준 이용자들 중 대중 이용자들의 경우는 그 실체가 명확하지 않을뿐더러 단체 이용자들은 표준 생산을 두고 그 생산자와 경쟁 관계에 서기도 한다. 또한 노사 간 코포라티즘처럼 사용자와 노동자가 일정한 힘 균형을 이루며 그 이해관계가 양 측에 균형적으로 존재 혹은 대립하는 것과 달리 표준 생산자와 표준 이용자들 간에는 힘 관계의 균형이 존재하기 어려울 뿐만 아니라 표준 생산자보다는 표준 이용자들의 이해관계가 훨씬 더 광범위하다. 노사 간 협의의 경우는 당해 사안의 당사자들에게만 합의 결과가 적용되지만, 표준 제정의 경우는 직능적 표준일 때에도 최소한 직능 내의 모든 사람과 단체에 적용되며 사회적 표준일 때에는 모든 사회 구성원들에게 적용되기 때문이다.

따라서 코포라티즘적 조정을 위해 둘째로 갖추어야 할 조건은 표준 생산자보다 표준 이용자의 대변을 체계화하고 강화하는 것이다. 구체적으로 표준 이용자들의 경우는 공공성의 측면에서 볼 때 단체 이용자들을 지역 공공 기관과 기업 및 단체로 구성하고, 대중 이용자들을 노동·환경·소비로 나눌 뿐만 아니라 장애인, 지역 주민 등 사안에 따른 구체화를 통해 체계화할 필요가 있다. 또한 표준의 적용 범위, 즉 공공성의 범위에 적절하게 대중 이용자들로 하여금 부문별로 적절한 비율의 대표를 파견할 수 있도록 실질적으로 표준 제정 과정을 조직해야 한다. 중소기업의 진흥이라는 측면에서는 단체 이용자들의 경우에도 기업측 대변에 중소기업 대표를 명시하는 것도 중요하다.

표준화 코포라티즘에서 핵심 조정자는 표준 제정 기구로서 표준화 기구다. 물론 독일처럼 표준화 기구가 국가로부터 독립되어 존재할 때에는 국가도 조정자의 하나로 기능한다. 그러나 한국처럼 국가기술표준원이 국가 기관일 경우에도 표준심의위원회에서 보는 것과 같이 표준화 기구 위에 정부 차원의 조정 기제가 별도로 존재하기도 한다. 하지만 어떤 경우에도 표준화 기구는 표준을 제정하는 주체이면서 동시에 이 제정 과정에서 각 이해관계자들의 이해관계를 조정하는 역할을 수행한다. 다시 말해 표준 제정 과정 자체가 표준을 둘러싼 이해 갈등을 조정하는 과정인 것이다. 따라서 표준화 기구는 권위적이거나 독선적 방식으로 표준을 제정하지 않고 이해관계자들의 적절한 구성과 대변을 보장하고 이들간 협의를 통해 표준을 제정할 수 있어야 한다.

그러나 다른 한편으로 표준화 기구는 전문가 기구이기도 하다. 위에서 언급한 바와 같이 표준 전문가들이 독자적인 이익을 대변하는 조직으로 참여토록 할 것이 아니라 표준화 기구가 전문가들을 충분히 수용하여 표준 제정 과정에서 전문적 역량들을 동원하고 발휘할 수 있어야 한다. 이 전문가 기구로서의 역할은 표준에 관한 전문 지식이 부족한 표준 이용자 단체들에 대한 자문도 포함한다. 따라서 표준화 기구는 표준화 과정을 관리 감독하는 기관이 아니라 코포라티즘적 조정을 통해 표준을 제정하고 전문적 자문을 담당하는 기구가 될 필요가 있다. 표준화 기구가 국가 기관일 경우와 독립 기관일 경우가 다를 수 있지만, 중요한 것은 국가 기관일 경우에도 독자적인 조정 역할과 전문가 역할을 수행할 수 있도록 자율성을 보장받아야 한다는 점이다.

따라서 세 번째 요건으로서 표준화 기구는 조정 기제와 전문가 기구로서 다음과 같은 능력을 갖추어야 한다[23] ① 관련 이해관계 집단들을 참여할 수 있게 하는 동원 능력, ② 이질적·대립적 이해관계들 속에서도 결정을 내릴 수 있는 결정 능력, ③ 표준이 법적 구속력을 갖지 않으므로, 동기를 부여하고 물질적 자원을 제공하는 등 표준을 수용할 수 있도록 하는 의무화 능력이 그것이다. 특히 마지막의 의무화 능력은 국가의 각종 정책을 통해서도 수용 가능성을 높일 수 있으므로 국가와의 관계를 통해 보완될 필요가 있다.

---

23. Voelzkow(1996), S.187~199.

마지막 요건은 정부 및 공공 기관의 역할과 관련된다. 표준화 과정에서 정부 및 공공 기관은 표준화 기구와는 다른 측면에서 또 하나의 조정자 역할을 수행하는 한편 공공성이 특히 강한 표준의 경우 표준 이해관계자의 하나로 기능한다. 표준화 기구는 물론 자율성을 가진 기구로 존재해야 하지만, 그럼에도 불구하고 공권력을 가진 정부와 공공 기관이 표준의 공공성 확보를 위해 개입할 필요가 상당하기 때문이다. 또한 표준은 자발성에 기초하고 있어 표준화 기구가 공공성을 강제할 수 없기 때문이기도 하다.

표준화의 소수자에 해당하는 대중 이용자들의 대변을 지원하는 것과, 공공성 강제의 필요가 특히 큰 기술 규정을 제정하는 것이 대표적인 예다. 이때 전자는 정부 및 공공 기관이 표준 이용자들의 대변을 지원하고 강화함으로써 표준 이해관계자들 간의 이해관계 조정을 수행하는 예이며, 후자는 표준 이용자의 한 행위자로서 기존의 표준들 중의 하나로 기술 규정화하거나 표준 생산자로서 기술 규정을 직접 제정 혹은 제안하는 경우가 된다. 이때 정부 및 공공 기관은 이해관계 당사자로 참여하는 것은 물론 표준화 기구의 조정을 받는 행위자가 되기도 한다.

표준 종류별 코포라티즘적 갈등 조정

지역 표준은 국가 표준 기호로 제정되지 않기 때문에 대부분 표준화 기구의 활동 영역이 아니다. 표준화 기구는 국가 단위나 국제 단위로 조직되어 있으며 그 각 급의 표준을 제정하기 때문이다. 그러나 원자력 폐기물 처리의 경우처럼 안전도 제정은 폐기물 처리 지역 같은 특정 지역에 매우 민감한 사안이 된다. 이러한 경우 비록 지역 표준일지라도 국가 표준의 갈등 조정 방식을 준용할 수 있다.

직능적 지역 표준을 제정할 때에는 표준의 생산자와 단체 이용자들 간의 갈등이 중심이 된다. 특정 지역에서 특정 표준과 관련된 기업이나 단체 및 공공 기관이 갈등하며 표준 제정에 관여하는 것이다. 이때 조정 방식은 지역 사회의 직능 부문 내 표준 생산자와 표준 단체 이용자들 간의 협의를 마련하는 미시 코포라티즘이 적용된다. 이때 미시 코포라티즘은 이해관계나 적용의 범위가 특정 지역이나 직능에 한정되어 이들 간의 협의만 이루어지는 형태로서, 국가 차원이나 세계 차원에서 모든 구성원을 대상으로 하는 거시 코포라티즘에 대응되는 개념이다.

반면 사회적 지역 표준을 제정할 때에는 표준의 생산자와 단체 이용자들뿐만 아니라 노동자와 소비자 같은 대중 이용자들도 이해관계가 얽혀 있어 전 지역 사회적 갈등이 일어난다. 따라서 지역 사회의 직능 부문들 사이가 아니라 다양한 직능 부문들 간의 조정과 지역 사회 대중 이용자들과 단체 이용자 및 생산자 간의 조정도 필요하다. 곧, 직능적 지역 표준 제정과 달리 직능 부문들 간 및 전 지역 사회적인 포괄적 미시 코포라티즘 조정이 요구된다.

지역 표준의 경우는 물론 지역 사회의 규모에 따라 다를 수 있지만, 국가 표준에 비해서는 소규모로 제정 과정을 운용할 수 있으므로 더욱 대중 참여적인 모델이 사용될 수 있다. 현재 사용되는 표준 제정 모델인 위원회 모델, 워크숍 모델, 프로젝트팀 모델[24] 은 모두 전문가 역할을 강조한 방식들이다. 그중 프로젝트팀 모델은 전문성이 가장 많이 요구되는 방식으로서 전임 전문 인력을 가동해야 하며 효율성과 동의 형성이 가장 쉽다. 그러나 프로젝트팀 모델은 프로젝트 작업 후 표준 이용자들의 광범위한 자발적 수용이 어려울 수 있다. 반면 위원회 모델은 비전문가들의 참여가 가장 수월하여 표준 제정 후에는 광범위한 수용을 쉽게 얻을 수 있지만 잦은 만남이 어렵고 효율성이 낮아 신속한 제정이 곤란하다. 두 모델의 중간 유형인 워크숍 모델은 작업 밀도와 효율성 및 동의 형성이 모두 중간 정도에 해당한다. 지역 표준의 경우는 주로 위원회 모델의 사용이 쉽게 고려될 수 있으며 그 부정적 측면도 상대적으로 적게 나타난다.

---

24. Voelzkow(1996), S.160~161 참조.

그러나 사안에 따라서는 사회적 지역 표준의 경우는 위원회 방식보다 더 대중 참여적인 공청회나 주민 투표를 보완적으로 사용할 수 있는 가능성도 높다. 특히 지역 주민의 이해관계가 첨예하게 얽힌 사안일 때에는 이러한 방식이 진지하게 고려될 필요가 있다.

표준화는 한 국가의 사회 구조적 성향을 반영하는데, 국가 표준의 경우는 특히 그러하다.[25] 일반적으로 표준은 사회와 경제의 주요 조직 성향에 잘 통합된 국가 체계라는 맥락에서 가장 잘 제정되고 사용되기 때문이다. 국제 무역이 활발해지면서 국가 표준보다는 점차 국제 표준이 많아지는 것이 사실이지만, 유럽 표준들에서 대표적으로 나타나는 바와 같이 국제 표준들도 기존 국가들의 사회·경제적 조건들을 반영한다.

마찬가지로 표준화 과정에서 나타나는 이해 갈등도 사회 구조적 특성이 반영되어 진행된다. 이 사회 구조적 특성과 긴밀하게 맞물린 사안에서 표준이 더욱 필요하지만 이해 갈등이 첨예하기 때문에 표준 제정은 결코 쉽지 않다. 따라서 적절한 갈등 조정이 더욱 필요하므로 코포라티즘적 조정도 이러한 사안에서 더욱 중요하게 사용될 수 있다.

직능적 국가 표준의 제정에서 표준화 갈등은 표준의 생산자와 단체 이용자들 사이에서 주로 발생하므로 이들의 갈등 조정이 중심이 된다. 국가라는 더 넓은 범주에서 표준 대중 이용자들은 특정 직능 내의 표준에 대해서는 이해관계가 쉽게 형성되지 않는다. 따라서 조정 방식도 직능 부문 내의 미시 코포라티즘으로 충분할 수 있다. 표준화 기구는 직능 부문 내부 조정을 위해 프로젝트팀 모델이나 워크숍 모델을 주로 활용해도 될 것이다.

그러나 사회적 국가 표준의 제정은 표준화 갈등이 가장 첨예하면서도 광범위하게 일어날 수 있다. 기업과 노동자 및 소비자들 간의 전 사회적 갈등이 형성될 수 있으며 이러한 갈등 조정이 핵심이 된다. 따라서 표준

25.Repussard(1995), p.63.

화 기구는 다양한 직능 부문들 간 및 사회 집단들 간의 거시 코포라티즘을 염두에 두어야 한다. 특히 갈등이 첨예한 사안에 대해서는 직접적인 이해관계 당사자들은 워크숍 모델뿐만 아니라 위원회 모델을 활용해 광범위한 위원회 활동을 조성해야 하며 어느 정도 효율성을 포기할 필요도 있다. 또한 사안에 따라서는 위원회 활동조차도 공청회를 통해 보완되는 것이 필요하다. 사회적으로 민감한 사안들은 언제나 그 절차적 정당성을 두고 새로운 심각한 시비로 비화될 수 있기 때문이다.

5. 요약과 시사점

표준화 기구들은 흔히 '미로' maze 라고 특징지어진다.[26] 표준화 기구의 익숙한 베테랑들 외에는 아무도 그 약칭만으로는 기구의 다양한 부서들의 명칭을 알 수 없기 때문이다. 또한 표준은 대개 기존의 시장 현실만을 반영하고 이용자들의 요구에 주목하지 않고 비용이 많이 들며 표준화는 전문가들에 의해 이루어진다는 비판이 일어왔다. 물론 이러한 비판에 따라 개혁이 시작되었고 이 개혁을 통해 일부 문제가 해결되기도 했지만 이 비판들은 지금도 여전히 유효하다.

따라서 표준화 기구들은 표준을 둘러싼 이해관계자들의 비전문성을 보완함과 동시에 이들을 표준화 과정에 적극 참여시킴으로써 표준의 효용과 수용 가능성을 높여야 할 필요가 있다. 이러한 참여를 통한 표준화

26.Salter, Liora, 1995, "Do Reforms Make a Difference? Gearing Methodology to Assessments of Standardization Practice," Hawkins, Richard, Robin Mansell and Jim Skea (eds.), *Standards, Innovation and Competitiveness: The Politics and Economics of Standard in National and Technical Environments* (Aldershot, UK and Brookfield, IL: Edward Elgar), pp.36~49 참조.

과정은 필연적으로 이해관계자들 간의 이해관계 조정을 필요로 한다. 따라서 그에 적절한 조정 모델로서 코포라티즘적 조정 전략을 준용해 공공성이 강한 공식 표준의 표준화 갈등 구조를 밝히고 그 갈등의 해결 전략을 모색하였다.

우선, 국가와 표준화 기구의 성격과 역할에 주목했다. 표준화 기구는 국가와 달리 표준 문제에서 비전문성을 가진 것이 아니라 전문성을 확보한 기구로서 다른 어떤 행위자보다 더욱 광범위하게 표준화 과정을 이끌어가고 있다. 표준화 과정에서 국가는 더 이상 핵심 조정자가 아니라 공동행위자 중의 하나가 되기도 한다.[27] 곧, 국가는 조정자의 역할을 수행하기도 하지만 표준화 기구 다음의 이차적 조정자이며, 독자적인 이해관계도 가진, 코포라티즘 과정의 한 행위자이기도 하다는 것이다. 결국 표준화 과정에서는 국가의 역할보다는 적어도 자율성을 갖춘 표준화 기구의 역할을 통해 코포라티즘적 조정이 이루어져야 하며 이를 더욱 정교화하는 것이 바람직한 갈등 해결 전략이라고 할 수 있다.

이때 주의해야 할 것은 표준화 코포라티즘의 또 다른 특징으로서 표준 이용자들 중 대중 이용자들의 대변을 강화하고 체계화하며 중소기업의 진흥을 위해 중소기업 대표의 명시화도 고려해야 한다는 것이다. 이를 위해서는 표준화 기구뿐만 아니라 국가의 적극적인 재정적·전문적 지원이 필요하다. 이른바 표준화 소수자라고 불리는 대중 이용자들의 대변 강화와 코포라티즘적 조정이 잘 이루어지는 독일표준협회DIN나 유럽표준화

27.Fürst, Dietrich, 1987, "Die Neubelebung der Staatsdiskussion: Veränderte Anforderungen an Regierung und Verwaltung in westlichen Industriegesellschaften," Thomas Ellwein, Joachim Jens, Renate Mayntz und Fritz W. Scharpf (Hg.), *Jahrbuch zur Staats- und Cerwaltungswissenschaft,* Bd.1 (Baden-Baden: Nomos), S.266; Evans, Peter B., Dietrich Rueschemeyer and Theda Scocpol, 1985, *Bringing the State Back In* (New York and Cambridge: Cambridge University Press)도 참조.

위원회CEN의 경우에도 여전히 이들에게 불리한 이해 대변 불균형이 지적되고 있다는 점은 그 중요성을 충분히 방증한다.

표준화 갈등 구조와 코포라티즘적 갈등 조정 전략은 공공성에 따라 재분류한 표준에 따라 구상하였다. 우선, 직능적 지역 표준에서 갈등 양상은 표준의 생산자와 단체 이용자 간의 갈등이 중심이며, 그 해결 방식은 지역 사회 직능 부문 내 미시 코포라티즘적 조정으로서 워크숍 모델과 위원회 모델을 중심으로 활용하는 것이 유용하다. 사회적 지역 표준에서는 지역 내 기업과 노동자 및 소비자들 간의 전 지역 사회적 갈등이 일어나며, 갈등 해결은 지역 사회 내 직능 부문들 간 및 사회 집단들 간 지역 사회 미시 코포라티즘으로서 공청회나 주민 투표를 고려하는 위원회 모델을 중심으로 이루어질 수 있다.

직능적 국가 표준의 경우에는 표준의 생산자와 단체 이용자들의 갈등이 중심이며, 그 해결은 직능 부문 내 미시 코포라티즘으로 프로젝트팀 모델과 워크숍 모델이 구체적인 방식이다. 사회적 국가 표준의 경우에는 기업과 노동자 및 소비자들 간의 전 사회적 갈등이 발생하며, 갈등 해결 전략은 공청회를 고려하는 워크숍 모델과 위원회 모델을 활용하는 것으로서 직능 부문들 간 및 사회 집단들 간 거시 코포라티즘이 적절하다.

한국의 현행 표준화 갈등 조정 기제에서는 표준의 대중 이용자가 소외됨으로써 표준의 생산자와 대중 이용자들 간에는 코포라티즘이 작동하지 않는다. 곧, 사회 부문의 참여가 크게 제약됨으로써 굳이 코포라티즘으로 표현하더라도 한국의 표준화 과정은 대단히 미약하고 비민주적인 코포라티즘이라고 할 수 있다. 민주화된 질서에서 표준화 과정의 공개성과 개방성 및 표준 수용의 자발성을 높이려면 이해관계자들의 참여와 민주적 조정이 이루어지는 코포라티즘적 거버넌스 전략을 온전히 도입해야 할 필요가 있다.

제5장

유럽 통합과 표준화 정책

제5장

유럽 통합과 표준화 정책

유럽연합EU이 출범한 지 20년이 넘었다. 유럽연합은 17년 전 유로Euro 화를 통한 화폐 통합까지 완성하면서 만국의 세계화와 동구 국가들의 분리 추세 속에서 새로운 의미의 통합으로 주목 받아 왔다. 그에 따라 학계에서도 유럽 통합에 대한 연구가 급진전되어 상당한 축적이 이루어졌다.

그러나 유럽 통합을 표준 정책과 표준 통합의 관점에서 조명하려는 연구는 거의 전무했다. 이것은 물론 경제학에서 경제와 무역에 관한 표준의 영향을 연구한 것을 제외하면 대부분의 사회 과학계에서 표준에 그다지 주목하지 않았다는 사실에 기인한다. 그렇지만 최근 표준이 한 국가의 경제와 통일에 미치는 영향이 지대하다는 사실이 알려지면서 법학과 행정학뿐 아니라 정치학에서도 이에 대한 관심이 생겨나고 있다. 앞에서 얘기한 것처럼 실제 독일표준협회DIN가 조사한 바에 따르면, 표준의 경제적 효과는 국내총생산GDP의 1%에 달할 뿐 아니라,[1] 국가 통일 비용 중에서

1.DIN, 2000a, *Economic Benefits of Standardisation* (Berlin: Beuth Verlag), p.28.

표준 통일 비용이 차지하는 비중은 약 10%인 것으로 알려졌다.[2]

이와 같이 표준이 미치는 경제적 효과와 통합적 효과는 비단 일국 차원이 아니라 국제적 차원에서도 매우 중요하다. 유럽에서도 1970년대 유럽공동체EC 시절에 이미 표준 통합[3] 의 중요성 인식에 따라 유럽 차원의 표준화 정책이 시작되었으며 이후 경제 통합을 거치면서 급속하게 발전했다. 또한 유럽집행위원회European Commission가 표준화 정책을 직접 주관할 정도로 표준화가 유럽 통합에 미치는 효과도 지대한 것으로 알려졌다.

유럽연합의 역사가 20년을 넘었고 유럽 차원의 본격적인 표준화 정책으로 알려진 신접근전략the New Approach이 실시된 지는 이미 근 30년이 되어가고 있다. 이제는 개별 이슈 차원의 분석을 넘어 포괄적인 분석과 일반화를 시도할 필요성이 충분하다고 할 수 있다. 따라서 이 장은 개별 이슈 연구들이 부족한 상태에서나마 이 연구들을 참조하여 포괄적 분석을 시도하고자 한다.

연구의 목적은 우선 유럽 통합의 성격을 밝히고 유럽 통합 과정에 미친

2.정경민·김종윤·허귀식·김원배, 2006, “[표류하는 국가 표준] 5. 남북의 표준 통일(끝),” 『중앙일보』(8월 26일), http://article.joinsmsn.com/news/article/article.asp?total_id=1663585(검색일: 2013.06.26.); 정병기·이희진, 2013, “동서독의 표준화 체계와 표준 통일 과정: 남북한 표준 협력에 대한 함의,” 『한국정치연구』 22집 1호(서울대학교 한국정치연구소), 230쪽.

3.국어사전에 따르면, ‘통일’은 “여러 요소를 서로 같거나 일치되게 맞춤”을 뜻하며, ‘통합’은 “여러 요소들이 조직되어 하나의 전체를 이룸”을 뜻한다. 곧, 통합은 여러 요소들이 독자성을 갖지 않는 완전한 단일화를 의미하는 통일 개념과 달리 여러 요소들이 독자성을 가지면서 전체를 이루는 것을 말한다. 독일 통일 과정에서 동서독 표준은 초기의 통합 과정을 거쳐 서독 표준으로 단일화되었으므로 ‘표준 통일’로 이해되지만, 유럽 표준의 경우에는 각국 표준들을 종합하여 유럽 표준 전체를 이루는 것이므로 ‘표준 통합’으로 이해해야 한다. 이러한 의미에서 실제 유럽연합도 통합을 의미하는 조화(harmonization)’라는 개념을 사용한다.

표준 통합의 영향을 분석함으로써 유럽 표준화 정책의 성격과 의미를 파악하는 것이다. 그에 따라 먼저 유럽 통합의 전개 과정을 역사적으로 조망하고 이 과정과 연결된 표준화 정책들을 살펴봄으로써 이후 분석의 토대를 제공한다. 이어 구접근전략the Old Approach을 통해 유럽 표준화 정책이 유럽 통합의 재촉진 계기를 마련하는 것을 규명하고, 신접근전략을 통해 실제 경제 통합을 재촉진해가는 과정을 분석한다. 그리고 마지막 절에서는 세계접근전략the Global Approach 채택 이후 유럽을 넘어 세계를 지향하는 유럽의 국제 표준화 정책들을 중심으로 유럽 통합 과정에서 나타나는 표준화 정책의 새로운 성격과 의미를 분석한다. 분석의 초점은 유럽 통합 과정과 일치하는 표준화의 전개를 추적하는 데 그치지 않고, 표준화 정책을 상세히 분석함으로써 정치적·경제적 통합 과정에 미친 영향과 의미를 규명하는 데 있다.

유럽 차원의 표준화 정책을 다루는 이 장에서 '표준화'라는 개념은 기존 국가 표준들을 통합하는 것뿐만 아니라 존재하지 않는 새로운 표준을 유럽 차원에서 제정하거나 시험 및 인증하는 것까지 포함한다. 반면 '표준 통합' 개념은 기존 국가 표준들을 통합해 통합 표준을 제정하거나 시험 및 인증하는 작업에 한정한다. 유럽 통합과 관련해 유럽 표준화 정책은 사실상 각국 표준들의 통합으로 진척되었다는 점에 주목해, 포괄적 의미로 쓰일 때는 '표준화'를 사용하지만, 통합의 의미를 살릴 필요가 있을 때는 '표준 통합'을 사용한다.

1. 유럽 표준 정책에 관한 선행 연구의 의미와 한계

유럽의 표준화를 유럽 통합과 관련해 연구한 문헌은 없지만, 유럽의 표준화 정책에 대한 연구는 일정하게 이루어졌다. 하지만 유럽연합 기구나 표준화 기구가 제출한 보고서를 제외하면 학술적 차원에서 이루어진 분석은 손꼽을 정도다. 1987년 펠크먼스Pelkmans[4] 의 경제학 논문이 그 효시로서 1980년대 중반의 새로운 표준화 정책인 신접근전략을 다루었다. 이 논문은 신접근전략의 구성 요소들을 검토하고 구접근전략의 문제점들과 체계적으로 비교해 평가하면서 신속하게 다뤄야 할 문제들을 짚어나갔다. 그렇지만 신접근전략의 내용을 평가하는 데 한정되었고 그마저도 새 정책의 결과를 고려할 시간이 충분하지 않았다는 한계를 가졌다.

반면 그로부터 10여 년 후에 발표된 게르케 및 홀러Goerke and Holler의 연구[5] 는 공공선택론의 관점에서 신접근전략의 기획 동기에 초점을 두고 분석했다. 이 연구는 신접근전략의 기획 이후 선택된 후속 정책들을 함께 살펴봄으로써 보다 폭넓은 시야를 확보했다. 저자들은 이 연구를 통해 적극적 규제의 포기를 신접근전략 선택의 동기로 결론지음으로써 규제성 관련 논쟁을 촉발시켰다. 그러나 구접근전략에 비해 신접근전략의 약한 규제성에 지나치게 집중함으로써 표준의 본질인 임의성과 자발성을 경시하는 오류를 범했다.

이 오류는 이듬해 드위트Dewitt[6] 에 의해 반박되었다. 가연성 고분자 물질을 위한 화염 억제제를 사례로 유럽의 표준화를 분석한 드위트는 집행위원회의 지침으로 확정된 유럽 표준화 정책을 기본적으로 정치적 규제의 하나로 봄으로써, 비록 논쟁의 형태를 띠지는 않았지만, 게르케 및 홀러와 대립했다. 그러나 그는 반대 방향에서 표준의 임의성과 자발성을 경시함으로써 역으로 규제성을 지나치게 강조하는 오류를 범해 유럽 통합

4.Pelkmans, Jacques, 1987, "The New Approach to Technical Harmonization and Standardization," *Journal of Common Market Studies,* vol.25, no.3, pp.249~269.

5.Goerke, Laszlo and Manfred J., Holler, 1998, "Strategic Standardization in Europe: A Public Choice Perspective," *European Journal of Law and Economics 6,* no.2, pp.95~112.

6.Dewitt, Roland, 1999, "Standardisation and legislation in Europe," *Polymer Degradation and Stability,* no.64, pp.535~544.

에서 표준화가 갖는 의미를 종합적으로 판단하지 못했다.

최근의 주목할 만한 연구는 차야 및 헤써Czaya and Hesser[7] 와 보라즈Borraz[8]의 논문이다. 차야와 헤써는 유럽 표준화 체계를 미국 및 소련과 비교하면서 표준화 체계와 환경의 관계를 중심으로 분석했으며, 보라즈는 유럽의 표준화 정책을 프랑스와 비교해 분석했다. 비교 분석의 결과를 종합하면, 탈집중적인 미국 표준화 체계와 국가 개입이 강한 프랑스 및 소련의 표준화 정책과 달리 유럽의 표준화는 초국적 거버넌스의 수단으로서 공동 규제co-regulation의 성격을 띤다는 것이다. 이 논문들은 표준의 본질과 유럽연합의 특수성을 잘 고려하여 종합적 판단을 시도한 최초의 연구로서 표준화가 유럽 통합에 미치는 영향과 관련해서도 매우 유용하다. 그러나 이 연구들도 비교에 따른 상대적 규제성에 논의를 집중하고 유럽 통합과 연결시키지 않았다.

미사와 스코트Misa and Schot[9] 및 반 제스텔과 미클리츠Van Gestel and Micklitz[10]의 연구도 중요한 시사점을 준다. 미사와 스코트는 유럽 통합을 기술의 관점에서 파악할 것을 강조하면서 회원국들 간 사회 간접 자본의 연결과,

7.Czaya, Axel and Wilfried Hesser, 2001, "Standardization Systems as Indicators of Mental, Cultural and Socio-Economic States," *Knowledge, Technology, & Policy,* vol.14, no.3, pp.24~40.

8.Borraz, Olivier, 2007, "Governing Standards: The Rise of Standardization Processes in France and in the EU," *Governance: An International Journal of Policy, Administration, and Institutions 20*, no.1, pp.57~84.

9.Misa, Thomas J. and Johan Schot, 2004, "Inventing Europe: Technology and the Hidden Integration of Europe," Presented and discussed at the project's plenary conference in Budapest, March 18~21, 2004.

10.Van Gestel, Rob and Hans-Wolfgang Micklitz, 2013, "European Integration through Standardization: How Judicial Review Is Breaking Down the Club House of Private Standardization Bodies," *Common Market Law Review,* vol.50, no.1, pp.145~181.

제품, 기술 체계, 지식의 순환 및 적용을 연구할 것을 주장하며, 처음으로 "숨은 통합 hidden integration"이라는 개념으로 유럽 통합을 파악했다. 그러나 이러한 시각과 방법을 강조한 후에는 실제 기술적 측면의 통합을 분석하지 않고 관련 논문 네 편을 논평하는 데 그치고 표준화 정책을 직접 다루지 않았다. 그리고 반 제스텔과 미클리츠는 비록 주 제목과 달리 표준화에 의한 유럽 통합을 다루지 않았으나 부제 "How Judicial Review Is Breaking Down the Club House of Private Standardization Bodies" 처럼 표준화 기구의 저작권 보유 여부를 분석해 표준의 위상 및 구속력과 관련해 중요한 기여를 했다. 하지만 유럽연합의 표준화 정책과 관련해서는 표준 및 표준화 기구의 위상에 한정시키고 미국, 독일, 네덜란드에 대한 비교 대상으로 축소했다.

국내에서도 2000년대에 들어 유럽 표준화에 대해 드물게나마 관심이 시작되었다. 박종봉[11] 은 유럽의 표준화 추진 체계를 소개했으며, 윤성욱[12] 은 유럽연합의 기술 규정 통합 과정을 분석했고, 이진랑[13] 은 유럽 표준화 과정에서 새로운 이해관계자가 출현하는 현상을 연구했다. 그중 윤성욱의 연구는 유럽 표준화 정책을 국제 교역 자유화와 연결해 분석함으로써 유럽의 경제 통합에 주는 의미를 제시했고, 이진랑은 표준화 과정의 이해관계자 갈등을 분석함으로써 표준화 과정이 유럽 차원의 정치적 통합에 주는 시사점을 도출할 수 있는 계기를 마련했다. 그러나 이 연구들도 유럽 표준화가 특정 이슈에 한정되어 표준화가 유럽 통합에서 갖는 의

11.박종봉, 2005, "유럽의 표준화 추진 체계," 한국정보통신기술협회, 『정보통신 표준화 추진 체계 분석서: 국가 및 공식 표준화 기구』(성남: 한국정보통신기술협회), 592~632쪽

12.윤성욱, 2009, "EU의 기술 규정 통합 과정 분석: New & Global Approach를 중심으로," 『EU연구』 25호(한국외국어대학교 EU연구소), 23~56쪽.

13.이진랑, 2011, "유럽 표준화 과정에서의 새로운 이해 당사자의 출현: 초국주의와 일국일대표제 사이의 정책적 딜레마," 『사회과학연구』 19집 2호(서강대학교 사회과학연구소), 204~234쪽.

미에 대한 포괄적 분석과 일반화에는 부분적인 기여를 하는 데 머문다.

2. 유럽 통합의 과정과 유럽 표준화의 전개

유럽이 연방제 국가에 준하는 정치 공동체로 발전할 것이라고 보는 이상주의자들은 유럽 통합의 기원을 18세기 칸트 Immanuel Kant와 19세기 위고 Victor Hugo의 연방제 구상으로까지 거슬러 올라간다.[14] 그러나 현재 유럽연합으로 가시화된 통합의 실질적 기원은 프랑스 외상 로베르 슈망 Robert Schuman의 1950년 제안에 따라 이듬해 파리 조약을 거쳐 창설된 유럽석탄철강공동체 ECSC라는 것이 정설이다 <표 5-1> 참조.

처음 슈망의 구상은 서독이 강력한 자립 국가가 되는 것을 염려하여 서독을 서유럽에 묶어두려는 것이었으나, 이후 프랑스 경제 정치가 모네 Jean Monnet에 의해 유럽의 재건이라는 경제적 고려가 중요해졌다. 그에 따라 프랑스와 독일을 주축으로 기간산업인 석탄과 철강을 공동 관리하는 관세 동맹으로 제도화되었고 여기에 이탈리아, 벨기에, 네덜란드, 룩셈부르크가 참여했다.[15] 유럽석탄철강공동체는 회원국들 사이에 관세와 쿼터를 철폐함으로써 석탄과 철강의 자유 이동을 보장하는 자유교역 지대를 창설하고 더 나아가 역외에서 수입되는 석탄과 철강에 공동 관세를 적용하는 것이었다.[16] 이와 같이 유럽 통합의 효시는 특정한 재화나 용역에 관해 관세 장벽을 철폐하는 관세 동맹으로 시작된 경제 통합이었다.

---

14 이호근, 2003, "유럽연합(EU)," 한종수 외, 『현대유럽정치』(서울: 동성사), 247쪽.

15 박이도, 2003, 『유럽연합시대』(서울: 한국문화사), 24쪽.

16 장홍, 1998, 『유럽연합(EU)의 새로운 이해』(서울: 고원), 34, 38쪽.

[표 5-1]

시기	1940년대 말 ~50년대 중반	1950년대 후반 ~ 60년대 말	1970년대 초 ~ 84년	1985년 이후
조약과 기구	• 1952 ECSC 창설	• 1958 EEC, EURATOM 창설 • 1967 EC 통합(ECSC, EEC, EURATOM)	• EC 회원국 확대 (10개국)	• 1986 SEA • 1991 EU 조약 • 1997 암스테르담 조약 • 2004 유럽헌법 조약 • 2007 리스본 조약 • 2009 유럽헌법 발효 • EU 회원국 확대 (28개국)
경제	• 관세 동맹	• 공동 시장 목표 설정	• 1973~75, 1980~82 세계 자본주의 위기로 불균등 성장 심화 • EMU 좌절	• 단일 시장 목표 설정 • 유로화 채택(11개국) • 유로존 확대(17개국)
정치		• 집행위원회, 각료이사회, 유럽의회, 유럽법원 등 정치적 기제의 골격 갖춤	• 유럽의회 직선제 도입	• 외교 안보 협력 강화 • 각료이사회 가중 다수결제 도입 • 유럽의회 기능 강화
표준		• 1961 CEN 설립	• 1973 저전압지침 수립 • 1973 CENELEC 설립 • 1979 카시스 드 디종 판결 • 1983 투명성지침 수립	• 1985 신접근전략 수립 • 1989 세계접근전략 수립 • 1991 비엔나 협약 • 1992 ETSI의 유럽 표준화 기구 수용 • 1996 드레스덴 협약
평가	• 경제 통합 생성	• 경제 통합 촉진 • 정치 통합 생성 • 표준 통합 생성	• 경제 통합 정체 • 정치 통합 촉진 • 표준 통합 촉진	• 제 측면 촉진

출처 : 정병기(2005), 130쪽 참조.

이후 1950년대 후반에서 1960년대까지는 경제 통합이 촉진되고 그에 따라 정치 통합이 생성되는 시기였다. 1957년 로마 조약에 따라 이듬해 유럽경제공동체 EEC 와 유럽원자력공동체 EURATOM 가 창설되었고, 이들은 1967년 유럽석탄철강공동체와 더불어 유럽공동체 EC 로 재편되어 유럽 통합의 새로운 전기를 마련했다. 특히 경제 통합의 측면에서 유럽경제공동체의 성립은 관세 동맹의 차원을 넘어 재화, 용역, 인력과 자본의 자유로운 교류를 목표로 한 공동 시장을 구축하는 구상이라는 점에서 중요하다. 이를 통해 유럽공동체는 특정한 재화나 용역이 아니라 모든 재화와 서비스에 대해 이동 규제를 철폐하는 단계에 들어선 것이다.

정치적 측면에서도 유럽석탄철강공동체 회원국 대표자 회의로 시작된 유럽의회가 1962년 현재의 명칭으로 바뀌어 의회의 역할을 수행하게 됨으로써 집행위원회, 각료이사회, 유럽의회 및 유럽법원이라는 정치적 메커니즘의 기본 골격이 갖추어지기 시작했으나, 정치 통합은 아직 생성 단계였다.[17] 표준 통합도 1961년 최초의 유럽 표준화 기구인 유럽표준화위원회 CEN; 이하 이장에서는 CEN 가 창설됨으로써 생성 단계에 들어섰다. 유럽공동체로의 재편에 따라 공동 시장 달성을 효율적으로 수행하기 위해 필요한 정치 통합의 제도적 토대가 갖추어진 것과 마찬가지로, CEN의 창립을 통해 다양한 재화와 용역에 대한 자유 교역을 촉진하기 위해 필요한 표준 통합의 제도적 장치가 마련되기 시작했다.

CEN은 유럽경제공동체와 유럽자유무역연합 EFTA, 1960년 설립 이 유럽 지역 내 무역 촉진을 목표로 발족한 표준화 기구다.[18] 따라서 창립 회원국은 유럽경제공동체 6개국과 유럽자유무역연합 7개국 오스트리아, 덴마크, 노르웨이, 포르투갈, 스웨덴, 스위스, 영국 을 포함한 13개국이었다[19]. CEN의 주요 활

17.정병기, 2005, "세계화와 유럽통합: '작은 세계화' 유럽통합과 유럽시민들의 반응," 『EU학연구』 10권 1호(한국EU학회), 123~147쪽 참조.

18.정병기, 2007, "독일의 표준 정책과 독일표준협회(DIN)의 표준화 활동: DIN의 조직 구성과 표준화 전략 및 국제 표준 전략을 중심으로," 『사회과학연구』 25집(경상대 사회과학연구소), 37~67쪽 참조.

19.현재는 28개 유럽연합 회원국, 3개 유럽자유무역연합 회원국(아이슬랜드, 노르웨이, 스위스), 2개 유럽연합 가입 후보국(터키, 마케도니아) 등 총 33개국이 가입해 있다. 유럽전기기술표준화위원회(CENELEC)도 동일하다. CEN and CENELEC, 2013, "Strategic Objectives for the European Standardization System to 2020," Draft for public consultation, 20130312 (Brussels: CEN and CENELEC), p.4 참조.

동은 유럽 지역의 제조자와 시장의 요구에 따라 제품과 시험 방법 등에 관한 표준EN을 제정하고, 유럽 각국 표준화 기구들 간 협력을 도모하며, 기술 장벽 제거를 통해 상품과 서비스의 교역을 촉진하고, 적합성 평가를 위한 유럽 시스템과 적합성 평가 결과에 대한 상호 인정 절차를 개발하는 것이다.

1970년대 초에서 1984년에 이르는 시기는 경제 통합의 정체기다. 1973~75년과 1980~82년의 세계 자본주의 위기로 인해 유럽 국가들 사이에도 불균등 발전이 심화되어 유럽 각국은 자구 노력을 우선함으로써 통합의 경색을 초래했다. 그 결과 통화 불안정 등이 심화되어 당시 통합 논의의 핵심으로서 1969년 헤이그 회담에서 제안된 경제통화동맹EMU 결성이 무산되었고, 1978년에 제안된 유럽통화체계EMS도 당시 독일과 프랑스의 심각한 대립으로 성립되지 못했다.

반면 정치적 측면에서는 1973년에 덴마크, 아일랜드, 영국이 참가하고 1981년에는 그리스가 참가함으로써 유럽 통합의 외연이 확대되었을 뿐만 아니라, 1979년에는 유럽의회 선출이 직접 선거로 전환되어 민주성이 확보되기도 했다. 표준 통합의 측면에서도 1973년 유럽경제공동체 각료이사회가 저전압 제품들의 자유 교역을 허용하는 저전압지침Low Voltage Directive을 채택함으로써 유럽공동체 차원의 적극적 표준화 정책을 시작하였다.[20] 또한 같은 해 기존의 두 전기규격조정위원회1959년 창설된 CENELCOM과 1960년 창설된 CENEL가 통합하여 명실공히 유럽 차원의 전기 분야 표준화 기구인 유럽전기기술표준화위원회CENELEC: Committee European de Normalisation Electrotechnique; European Committee for Electrotechnical Standardization; 이하 이 장에서는 CENELEC로 재창립되었다. CENELEC의 회원국 범주는 CEN과 동

---

20. Vardakas, Evangelos, 2003, "Technical Regulations and Standards in Europe: A Historical Background," *Vademecum on European Standardisation* (Brussels: European Commission), Part I, Chapter 1.1, p.2.

일하게 유럽공동체와 유럽자유무역연합 전체에 걸친다.

1979년에도 유럽법원(ECJ)이 프랑스 리큐어 카시스 드 디종Cassis de Dijon의 독일 수출 관련 판결을 통해 유럽 표준의 규범성을 확립했으며, 1983년에는 유럽경제공동체가 이른바 투명성지침the transparency Directive으로 알려진 83/189/EEC를 통해 유럽 표준화 기구와 회원국 표준화 기구들에게 표준 제정 과정의 투명성 확보 의무를 부과했다.[21] 이러한 표준 통합의 발전은 정치 통합의 발전을 토대로 이후 경제 통합의 정체를 보완할 수 있는 정지 작업으로 작용하게 되었다.

경제 통합이 다시 촉진된 것은 1985년 이후다. 1986년에 스페인, 포르투갈 등이 가입해 12개국으로 확대된 유럽공동체는 1985년 집행위원회 백서인 체키니Cecchini 보고서에 따라 일 년간 준비 끝에 단일유럽의정서SEA 합의를 도출했다1987년 발효. 단일유럽의정서는 1992년 말까지 시장 통합을 통해 공동 시장을 완성한 후 장기적으로 단일 시장으로 전환해 간다는 목표를 설정했고, 이 단일 시장 구현 목표는 1991년 마스트리히트Maastricht에서 합의되어 1993년 발효된 유럽연합EU 조약에 따라 유럽공동체EC가 유럽연합EU으로 전환하는 정치적 토대 구축을 통해 가시화되었다. 또한 1999년 11개국을 회원국으로 한 유럽경제통화동맹EMU이 결성되고 유로Euro화가 통용되기 시작함으로써 비록 유럽연합 전체를 아우르지는 못했지만 일정한 단일 시장 완성의 수순에 들어갔다2011년 17개국으로 확대.

더 나아가 유럽연합 조약은 외교 안보 협력을 강화하고 1987년 단일유럽의정서에 따라 각료이사회에 가중 다수결 제도를 도입하였으며 유럽의회의 기능을 강화하였다. 그리고 1997년에는 암스테르담Amsterdam 조약을 통해 마스트리히트 조약의 미비점을 보완하여 민주성을 제고하고

21.Vardakas(2003), pp.3~5.

사회적 형평성을 고려하는 정책이 취해졌으며, 유럽공동체EC, 공동외교안보정책CFSP 및 공동치안사법정책PJCC이라는 유럽연합의 세 기둥이 제도적으로 확립되었다.[22] 또한 2004년 유럽헌법 조약 이후 우여곡절이 있었지만 2007년 리스본Lisbon의 수정 조약을 거쳐 2009년에는 유럽헌법 비준이 완료되었다. 외연적 확대도 더욱 진척되어 2004년에는 중·동유럽으로 확장함으로써 2013년 크로아티아 가입을 끝으로 현재 유럽연합 회원국은 총 28개국으로 늘어났다.

단일유럽의정서가 설정한 단일 시장의 구상과 함께 시작된 이 시기는 경제 통합의 재촉진을 비롯해 정치적 측면과 경제적 측면이 모두 촉진된 시기다. 여기서 단일 시장이란 세관과 이민 규제 등 국경을 통제하는 물리적 장벽을 해소하고, 상품과 서비스에 대해 최저 부가가치세15%를 적용하여 재정적 장벽을 철폐할 뿐만 아니라, 각국의 위생·환경·안정 등에 대한 규정의 차이라는 기술적 장벽도 허무는 것을 의미한다.[23] 곧, 공동시장이 국경을 가정하는 개념이라면 단일 시장은 국경 없는 단일한 시장을 가정하는 개념이다. 때문에 단일 시장을 완성하기 위해서는 기술 장벽 제거를 목표로 하는 표준 통합이 중요할 수밖에 없으며, 또한 그러한 이유로 이전 시기에 진전된 표준 통합의 노력이 경제 통합의 재촉진에 적지 않게 기여했다고 할 수 있다.

단일 시장을 목표로 하는 유럽 표준화 정책은 단일유럽의정서 준비기와 같은 시기인 1985년에 채택된 신접근전략을 통해 분명하게 드러났다. 신접근전략은 표준 통합을 비롯한 표준화 정책의 현실화와 그 공통적인 핵심 요건을 규정함으로써 기술 장벽 제거에 박차를 가했기 때문이다. 더 나아가 1989년에는 세계접근전략the Global Approach를 채택해 유

22.Fritzler, Marc und Günther Unser, 2001, *Die Europäische Union* (Bonn: Bundeszentrale für politische Bildung), S.28~30.

23.강원택·조홍식, 1999, 『유럽의 부활』(서울: 푸른길), 237~238쪽.

럽 차원을 넘어 유럽 표준의 지구적 국제 표준화를 추진하기 시작했으며, 이는 1991년 CEN과 국제표준화기구ISO의 비엔나Vienna 협약 및 1996년 CENELEC와 국제전기기술위원회IEC의 드레스덴Dresden 협약을 통해 현실화되었다. 또한 1992년에는 1988년에 창설된 유럽전기통신표준협회ETSI: European Telecommunications Standards Institute; 이하 이 장에서는 ETSI를 CEN 및 CENELEC와 같은 위상으로 유럽 차원의 공식 표준화 기구로 수용함으로써[24] 세계적 차원의 삼대 표준화 기구인 국제표준화기구ISO, 전기 전자와 정보 통신 분야를 제외한 모든 분야를 대상으로 하는 표준화 기구, 국제전기기술위원회IEC, 전기 전자 분야의 표준화 기구, 국제전기통신연합ITU, 정보 통신 분야의 표준화 기구 같은 역할 분담 체계를 갖추었다.

이와 같이 표준 통합을 중심으로 진행된 유럽 표준화 정책은 1970년대부터 1984년까지 정체된 경제 통합에도 불구하고 진전된 정치 통합으로부터 힘을 받음으로써 가능했다고 할 수 있다. 유럽법원과 각료이사회 및 집행위원회의 권한 강화를 통해 각종 지침들의 제정과 실현 및 카시스 드 디종 판결이 가능했던 것이 그 증거들이다. 그리고 유럽의 경제 통합이 유럽 차원의 단일 시장 형성을 통해 지구적 차원의 세계화에 대항하는 작은 세계화이자 블록 세계화라는 점을 고려할 때, 표준 통합은 경제 통합을 재촉진할 수 있는 실질적인 동력으로 작용했을 뿐 아니라, 단일 시장 완성을 넘어 지구적 세계화를 주도하는 행위자의 능력을 강화해가고 있다고 할 수 있다.

24.EXPRESS, 2010, "Standardization for a Competitive and Innovative Europe: a Vision for 2020," Report of the Expert Panel for the Review of the European Standardization System, EXP 384 final (Brussels: European Commission), p.7.

3. 표준 통합의 경제 통합 효과

구접근전략the Old Approach을 통한 경제 통합 재촉진 계기 마련 | 1961년 CEN이 창설된 것은 유럽경제공동체EEC가 관세 동맹을 넘어 공동 시장을 목표로 설정하고 정치적 메커니즘의 골격을 갖추기 시작한 때다. 표준화는 통일된 규정을 통해 재화와 서비스의 자유로운 이동을 촉진하는 본질을 가지므로, 유럽 차원의 표준 통합은 무엇보다 공동 시장이라는 목표 설정에 필수적이었다. 그러나 초기 CEN의 위상은 정치적 권위체의 뒷받침을 받지 못하는 민간 기구여서 활동의 제약을 가질 수밖에 없었다. 표준은 또한 본질적으로 이해관계자들의 합의에 의해 제정되고 자발적으로 수용되므로 유럽 통합에 직접적으로 영향을 미치기는 어려웠다. 무엇보다 정치 통합이 처음 생성되어 유럽 차원의 표준화에 공적 권위를 부여할 주체가 없었다는 것이 문제였다.

그러나 경제 통합이 정체기에 접어들었음에도 정치적 메커니즘의 기본 골격이 갖추어진 후부터 상황은 달라졌다. 1973년 처음으로 유럽 각료이사회가 저전압지침73/23/EEC을 제정한 것이다. 유럽 차원의 지침은 제1차 법률인 유럽 법률이나 조약에는 속하지 않지만, 제2차 법률들[지침directive, 규칙regulation, 결정decision] 중에서는 가장 상위에 속하는 것으로 유럽 사회 전반에 걸친 구속력을 갖는다.[25]

경제 통합을 재촉진하는 유럽 표준 통합의 최초의 돌파구breakthrough로 인정되는 저전압지침은 당시 유럽공동체 9개국에 적용되었으며 AC 50~1000 볼트나 DC 75~1500 볼트로 작동하는 제품들의 자유 이동 보장을 다루었다. 표준 통합과 관련하여 이 지침은 해당 제품에 대해 "조화 표

25.박종봉(2005), 597쪽.

준harmonized standards"이라는 표현으로 공동 표준의 적용을 규정함으로써 공적 권위를 갖춘 유럽 표준 통합의 출발을 알렸으며, 전기 표준을 제정할 기구로 유럽전기기술표준화위원회CENELEC의 창립 근거를 마련했다.[26] 이때 '조화'[27] 는 인증의 상호 인정뿐 아니라, '동일하거나 기술적으로 호환 가능한 규정을 제정하고, 생산품이 그 규정에 적합해야 함을 수용하는 것'으로서 사실상 회원국들 간 합의에 의한 표준 통합을 의미했다.[28]

물론 이미 CEN이 존재하는 상태에서 전기 부문의 새로운 표준화 기구를 설립하는 데 반대하는 의견도 없지 않았다. 그러나 전기 분야의 표준화 기구를 별도로 갖춘 회원국들이 적지 않았고 세계적 차원에서도 국제전기기술위원회IEC가 국제표준화기구ISO와 별도로 존재하는 상황을 감안해 전기 분야의 유럽 표준화 기구를 별도로 설립하는 것이 효율적이라는 집행위원회의 주장이 받아들여졌다.[29]

경제 통합의 정체를 극복하는 표준 통합의 두 번째 돌파구는 1979년의

26.Vardakas(2003), pp.2~3.

27.'조화'라는 개념으로 유럽 통합을 파악하며 표준화를 다룬 문헌으로 Puchala의 논문(Puchala, Donald J., 1975, "Domestic Politics and Regional Harmonization in the European Communities," *World Politics,* vol.27, no.4, pp.496~520)이 있다("유럽 통합은 기본적으로 초국적 조화의 과정이다." p.519). 그러나 이 논문에서 조화는 특별한 개념 정의 없이 사용되어 맥락상 '회원국 내부 정치에 갈등이나 그로부터 비롯되는 저항을 해결하는 과정'으로 이해될 뿐이다. 또한 표준화도 유럽 지침의 준수가 회원국들의 국내 갈등에 의해 좌우되는 경향을 설명하는 사례들 중의 하나로 거론되는 의약품 표준화에 국한되고 결론에서 조화와 병치되어 동일한 개념으로 사용되었을 뿐이다.

28.Commission of the European Communities, 2001, "Implementing Policy Principles for External Trade in the fields of Standards & Conformity Assessment: A Toolbox of instruments," Commission Staff Working Paper, SEC(2001) 1570, Brussels, 28.09.2001, p.11.

29.Commission of the European Communities, 1998, "Efficiency and Accountability in European Standardisation under the New Approach," Report from the Commission to the Council and the European Parliament, COM 291 final, Brussels, 13.05.1998, pp.12~13.

카시스 드 디종Cassis de Dijon 판결인데, 이것은 정치적 메커니즘의 정착에 따른 유럽법원의 권한 강화로 인해 가능했다. 프랑스 리큐어 카시스 드 디종을 독일에 수출하려는 회사가 제소한 이 사건에서 유럽법원은 "각국 법률의 차이에서 기인하는 제품 이동 제한은 제정 감독의 효율성, 공중 보건, 상업 교류의 공정성, 소비자 보호와 관련되는 한에서 인정되어야 한다."는 판결을 내렸다.[30]

이 판결은 유럽 차원의 통일된 기술 관련 규정의 수용을 통해 제품의 자유로운 이동을 보장하는 한편, 공공성의 범주 안에서는 회원국들의 독자적 기술 관련 규정을 통한 제약을 정당화했다는 의미를 갖는다. 또한 이 판결은 1980년대 중반 집행위원회가 신접근전략을 통해 공공성 영역의 표준화에 적극적으로 개입해 구속력을 부여하는 계기가 되었다.[31] 이것은 일국 차원이나 세계 차원과 다른 유럽 차원의 표준화가 갖는 가장 큰 특징이다.

경제 통합을 재촉진하는 표준 정책의 세 번째 돌파구는 1983년의 투명성지침83/189/EEC이다. 이 지침에 따라 모든 회원국들은 자국의 표준화 과정을 투명하게 공개해야 할 의무를 지게 되었다. 곧, 국가 표준화 기구들은 표준 초안뿐 아니라 연도별 표준화 프로그램도 공개해야 한다는 것이다. 저전압지침이 전기 분야 유럽 표준화 기구인 CENELEC의 틀 안에서 회원국들의 국가 표준화 기구들이 협력하는 최초의 계기가 되었다면,

30. Vardakas(2003), p.4.

31. 이 판례는 2012년 독일 가스·물 분야 표준화 기구의 하나인 DVGW(Deutsche Vereinigung des Gas und Wasserfaches e.V. – TechnischWissenschaftlicher Verein)와 이탈리아 회사인 Fra.bo SpA 간 표준 인증을 둘러싼 소송에도 적용되었다. 이 재판에서 유럽법원은 독일의 표준과 인증을 정당화함으로써 표준화 기구나 인증 기구를 최소한 역내 시장 접근과 관련되는 한 준 법적(quasi-statutory) 혹은 준 공공 기구(quasi-public authority)의 한 유형이라는 점을 분명히 했다. Van Gestel and Micklitz(2013), p.159, 175.

투명성지침은 전기를 제외한 일반 표준 분야의 유럽 표준화 기구인 CEN의 틀 안에서 각국 표준화 기구들이 협력하는 최초의 계기로 인정된다.[32] 또한 이 지침은 1998년에 98/35/EC 제정을 통해 정보 기술 분야에 확대 적용되었고, 유럽자유무역연합 국가들도 자발적 수용을 권고 받았다.

이와 같이 경제 통합의 정체기까지 이루어진 표준화 정책들은 1985년 신접근전략 the New Approach 이라는 명칭의 새로운 표준화 정책이 발표됨에 따라 이와 구분하기 위해 구접근전략 the Old Approach 으로 불리게 되었다. 구접근전략은 규제 통합의 차원에서 회원국들 간 상이한 기술 장벽을 제거하기 위한 목적으로 특히 화학 제품, 자동차, 의약품 및 식품류 등의 산업 제품에 대한 기술 규정과 표준을 조화 혹은 통일시키려는 포괄적 프로그램 General Programme 이었다.[33] 이 프로그램은 유럽 표준화 기구들의 틀 안에서 회원국 표준화 기구들 간 협력의 계기를 마련하기는 했지만, CEN과 CENELEC가 공적 권위를 확보하지 못한 상태에서 유럽공동체 기구들이 직접 개입하는 보편적 규제의 성격을 강하게 띠고 있었다. 다시 말해 구접근전략의 유럽 표준화 정책은 일국 차원에서는 국가의 관할권을 초국가 기구로 이전하는 탈규제로 보일 수 있지만, 유럽 차원에서는 표준 통합을 통해 적극적으로 시장을 통일시켜 나가는 개입 정책으로 실시되었다고 할 수 있다.

그러나 구접근전략은 일정한 범위에서나마 자유 무역을 촉진했지만 이것을 경제 통합의 재촉진으로 연결하지는 못했다. 이것은 표준 통합의 측면에서 개별 국가들의 규정 증가와 기술 변화 속도가 공동체 차원의 표준 통합 작업보다 빠르게 진행되어 그 격차가 더욱 벌어졌기 때문이며, 경제 통합의 측면에서는 경제적 불균등 성장에 따라 경제 통합의 유인이

---

32. Vardakas(2003), p.5.

33. 윤성욱(2009), 31쪽.

힘을 잃었기 때문이었다. 따라서 구접근전략의 의미는 경제 통합의 정체기에 재촉진의 계기를 마련했다는 점에서 찾을 수 있다.

신접근전략the New Approach을 통한 경제 통합 재촉진

1985년 신접근전략의 채택은 구접근전략의 한계에 대한 반성에서 비롯되었다. 구접근전략의 가장 중요한 단점은 통일된 적합성 평가 절차conformity assessment procedure나 공통의 인증서certification 등에 대한 규정을 담고 있지 않아 해당 상품의 표준 통합에도 불구하고 그 제품의 자유로운 이동을 온전히 담보할 수 없는 제도적 결함이었다.[34] 또한 유럽공동체 기구들의 만장일치제와 표준 정책의 과도한 획일성, 정치적 관심의 부족 및 시간 소모와 까다로운 절차 등도 문제점으로 지적받았다.[35]

그에 따라 집행위원회는 1985년 역내 시장 완성에 관한 백서White Paper를 발행했고 유럽이사회European Council가 이를 수용해 유럽공동체 역내의 자유 이동, 최소 합의, 상호 인정, 보충성, 경계 폐지 등의 다섯 가지 원칙을 제시했고, 이것이 그해 5월 신접근전략New approach to technical harmonization and standards의 수립으로 이어졌다.[36] 신접근전략은 위의 다섯 원칙에 따라 핵심 요건들essential requirements과 기술 명세들technical specifications을 구분하는 것에 기초했다. 전자는 보건, 안전, 환경·소비자 보호 등 특별한 기술적 해결이 개입될 필요 없이 그 자체로 달성해야 할 결과나 다룰 수 있어야 할 위험들과 관련되는 영역에 적용되며, 후자는 기타 임의 표준의 모든 영역에 적용된다.[37]

34.윤성욱(2009), 31쪽.

35.Pelkmans(1987), p.253.

36.Goerke and Holler(1998), p.95.

37.Borraz(2007), p.65.

이 신접근전략은 두 유럽 표준화 기구인 CEN과 CENELEC 그리고 이후 1992년에는 ETSI에게 공적 권위를 부여해 유럽 표준EN을 제정하는 권한을 일임하고, 이 기구들 외에도 기업, 소비자, 노동조합, 기타 NGO들과 같은 이해관계자들의 참여를 보장하되, 적합성 평가를 분리하여 유럽공동체 혹은 유럽연합이 CE 마크를 관장하는 방식으로 제도화되었다.[38] 이는 사적 영역에 속해 있던 표준화 활동을 공적 영역으로 전환시켰고, 유럽의 통합 표준을 통해 각국 표준들이 무역 장벽이 되는 것을 방지할 수 있게 했다.[39] 그에 따라 유럽 표준EN과 충돌하는 각국 표준들에 대해서는 그 효력을 중지standstill하거나 관련 사항을 변경transposition 혹은 폐지withdrawal해야 한다.[40]

신접근전략의 목적은 이와 같이 공공성이 강한 분야에 대해서는 보호를 원칙으로 하되 각국 표준들의 난립으로 인한 무역 기술 장벽을 해소하는 것이었다. 이것은 국가가 시장 및 산업에 개입하는 대륙 유럽 국가들의 특징인 보충성subsidiarity의 원칙에 부합했다.[41] 때문에 유럽 표준이 국가 표준에 우선하는 이러한 규제성에 대해 특히 영국의 반대가 심했으나 이는 각료이사회의 가중 다수결제 도입에 따라 해결될 수 있었다.[42]

38.Commission of the European Communities(1998), p.3; DG ENTR I3, 2009a, "Formal Objection to a Harmonized Standard: Guidelines for the Administrative Procedure," *Vademecum on European Standardisation* (Brussels: European Commission), Part II, Chapter 6, p.2 참조.

39.이진랑(2011), 217쪽.

40.한국정보통신기술협회, 2010, 『ICT 표준화 추진 체계 분석서: 국가 및 공식 표준화 기구』(성남: 한국정보통신기술협회), 463쪽 참조.

41.Hanson, David, 2005, *CE Marking, Product Standards and World Trade* (Cheltenham, UK and Northampton, MA: Edward Elgar), p.46.

42.Krislov, Samuel, 1997, *How Nations Choose Product Standards and Standards Change Nations* (Pittsburgh, PA: University of Pittsburgh Press), p.145 참조.

신접근전략의 이러한 성격은 단일 시장을 목표로 설정해 경제 통합 재촉진의 신호탄으로 알려진 단일유럽의정서 SEA의 원칙과도 부합했다. 단일유럽의정서는 신접근전략을 수용해 핵심 안전 요건 the essential safety requirements이 적용되는 영역에서 통일된 규범을 제정하고, 공적 권위를 가진 유럽 표준화 기구들이 표준 제정을 전담하며, 이 기구들에 의해 제정된 유럽 표준은 자발적 수용을 전제로 하되, 각국 정부들은 유럽 표준에 부합하게 생산된 제품들이 지침이 규정한 기본 요건들 fundamental requirements을 충족시킨다고 추정할 의무를 진다고 규정했다.[43] 곧, 단일유럽의정서는 상품과 서비스의 자유로운 이동을 목표로 유럽 역내 시장에서 무역 장벽을 제거하고자 하지만, 다른 측면에서 보면 역외 시장에게는 오히려 유럽 장벽을 쌓으려 했다고 볼 수 있다.[44] 특히 신접근전략에 따라 유럽의 표준 및 지침에 적합하다는 판정을 의미하는 CE 마크는 역외 상품에도 적용되어 CE 마크를 획득하지 않으면 유럽 역내로 진출할 수 없게 함으로써 유럽 시장의 비자 visa로 불리기도 한다.[45]

신접근전략 수립 초기와 달리 제도화를 앞둔 1990년대 초반에는 그 한계가 드러나면서 표준화를 단일 시장 완성의 주요 수단으로 설정하는 것에 대한 이견도 생겨났다.[46] 이사회와 유럽의회가 단일 시장 완성을 위한 표준화 정책을 찬성한 것과 달리 집행위원회는 의구심을 가져 논쟁이 일어난 것이다. 더 신속한 단일 시장 완성을 목표로 한 집행위원회는 표준화 과정의 시간적 지연과 직접적 이해관계 대변의 결함 및 표준 준수 감시의 어려움을 문제 삼아 주요 수단으로 적합하지 않다고 주장했다. 그에 따라

43.Pelkmans(1987), p.255.

44.Krislov(1997), pp.138~139.

45.Hahn, Hans Peter, 1995, *CE-Kennzeichnung leichtgemacht: Ein praktischer Leitfaden* (München und Wien: Hanser), S.25; Hanson(2005), p.45 참조.

46.Borraz(2007), pp.66~71 참조.

이해대변을 활성화하기 위해 국가 표준화의 강화와 유럽 표준화에 대한 국가 영향력의 점진적 약화 및 감시 기관의 강화를 대안으로 제시했다.

그러나 집행위원회도 단일 시장 완성을 촉진한다는 기본 입장에는 동의했으므로 1998년에는 집행위원회가 유럽 표준화 기구들에게 유럽 표준 제정이나 다른 표준화 작업들을 실행토록 하는 98/34/EC 지침 등에 동의하는 등 표준화 확대를 저지하지는 않았으며, 10여 년의 논쟁 끝에 2002년에 최종적으로 이사회 및 유럽의회의 입장을 수용했다.[47] 그에 따라 2003년 4월에는 1984년에 제정된 가이드라인을 대체하는 새로운 협력 가이드라인이 집행위원회/유럽자유무역연합과 CEN/CENELEC/ETSI 사이에 체결되었다.[48]

이와 같이 신접근전략을 수용한 1986년 단일유럽의정서 이후 유럽의 표준화 정책은 구접근전략이 시도한 과도한 규제가 실패함에 따라 세계적 추세에 부응해 탈규제 deregulation 로 전환했다는 주장이 제기되었다.[49] 특히 게르케와 홀러는 신접근전략 이후의 표준화는 독립된 표준화 기구에 위임되어 정치적 이슈에 종속되지 않고 이해관계자들의 협력과 참여에 기반해 합의에 의해 제정된다는 점을 강조했다.[50]

그러나 리브록 Leibrock[51] 의 지적처럼 신접근전략은 집행위원회와 회원국들이 유럽 합의 표준들이 입법을 통해 마련된 합법적 조건들을 준수하

---

47. DG ENTR I3, 2009b, "Models of Articles on Standardisation Issues To Be Included in Drafts of New Approach Directives," *Vademecum on European Standardisation* (Brussels: European Commission), Part II, Chapter 3, p.3 참조

48.DG ENTR I3(2009b), p.3.

49.예를 들어 Krislov(1997); Goerke and Holler(1998).

50.Goerke and Holler(1998), p.102.

51.Leibrock, Gerhard, 2002, "Methods of Referencing Standards in Legislation with an emphasis on European Legislation: Enterprise Guides" (Brussels: European Communities), p.9.

도록 함께 통제할 수 있는 체제를 구축한 것으로 볼 수 있다. 또한 유럽 표준화 기구의 독립성 보장에 시각을 한정하지 않고, 유럽공동체 및 유럽연합이 이들에게 공적 권위를 부여하고 핵심 요건에 대한 지침을 제정하며 CE 마크 제도가 별도로 존재한다는 점을 고려하면, 비록 구접근전략에 비해서는 규제성이 약화되기는 했지만 포기된 것은 아니라고 할 수 있다. 따라서 신접근전략 이후 유럽 표준화 정책은 탈규제가 아니라 차야와 헤써[52] 가 올바로 주장했듯이 공적 권위를 부여받은 민간 조직과 공공 기관의 공동 규제 co-regulation 라고 봐야 한다.

실제 유럽 법률을 제정하는 유럽의회는 표준을 특수한 상황에서는 입법의 대안으로까지 생각하면서 규제성을 강조하고 있으며,[53] 집행위원회도 표준화를 거버넌스의 맥락에서 고려하는 것으로 알려졌다.[54] 이 거버넌스를 표준화 기구에 대한 위임까지 포함해서 해석할 때 유럽의 표준화 정책은 최소한 공동 규제에 입각해 있다고 할 수 있다. 이때 공동 규제는 구속력 있는 입법적 규제 행위를 이해관계를 가진 주요 행위자들의 행동과 결합하는 것으로 이해된다. 특히 표준화와 관련해 집행위원회는 위임과 지침을 통해 메타 규제 meta-regulation 를 행하는 핵심 역할을 수행하며, 표준화 기구들은 공공성 부합 목표에 따라 자율 규제 self-regulation 를 수행한다. 2004년 12월 17일 이사회 결정[55] 으로 수용된 집행위원회 보고서[56] 도 "표준화는 '더

52.Czaya and Hesser(2001), p.30.

53.마존(Majone)은 규제성이 다시 강화된 점을 들어 재규제(re-regulation)로 표현하기도 한다. Majone, Giandomenico, 1996, La *Communaute Europeenne: Un Etat Regulateur* (Paris: Montchrestien).

54.Borraz(2007), p.59, pp.71~72.

55.Council of the European Union, 14790/2/04 REV 2, ENT 148 ENV 624, Brussels, 17 December 2004.

56.Commission of the European Communities, 2004, "Communication from the Commission to the European Parliament and the Council on the role of European standardisation

좋은 규제better regulation'를 실현하는 이사회와 집행위원회의 정책에서 핵심적인 부분"이라고 명확히 밝혔다. 이때 그 목표는 기업의 경쟁성을 촉진하며 국제적 수준에서 무역 장벽을 해소하되 보건, 안전, 환경·소비자 보호 등의 영역에서는 핵심 요건 규정을 통해 공공성을 확보한다는 것이다.

세계접근전략the Global Approach을 통한 블록 세계화 촉진 | 세계접근전략의 수립은 신접근전략 수립 이후의 시대 변화에 대한 인식을 토대로 한다. 특히 표준화 정책과 관련해 유럽경제구역EEA 협정으로 유럽자유무역연합 국가들도 유럽연합 회원국과 동일한 법적 표준 사용 권한을 가지게 되고, 유럽 표준화 활동은 본질적으로 국가 차원에서 유럽 및 세계 차원으로 나아가며 그 결과 국가 표준화 기구의 역할이 유럽 표준화와 세계적 국제 표준화의 맥락에서 새로운 국면을 맞았고, 경제 세계화와 함께 국제 표준이 유럽의 주요 요소가 되어 세계무역기구WTO가 무역기술장벽TBT 협정과 각종 결정 등을 통해 국제 표준의 중요성을 확인한 점 등이 1985년 이후 변화된 상황의 주요 특징으로 인식되었다.[57] 그리고 이는 1989년 12월 세계접근전략Council Resolution on the Global Approach to certification and testing의 수립으로 연결되었다.

물론 1989년의 세계접근전략은 포괄적 적합성 평가 제도를 개발하기 위한 기본 원칙을 제시하는 데 한정되었다. 그러나 이 전략은 유럽 표준

---

in the framework of European policies and legislation," SEC(2004) 1251, COM(2004) 674 final Brussels, 18.10.2004, p.2.

57.European Commission, 2003, "General Guidelines for the Cooperation between CEN, CENELEC and ETSI and the European Commission and the European Free Trade Association," 28 March 2003, 2003/C 91/04, *Official Journal of the European Union,* 16.04.2003, C 91/7~8

전반의 세계적 국제 표준 부합성을 높이고 더 나아가 국제 표준을 주도하는 방향으로 발전되었는데, 1991년과 1996년에 각각 CEN과 국제표준화기구ISO의 비엔나 협약Vienna Agreement 및 CENELEC와 국제전기기술위원회IEC의 드레스덴 협약Dresden Agreement이 그 결실이었다.[58]

비엔나 협약은 표준 개발 작업에서 역할 분담을 통해 작업 중복을 최소화하고, 이를 위한 정보의 교환과 더불어 유럽 표준의 세계적 국제 표준화를 목적으로 했다. 협약의 골자는, CEN은 원칙적으로 ISO 표준을 채택해 사용하며, 국제표준화기구ISO와 CEN이 표준화 작업을 분담하는 경우 그 성과는 정해진 절차에 따라 ISO 표준 및 유럽 표준으로 제정하는 것이다. 이 협약을 통해 CEN은 기존 ISO 표준을 채택할 수 있게 되어 유럽 표준의 국제 표준 부합성을 제고하고, CEN의 유럽 표준안이 국제표준화기구ISO의 국제 표준안으로 동시에 채택될 수 있게 되어 유럽 표준을 신속하게 국제 표준으로 제안할 수 있는 길을 마련하게 되었다.

드레스덴 협약도 비엔나 협약과 동일한 목적을 가지고 체결되었다. 이 협약은 정보 교환과 산업 수요에 맞는 표준의 신속한 채택 및 공표에 초점을 둔 1991년 루카노 협약Lugano Agreement에 토대를 두었다. 협약의 골자는, CENELEC가 원칙적으로 IEC 표준을 채택 사용하고, CENELEC와 국제전기기술위원회IEC 표준 개발 작업이 중복되는 경우에는 국제전기기술위원회에 표준 개발을 위임하며, CENELEC와 국제전기기술위원회IEC가 표준화 작업 분담을 하는 경우에 그 성과는 정해진 절차에 따라 IEC 표준 및 유럽 표준으로 제정하는 것이다. 이에 따라 CENELEC는 CEN과 마찬가지로 자신이 제정한 유럽 표준안을 IEC 국제 표준안으로 동시에 채택될 수 있는 길을 열었다.

유럽연합 차원에서도 세계접근전략은 1993년에 93/465/EEC 이사

58.두 협약에 대해서는 한국정보통신기술협회(2010), 464~465쪽 참조.

회 결정을 통해 적합성 평가에 대한 가이드라인과 자세한 절차를 규정하고, 93/465/EEC 이사회 결정으로 CE 마크 부착과 사용에 대한 통일된 규정으로 발전했다.[59] 그리고 더 나아가 CEN, CENELEC, ETSI를 한 편으로 하고, 집행위원회와 유럽자유무역연합을 다른 한 편으로 하여 체결된 2003년 협력 가이드라인에 따르면, 유럽 표준화 정책은 유럽의 기술 혁신 경쟁력을 제고하고, 세계적 차원의 작업에 참여해 세계 경제에 대한 유럽의 이익을 증진하며, 세계 시장에 대한 접근 가능성을 높이고, 제3세계 및 인접 국가들과 기술 협력, 지원 및 상호 인정 협정을 도모함을 기존 목표에 추가했다.[60] 또한 2004년에도 집행위원회는 유럽 표준화 체계와 그 결과물은 유럽연합 바깥에서도 사용될 수 있어야 하며, 특히 유럽연합의 확장 이후 새로운 이웃들에게 유럽의 표준 통합 모델의 장점을 전파할 수 있을 것이라고 밝혔다.[61]

신접근전략이 유럽의 역내 표준 통합을 통해 단일 시장 완성을 촉진하는 주요 수단으로 기능했다면, 세계접근전략은 유럽 표준의 지구적 국제 표준화를 통해 단일 시장 추진 혹은 완성 이후 세계적 차원에서 유럽의 영향력을 확대하는 핵심 수단으로 기능했다. 유럽연합의 중·동유럽 확장도 이러한 두 전략에 따라 우선 세계접근전략을 통해 가입 후보국들의 표준과 경제를 통합해가는 한편, 가입 후에는 신접근전략을 통해 그 통합을 더욱 공고화해나가는 방식으로 진행되었다고 할 수 있다. 이 두 접근 전략은 역내 블록화를 통해 작은 세계화를 공고히 하면서 역외에 대해서는 블록 세계화를 확대해 유럽의 영향력을 강화하려는 유럽 통합의 목표에 부응한다. 그중 세계접근전략은 특히 블록 세계화를 촉진하는 주요 수단으로 채택되어 오늘날까지 더욱 강력하게 추진되고 있다.

59.윤성욱(2009), 34쪽, 각주 22.

60.European Commission(2003), C 91/8~9.

61.Commission of the European Communities(2004), p.3.

4. 요약과 시사점

유럽 통합은 경제 통합을 위한 정치 통합으로 진행되어 왔으며 특히 1980년대 중반부터 지구적 세계화에 대항하는 유럽 차원의 블록 세계화로 재촉진되었다. 이 블록 세계화는 지구적 차원에서 세계화에 대항하는 지역화를 추구함과 동시에, 유럽 차원에서 새로운 경쟁 블록을 형성해 역내 국가들을 통합해 나가면서 규모의 경제를 추구한다. 그에 따라 유럽 통합 과정은 관세 동맹에서 공동 시장으로, 공동 시장에서 다시 단일 시장으로 목표를 확대 전환해 왔다. 이는 지구적 차원에서 경제적 효율성 제고와 영향력 확대를 두고 타 경제권의 세계화 전략에 경쟁하고 저항하면서 역내에서는 또 다른 세계화를 추진하는 현상이다.

이 과정에서 표준 통합은 경제 통합의 목표가 관세 동맹에서 공동 시장으로 전환되는 시점인 1960년대 초에 시작되어 이후 지속적으로 발전해 왔다. 특히 1970년대에서 1980년대 초반에 이르는 경제 통합 정체기까지 구사된 구접근전략은 유럽 표준화 기구들의 틀 안에서 회원국 표준화 기구들 간 협력의 계기를 제공해 정체된 경제 통합을 재촉진하는 발판을 마련했다. 이것은 경제 통합의 정체에도 불구하고 정치 통합이 진전되어 정치적 메커니즘의 기본 골격을 갖춘 데 힘입은 것이었다. 구접근전략은 표준 통합을 통해 적극적으로 시장을 통일시켜 나가는 보편적 규제의 성격을 띤 개입 정책으로 실시되었으나, 유럽 표준화 기구들이 공적 권위를 확보하지 못한 상태여서 경제 통합을 가시적으로 재촉진하는 단계로까지 나아가지는 못했다.

반면 1980년대 중반에 수립된 신접근전략은 단일 시장을 목표로 설정해 경제 통합을 재가동시킨 단일유럽의정서SEA에 반영되어 경제 통합 재촉진에 직접 기여하였다. 신접근전략은 공공성이 강한 분야에 대해서는 보호를 원칙으로 하되 기본적으로 무역 기술 장벽을 해소하는 것을 목표로 적극적으로 유럽 표준을 제정해 국가 표준들을 통합해가는 정책이었다. 이 전략을 수용한 단일유럽의정서는 유럽 역내 시장에서 무역 장벽을 제거하고 역외 시장에서는 유럽 장벽을 쌓는 통합 공고화를 추구했다. 이러한 신접근전략은 유럽 표준화 기구들에게 공적 권위를 부여해 민간 조직에 의한 자율 규제를 가능하게 함과 동시에 유럽연합의 메타 규제적 성격을 강화함으로써 공공 기관과 민간 기구의 공동 규제의 성격을 띠었다.

지속적으로 강화된 정치적 메커니즘을 토대로 표준 통합이 적극적으로 추진됨으로써 경제 통합도 재촉진된 1985년 이후 시기에 신접근전략은 세계접근전략으로 발전되었다. 비엔나 협약과 드레스덴 협약으로 현실화된 세계접근전략은 블록 세계화가 내부 공고화 단계를 넘어 세계로 시각을 돌린 것을 의미했다. 신접근전략이 유럽의 역내 표준 통합을 통해 단일 시장 완성을 촉진하는 수단이었다면, 세계접근전략은 유럽 표준의 지구적 국제 표준화를 통해 세계적 차원에서 유럽의 영향력을 확대하는 수단이었다.

유럽 통합 과정에서 표준화는 미사와 스코트[62] 가 기술 교류의 관점에서 지적한 것처럼 "숨은 통합hidden integration"으로 작용했다고 할 수 있다. 또한 유럽 표준화 정책의 변화로 볼 때, 유럽연합이 성립된 이후 유럽 통합은 두 접근전략을 동시에 사용함으로써 역내에서 블록 내부의 작은 세계화를 공고히 하면서 이 블록 세계화를 역외로 확대해 유럽의 영향력을 강화해왔다고 할 수 있다.

62.Misa and Schot(2004).

제6장

독일 통일과 표준 통일

제6장

독일 통일과 표준 통일

2010년 통일세 논의부터 2012년 통일항아리 사업 및 2015년 통일나눔펀드까지 통일 비용을 걱정하는 우려와 정책들이 속속 나오고 있다. 주로 북한 주민의 1인당 국민 소득을 남한 주민의 수준과 같게 하기 위해 지출하는 재정 소요액을 가리키는 남북한 통일 비용은 적게는 3,000억 달러에서 많게는 2조 5,000억 달러에 이를 정도다.[1] 우리나라 1년 예산이 약 2,500억 달러에 불과한 현재 상황에서 과연 이를 감당할 수 있을까라는 걱정이 앞설 수밖에 없다.

그러나 통일이 되기 전에는 비용 조달을 걱정하기에 앞서 비용 절감을 먼저 고민할 필요가 있다. 남북 대치로 인한 군사비 등 분단 상황에서 발생하는 각종 인적·물적 손실에 대한 비용인 분단 비용이 통일 과정과 통

1.이승현·김갑식, 2011, "한반도 통일비용의 쟁점과 과제," 『정책연구』 통권 제171호(국가안보전략연구소), 163~206쪽; 박경은, 2006, "南·北 '따로따로 표준' 통일 추진," 『경향신문』(5월 18일). http://news.khan.co.kr/kh_news/khan_art_view.html?artid=200605181815011(검색일: 2010.08.25).

일 후에 지출할 통합 비용의 수십 배에 달하기 때문이다. 그리고 엄밀히 말한다면 통일 비용은 분단 비용과 통합 비용을 포괄하는 개념으로 이해되어야 한다.

독일의 경험을 보면 급격한 통일로 인해 통합 비용의 의미에서 막대한 통일 비용을 감당해야 했다.[2] 아직 통일이 되지 못한 우리의 상황이 안타깝지만, 바로 그렇기 때문에 적어도 통일 비용 면에서는 독일을 타산지석 혹은 반면교사로 삼을 필요가 있다. 통일 비용의 최소화를 위한 중요한 방법 중의 하나가 분단 비용의 최소화이기 때문이다. 분단 비용 최소화를 위한 노력은 통일의 민족적 당위성뿐만 아니라 경제적 당위성을 위한 설득력도 제공한다. 통일의 경제적 당위성은 미래 전망의 측면에서 통일을 통해 기대되는 경제 발전 효과 외에도 현재적 측면에서 비용을 줄이거나 해소함으로써 통일 비용 절감 효과를 가져 올 수 있기 때문이다.

독일의 표준 통일[3] 에 대해서는 급속한 정치적 통일로 인해 충분히 준비할 시간이 없었을 뿐 아니라 통일 후 구동독 지역의 표준에 대한 연구와 조사도 충분히 이루어지지 않았다는 관측이 대부분이다.[4] 실제로 동

2.독일정부 통계에 따르면, 1991년부터 1999년까지 총 통일 비용은 8,354억 유로(약 1,170조 원), 연평균 약 928억 유로(약 130조 원)였다. 또한 민간 연구 기관들의 추정치에 따르면, 1990년부터 2009년까지 총 통일비용은 2조 유로(2,800조 원)로, 연간 약 1,000억 유로(약 140조 원)였다고 한다. 이승현·김갑식(2011), 167쪽; 손기웅, 2010, 『독일통일 20년: 현황과 교훈』(서울: 통일교육원), 60~62쪽 참조.

3.이 장에서도 '통일'은 여러 요소들이 독자성을 갖지 않고 완전한 단일화를 이루는 것을 의미하는 개념으로 사용하고, '통합'은 여러 요소들이 독자성을 가지면서 전체를 이루는 것을 의미하는 개념으로 사용한다. 이 개념들에 대한 상세한 논의는 이 책 제5장의 각주 3을 참조.

4.예를 들어 한국표준협회, 2003a, "독일의 표준통일사례 및 우리의 대응전략," 산업자원부 2002년도 연구결과 보고서; 한국표준협회, 2003b, "독일 통일과 독일 산업 표준 단일화(2): 통일을 맞이한 DIN의 구동독 표준 관련 정책 및 결과," DIN 파견관 보고서 2003-10.

서독 표준 통일을 위한 협정은 화폐 및 경제 통합이 가시화되고 정치적 통일이 임박해서야 이루어졌으며, 통일 후 독일표준협회 DIN: 이하 이 장에서는 DIN 가 동독 산업 표준에 대해 실시한 조사[5] 도 2010년에야 완성되어 발간되었다. 독일 통일과 관련해 표준에 대한 학술적 연구가 거의 이루어지지 않았다는 사실도 이와 무관하지 않다. 동독의 표준이나 표준 통일과 관련된 연구는 상술한 보고서 외에 역시 독일표준협회 DIN 의 지원을 받아 수행된 뮈케 Mücke 의 연구[6] 가 유일하다.

그러나 다른 한편으로 보면, 동서독 간에는 표준 분리의 역사가 길지 않았을 뿐 아니라 분리 이후에도 여전히 공통 표준을 사용하는 분야가 적지 않았다. 예를 들어, 독일 통일의 일등 공신은 서독 콜 총리나 소련 고르바초프 서기장보다 TV 방송이라는 얘기가 있다.[7] 통일 전에 동서독은 TV 수상기 방식을 통일해 두 지역에서 서로 방송을 시청할 수 있었으며, 그 문화적 효과가 급속한 통일을 가능하게 한 문화적 자본이 되었다는 것이다. 이는 분단 상황에서 비롯되는 문화 교류 장애를 해소함으로써 분단 비용을 줄여 결국 통일 비용 절감을 이룬 대표적 사례라고 할 수 있다.

이 장은 기존에 알려진 바와 달리 절대적으로 부족한 시간 속에서도 동서독 간에 표준 협력과 표준 통일 노력이 드물지 않게 이루어져 왔다는

5.Fuhrmann, Gunter, Horst Jablonski, Hans-Hermann Lehnecke, Joachim Thiele und Lutz-Peter Wagenfuhr, 2010, *Material- und Warenprüfung in der DDR: Anspruch und Wirklichkeit,* Hrsg. von DIN Deutsches Institut für Normung e.V. (Berlin, Wien und Zürich: Beuth Verlag).

6.Mücke, Eberhard, 2010, *TGL – Technische Regeln im Osten Deutschlands. Vom Alliierten Kontrollrat bis zur Normenunion 1945~1990: Eine Abhandlung auf der Grundlage von Dokumenten und Schriften aus Archiven, Gesetzblättern und Publikationen,* Hrsg. von DIN Deutsches Institut für Normung e.V. (Berlin, Wien und Zürich: Beuth Verlag).

7.정병기, 2010a, "통일비용과 표준통일: 확보보다 절감, 통일비용 절감은 표준통일로부터," 『기술표준』 제103호(지식경제부 기술표준원), 4~7쪽.

점과 그 원인을 밝히고, 이것이 국가 통일에 미친 영향과 국가 통일 이후의 표준 통일 과정을 분석한다. 그리고 이를 통해 장차 한반도 통일에 대비해 포괄적 의미의 통일 비용 절감을 위하여 독일로부터 시사점을 얻는 것을 목적으로 한다.

이를 위해 우선 제1절에서 표준 분리 이전의 표준화 역사와 동서독 양국의 표준 및 표준화의 성격을 고찰한다. 이것은 표준 통일 과정을 이해하기 위한 사전 정보로서뿐 아니라 국가 분단보다 표준 분리의 역사가 길지 않았다는 점을 밝히기 위해서도 중요하기 때문이다. 이어 제2절에서 이 표준 통일 과정을 국가 통일 이전과 이후로 나누어 고찰한 후 표준 통일이 국가 통일에 미친 영향을 분석한다. 특히 국가 통일 이전과 국가 통일 이후의 표준 통일 노력의 차이점이 크다는 판단에 따른 것이다. 마지막 제3절에서는 한반도 통일에 주는 시사점을 알아본다.

1. 동서독의 표준 및 표준화의 역사와 성격

표준 분리 이전의 표준 및 표준화 활동

독일의 정치적 분단은 제2차 대전 종전과 더불어 시작되었다. 그러나 독일 표준의 분리는 1961년 베를린 장벽 설치 이후부터였다. 정치적 분단 이후 약 16년 동안 동서독은 동일한 표준화의 길을 걷고 있었다는 것이다. 물론 동독에서는 전후 일련의 갈등을 겪으면서 독자적 표준화가 시도된 바 있고 1954년에 독자적 표준화 기구인 표준청 AfS: Amt für Standardisierung; 이하 이 장에서는 AfS 이 설립되었다.[8] 또한 이때부터 표준화라는 용어도 서독의 Normung 대신 Standard-

8.종전 후 소련은 당시 표준화 기구인 독일표준위원회(DNA) 내에 별도로 표준화군정위원

isierung을 공적으로 사용하기 시작했다.[9] 그러나 이미 1952년에 서독의 독일표준위원회 DNA: Deutscher Normenausschuss; 이하 이 장에서는 DNA가 독일 전체를 대표하는 유일한 표준화 기구의 자격으로 국제표준화기구 ISO; 이하 이 장에서는 ISO의 구성원이 되었다. 뿐만 아니라 동독 표준청의 청장이나 그 대리인은 항상 DNA의 부의장으로 선출되어 사실상 표준의 분리로 나아간 것이 아니었다.

DNA는 1917년에 설립되어 현재 근 100년에 이르는 역사를 가지고 있다.[10] 후발 공업국인 독일은 신속한 산업화를 위해 그 이전부터 표준화에 큰 관심을 보여 왔다. 특히 제1차 대전을 앞두고 당시 프로이센 제국은 군

회(Militärkommission für Standardisierung)를 설치했고, 서방 3개 연합군정들도 각각 별도의 DNA를 설립할 움직임을 보였다. 그러나 서베를린 시정부가 수립된 후 단일 표준화 기구에 대한 독일과 서방의 요구가 높아졌고, 소련도 발전된 표준에 기반한 독일 중장비의 생산 및 교역을 지속하고 이를 소련 산업 발전에 활용하기 위해 독일 단일 표준을 당분간 유지할 필요가 있었다. 그에 따라 4개국 군정은 1946년 12월 DNA를 통일된 표준화 기구로 인정하는 데 합의했다. 다만 소련 점령 지역에서는 새로운 엔지니어 조직인 기술회의소(KdT: Kammer der Technik)가 창설되어 DNA와 협력했다. 이어 1948년에는 DNA와 KdT를 통합하려는 움직임이 있었으나 이루어지지 못했고, 1952년에 동독 국가계획위원회(SPK: Staatliche Plankommission) 산하의 중앙연구기술청(ZAFT: Zentralamt für Forschung und Technik)이 기술표준화 업무를 이양 받은 후 1954년에 동독 최초의 표준화 기구인 표준청(AfS)이 창설되었다. Mücke(2010), S.3~4, 9.

9.1948년까지 Normung과 Standardisierung은 일상적으로 혼용되었다. 표준 관련 전문가들은 이후에도 오랫동안 두 개념을 혼용했으나, 정부 등 공공 기관은 통일사회당(SED)이 계획경제의 본격적인 시작을 의미하는 1948년 하반기 계획과 1949/50 2개년 계획을 1948년에 발표하면서 Normung 개념을 DNA 활동에 한정시키고 그밖에 다른 표준화에 대해서는 Standardisierung이나 Typisierung(유형화)을 사용하기 시작했다. Mücke(2010), S.25.

10.독일 분단 이전과 서독의 DNA에 대해서는 정병기, 2007, "독일의 표준 정책과 독일표준협회(DIN)의 표준화 활동: DIN의 조직 구성과 표준화 전략 및 국제 표준 전략을 중심으로," 『사회과학연구』 25집 2호(경상대 사회과학연구소), 37~67쪽 참조.

수 산업을 중심으로 한 표준화에 특별한 관심을 보였다. 이른바 힌덴부르크 플랜Hindenburg-Plan에 따라 프로이센은 전투력을 동원하기 위해 국가 기구가 직접 기술 표준들을 제정하고 유통시켰다.

DNA는 정부의 이러한 통제에 대응해 민간 기업들이 중심이 되어 조직한 자율적 기구로 출발했다. 1917년 5월 민간 기업들의 제의에 따라 설립된 독일산업표준위원회NADI: Normenausschuss der Deutschen Industrie; 이하 이 장에서는 NADI가 그 전신이다.[11] 그러나 NADI는 결코 국가에 대항하기 위한 조직은 아니었으며, 어디까지나 표준과 표준화에 대한 국가의 통제에 대응하기 위한 조직이었다. 국가 기관인 우체국과 철도청 및 군대도 NADI의 주요 고객이었을 뿐 아니라, 실제로 관공서와 국영 기업들도 NADI에 참여했기 때문이다.[12]

초기에 NADI는 산업 표준을 수립하여 제시하는 데 집중했다. 그러나 당시에 이미 사무 기구나 병원 시설 혹은 주방 기구 등에서 수많은 표준들이 존재했기 때문에 1926년부터는 명칭을 DNA로 변경하고 산업 표준에 한정하지 않고 표준화의 영역을 넓혀 갔다.[13] 또한 이때부터 "이것이 표준이다Das ist Norm"라는 의미로 약자 DIN을 표준 기호로 사용하기 시작했다. 이어 1975년에 기구 명칭을 오늘날의 독일표준협회인 DIN Deutsches Institut für Normung으로 변경함으로써 표준 기호 DIN Deutsche Indurstrie-Norm과 일치하게 되었다.

11.Reihlen, Helmut, 2005, "Hintergründe und Entstehung des Normenvertages," Vortrag vom Kolloquium am 10. Juni 2005 im DIN, *DIN Mitteilungen,* H.8, S.6~7.

12.Wölker, Thomas, 1992, "Die Geschichte des DIN Deutsches Institut für Normung e.V.," DIN (Hg.), 75 *Jahre DIN: 1917 bis 1992* (Berlin und Köln: Beuth Verlag), S.98; Reihlen(2005), S.7~8.

13.DIN, 2013c, "Chronik," http://www.din.de/cmd?level=tpl-unterrubrik&menuid=47391&cmsareaid=47391&cmsrubid=47514&menurubricid=47514&cmssubrubid=47520&menusubrubid=47520&languageid=de(검색일: 2013.02.18).

서독의 표준과 표준화 활동

서독에서는 분단 이전의 표준화 기구인 DNA가 존속해 지속적으로 표준화 활동을 이어 갔다. 적어도 표준과 표준화의 역사에서 정통성은 서독이 가지고 있었다고 할 수 있다. DNA는 서독의 유일한 전국적 표준화 기구로서 명칭을 DIN으로 변경한 1975년 이래 국가에 의해 공인받은 공공 기구가 되었다. 세 영역을 제외한 모든 부문에서 DIN은 자체적으로 조직한 표준위원회를 가지고 있는데, 그 예외 부문은 음향·소음축소·진동공학 부문, 대기보전자문 부문 그리고 전기·전자·정보공학 부문이다. 그러나 이 세 부문에서도 DIN은 관련 단체들과 공동으로 표준위원회를 설립해 표준 제정에 직접 참여하고 있다. 음향·소음축소·진동공학 부문과 대기보전자문 부문에서는 독일엔지니어연합 VDI: Verein Deutscher Ingenieure 과 공동으로 각각 음향·소음축소·진동공학 표준위원회 NALS: Normenausschuss Akustik, Lärmminderung und Schwingungstechnik im DIN und VDI 와 대기보전자문 표준위원회 KRdL: Kommission Reinhaltung der Luft im VDI und DIN - Normenausschuss 를 설립했으며, 전기·전자·정보공학 부문에서는 전기전자정보연합 VDE: Verband der Elektrotechnik Elektronik Informationstechnik e.V. 과 공동으로 전기·전자·정보공학 표준위원회 DKE: Deutsche Kommission Elektrotechnik Elektronik Informationstechnik im DIN und VDE 를 설립했다.

설립 이후 줄곧 순수 민간 기구로 활동해 왔던 DIN이 오늘날과 같은 국가 표준화 기구의 위상을 갖게 된 것은 1975년에 체결된 연방정부와 DIN의 계약에서 비롯되었다. 이 계약은 1970년대에 가속화하는 국제화의 추세에 대응하고 새로운 경제 위기를 극복하기 위해 서독 연방정부가 공적 표준화 기구 설립을 두고 고민한 결과였다. 당시 서독 연방정부는 여러 가능한 대안들을 두고 정부 부처들 간 및 DNA와 논의를 지속한 끝에 개명한 DIN을 공적 표준화 기구로 인정하는 계약을 DIN과 체결하게 되었다. 연방정부와 DIN의 계약[14] 은 연방정부가 DIN을 독일 전역에 걸치는 국가 표준화 기구로 인정하고 직간접적으로 DIN을 지원하며 1조 1

항과 3항, DIN은 헌법과 법률을 준수하고 공공이익을 위해 표준을 제정하는 1조 2항 것을 골자로 했다.

이로써 DIN은 순수 민간 기구에서 전국적인 국가 표준화 기구의 위상을 갖게 되었으며, 연방정부는 국가적 차원에서 DIN에 영향력을 행사할 수 있게 되었다. 그러나 연방정부는 DIN의 활동에 대해 계약상 규정을 벗어날 정도로 개입할 수는 없고, DIN은 독립적 표준화 활동을 보장받았다. 그럼에도 불구하고 연방정부는 DIN 재정의 약 15%를 지원함으로써 DIN에 대해 적지 않은 영향력을 행사할 수 있게 되었다. 이후 연방정부의 노동사회부, 경제기술부, 건설교통부 및 환경부 등은 직접적으로 DIN과 관련을 가지고 있으며, 기타 대부분의 부처도 관련 부문에서 직·간접적으로 관계를 맺어 왔다.

국가와 DIN의 관계는 표준과 법령의 관계와도 연결된다. 표준은 법적 효력을 갖지 않으며, 이용자들에 의해 자율적으로 적용된다. 다만 사적 계약이나 법률 및 명령과 관련될 경우에 한해 제3의 법적 효력을 가진다. 곧, 표준은 국가 권력이 개입하는 법률과 명령 및 조례의 아래 수준인 민간 경제에서 작동한다. 그러나 개별 민간 경제 주체들의 독자적 작업 규정보다는 상위의 효력을 가지고 있어, 표준의 구속성은 공적인 효력을 갖는다.

사용자 단체, 노동자 단체, 소비자 단체, 환경 단체와 같은 각종 사회단체들도 1975년 계약 당시부터 별다른 이의가 없었다. 다만 소비자 단체와 환경 단체들 및 직업 단체들은 DIN 조직 내에 자신들의 대변 기구를 공식화할 것을 요구해, 이슈와 직업별로 자문 기구나 집행 부서를 설치하게 되었다.[15] 그러나 소비자 단체들은 자문 위원회로서는 상대적 위상이

14.Vertrag zwischen der Bundesrepublik Deutschland, vertreten durch den Bundesminister für Wirtschaft, und dem DIN Deutsches Institut für Normung e.V. Vertreten durch dessen Präsidenten, Bonn den 5. Juni 1975.

15.Moritz, Carl-Heinz, 2005, "Der Normenvertrag in der Praxis: Erfahrungen und Perspek-

높지 않다는 불만을 표출하기도 해, 현재까지도 DIN이 조정해 나가야 할 과제의 하나로 남아 있다.

DIN은 기업, 단체, 관청 및 다른 산업·상업·수공업·경제 기구 및 단체들로 이루어진 회원들을 포괄하고 있으며, 이 회원들은 스스로 자신들의 활동과 독일 경제를 위해 표준화가 전략적인 중요성을 가지고 있다는 것을 공통적으로 인식하고 있다. 표준화 활동은 '관련 영역들'로 불리는 전문 영역들에 의해 이루어지며, 각 영역별로 특화된 표준위원회가 구성되어 통화를 제외한 상품과 서비스의 모든 분야를 대상으로 표준을 제정한다.

DIN과 그 표준화 활동은 공공 기관을 비롯해 여러 관련 이익 단체들이 각축하는 갈등의 장이다. 80여 개에 달하는 표준위원회가 회원 단체들뿐만 아니라 비회원일지라도 관련 부문에 속한다면 여러 기구와 단체 및 전문가들을 초청하여 표준화 작업에 참여시키고 여론까지 반영하는 공개적 이의 제기와 조정 과정을 거치기 때문이다. 따라서 연방정부도 재정 지원을 통해 영향력을 행사할 수는 있지만 구체적인 표준화 작업에서는 위원회에 참가하여 처음부터 공동으로 표준을 제정해 나간다.

서독은 일찍부터 유럽과 세계의 표준 시장 진출을 목표로 노력해 왔다. DIN은 자체 표준위원회뿐만 아니라 DKE와 같이 비회원 단체들과의 공동 표준위원회 차원에서도 세계를 겨냥한 표준 생산을 주요 목표로 삼아 유럽과 세계의 표준화 기구에 독일 대표들을 파견해 왔다. DIN이 주요 대상으로 삼고 있는 국제 기구들은 유럽의 세 표준화 기구들인 유럽표준화위원회 CEN, 유럽전기기술표준화위원회 CENELEC, 유럽통신표준협회(ETSI)와 세계적 차원의 국제표준화기구 ISO 및 국제전기기술위원회 IEC;

tiven aus Sicht der Verbraucher," Vortrag vom Kolloquium am 10. Juni 2005 im DIN, *DIN Mitteilungen*, H.8, S.18.

이하 이 장에서는 IEC다. 특히 유럽 차원의 표준화 활동은 1960년대 초반 유럽 공동체가 정착하고 유럽표준화위원회가 창설되면서 본격화했다. 그러나 이러한 활동들은 독일 통일과 현실 사회주의 몰락 이전까지는 대개 서유럽과 자본주의 국가들에 한정되었다.

동독의 표준과 표준화 활동

상술한 바와 같이 분단 이후에도 16년간 동서독은 기존의 DIN 표준을 계속 사용했고 표준화 활동도 DNA 중심으로 유지되었다. 종전 직후 연합 군정은 전후 복구를 위한 결정을 각 점령 구역에서 독자적으로 수행하도록 합의했지만, 표준에 있어서는 소련 군정과 미·영·불 연합 군정이 DNA로 하여금 독일 전역에서 표준화 활동을 속행하도록 승인하였다.[16] 그에 따라 1952년 DNA는 독일 전체를 대표하는 유일한 표준화 기구의 자격으로 ISO 등 국제 표준화 기구들의 구성원이 되었다. 그러나 1953년에 드레스덴 공대TH Dresden에서 DIN은 자본주의적 이해관계에 기초하고 있어 사회주의 표준으로 수용할 수 없으며, 따라서 동독 표준은 사회주의권에서 가장 발전된 소련 GOST 표준에 부합하도록 제정되어야 한다는 주장이 제기되었다. 이런 흐름을 반영해 1954년에 경제 부처 산하 국가 기관으로서 AfS가 설립되었다. 그렇지만 AfS 대표가 DNA의 당연직 부의장으로 취임함으로써 동서독 간의 표준과 표준화는 분리되지 않았으며, 측량 표준에 한해 1946년부터 동독의 독일계량청DAMG; Deutsches Amt für Maß und Gewicht이 별도로 담당해 왔다.

동서독 간 표준 및 표준화의 분리는 1961년 베를린 장벽 설치로 동서독 간 긴장이 더욱 첨예해짐으로써 시작되었다. 동독은 동독 지역 안에

16. 한국표준협회(2003a), 12쪽; Mücke(2010), S.41.

위치한 서베를린을 봉쇄함으로써 동서독 간의 교류를 차단했고, 이러한 긴장은 표준에도 직접적인 영향을 미쳤다. 그에 따라 서베를린에 위치한 DNA의 동독 내 활동은 사실상 불가능해졌다. 뿐만 아니라 DNA 내 회원 비율이 1/3에 불과한 상황에서 동독은 표준 제정 과정에서 불리하다는 판단을 할 수밖에 없었다.

또한 이 시기는 자본주의 진영과 현실 사회주의 진영의 대립과 그에 따른 서유럽과 동유럽의 긴장도 심화되면서 각각 별개의 경제 협력을 강화해 나가는 때이기도 했다. 특히 유럽 차원에서 서유럽은 유럽경제공동체EEC가 더욱 발전해 유럽공동체EC로써 경제 협력을 경제 통합으로 전환시켜 갔다. 그에 대응해 동구에서도 소련을 중심으로 한 동유럽 현실 사회주의 국가들의 경제 협력 기구인 상호원조회의COMECON: Council for Mutual Economic Assistance; 이하 이 장에서는 COMECON가 경제 협력 차원을 넘어 경제 통합을 추구해 나가기 시작했다. 그에 따라 동독은 유럽공동체에 속한 서독과 동일한 표준을 사용할 수 없게 됨과 동시에 COMECON 국가들의 표준에 부합하는 정책을 사용해야 하는 상황이 되었다.

이와 같은 상황에서 동독은 1961년에 동베를린, 일메나우Ilmenau, 예나Jena에 있는 DNA 지소를 폐쇄했고, 1964년까지 기존에 사용되던 DIN을 모두 새로 제정된 동독 표준 TGL로 전환했으며, 1969년까지 동독의 모든 회원들이 DNA를 탈퇴하였다.[17] 이후 1972년 말까지 AfS가 측량 표준 외의 표준 업무 전반을 담당했으며, 1972년 12월에는 독일계량청(DAMG)과 표준청(AfS)을 통합해 표준화계량검사청ASMW: Amt für Standardisierung, Meßwesen und Warenprüfung; 과거와 마찬가지로 경제 부처 산하 국가 기관; 이하 이 장에서는ASMW이 창립되어 이듬해부터 업무를 시작했다. ASMW는 1978년부터 IEC 가입을 추진해 이듬해에 공식 가입하고, 이어 1987년에는 ISO 가입

17.Mücke(2010), S.46, 135~140, 176, 196~197.

을 추진해 1988년부터 회원으로 활동하면서 다시 모든 표준 분야에서 세계적 차원의 국제 협력 틀 안에 복귀함과 동시에 독립적인 표준화 활동을 인정받았다.

사실 동독의 국가 표준인 TGL이라는 표기는 1950년 4월 24일 발행된 '법률 공보 특별호 표준 제1호Gesetzblatt Sonderdruck StandardsGBl. SDr. ST Nr.1,'를 통해 탄생했으므로 동서독 표준의 완전한 분리 이전에 생겨났다.[18] 그러나 1961년 AfS 설립으로 동서독 간 표준과 표준화 업무가 완전히 분리되기 이전에는 동독 내에서 DIN과 TGL이 함께 사용되었으며, 상술한 바와 같이 표준화 활동은 DNA를 중심으로 이루어졌고, TGL은 동독 지역의 자원 보유 특성에 따라 DIN 이외 영역에 사용되는 특별 표준Sondernormen으로 규정되었다.

TGL은 '기술 표준-제품 규정-인도 조건Technische Normen - Gütevorschriften - Lieferbedingungen'의 약자인데[19], 이것은 동독의 표준 개념인 Standards가 서독에서 사용하는 표준 개념인 Normen을 협의의 표준, 즉 기술 표준에 한정시키고 제품 규정Gütevorschriften과 인도 조건Lieferbedingungen을 분리해 이들을 모두 아우르는 광의의 개념으로 사용된다고 해석할 수 있다. TGL은 1984년 3월 15일 제정된 표준화법Standardisierungsverordnung에 의해 계획 경제의 특성에 따라 전체 국민 경제에 구속력을 가지도록 확대되었고, 1990년 DIN에 흡수될 때까지 존속했다. 동독의 TGL은 서독의 DIN과 달리 다른 COMECON 국가들에서처럼 강제적 구속력을 보유하는 법규의 위상을 가졌다.

18.TGL의 도입과 개념에 대해서는 Mücke(2010), S.30~34 참조.

19.TGL은 동독 인민들 사이에서 "일상의 좋은 기분(Täglich Gute Laune)"의 약자로 회자되기도 했다.

2. 독일의 표준 통일 과정

독일 통일 과정 이전의 표준 협력

동독이 1979년 IEC에 가입한 데 이어 1987년 ISO에 가입한 것은 동서독 표준 통합을 위해 커다란 의의를 갖는다. IEC가 전기전자 부문에 한정된 표준화 활동이었으므로 ISO 가입 이후에야 동독은 모든 표준 분야에서 세계적 차원의 국제 협력이 가능해졌을 뿐 아니라, 이러한 국제 협력의 틀 안에서 동독과 서독은 표준 협력을 구체적으로 수행해 나갈 수 있는 장이 형성되었기 때문이다. 물론 이것은 ISO의 1국가 1회원 제도에 따라 동서독의 독립적 표준화 활동이 국제적으로 인정되는 완전한 분리를 의미한다. 그러나 다른 한편으로 이것은 1961년 이래 차단된 상호 표준 교류가 적어도 ISO 차원에서나마 재개되었다는 것을 의미하기도 한다.

사실 동독의 ISO 가입 신청은 이미 1972년 AfS에 의해 이루어진 바 있다.[20] 이때 서독 DNA도 당시 서독 적황연정 사민당-자민당 연정 의 동방 정책에 따라 동독 가입에 긍정적인 태도를 취했다. 그럼에도 불구하고 동독은 아직 국제연합 UN 에 가입되지 않은 상태였고 1973년 UN 가입 DNA가 규정상 혹은 형식적으로는 독일 전체의 표준화 기구로 대표되어 있는 상황이었기 때문에 ISO는 결정을 연기했다. 1973년 통합 표준화 기구로 새로 출범한 ASMW도 1974년에 재차 가입 신청을 했으나 ISO는 DNA와 함께 논의할 것을 요구했다. 그러나 서독 DNA의 협조적인 자세에도 불구하고 동독 ASMW는 협력을 거부하고 1975년에 신청을 철회했다. 물론 문제는 동독 ASMW만은 아니었다. 1975년 이전의 서독 DNA나 1975년 이후의 DIN도 소극적인 협력 자세에 머물렀을 뿐 적극적 교류 의사가 없

20.Mücke(2010), S.135~140.

었다. 표준에 있어 당시 서독의 우선적인 관심은 독일의 표준 통일보다 유럽의 표준 통합에 있었기 때문이다.[21]

동서독의 표준 협력에 직접적인 영향을 미친 것은 1988년 9월 19일 서독 DIN과 동독 ASMW가 표준 관련 문서 교환에 합의한 '프라하 협정 Prager Protokoll'과 1989년 1월 30일 서독 DIN과 소련 국가표준화위원회 GOST; Gosudarstvennyj Standart가 맺은 표준 협력 협정이다.[22] 프라하 협정은 당시 프라하에서 열린 ISO 총회 참석을 계기로 이루어진 합의로서 1989년 1월 4일 DIN 및 TGL의 상호 사용에 대한 합의로 이어졌다. 그리고 서독과 소련의 표준 협정은 이전에 맺은 1978년 경제 및 산업 협력 협정 및 1986년 과학 협력 협정의 맥락에서 이루어진 것이었다. 소련은 독일의 지원을 통해 산업과 경제를 발전시키고자 했다. 특히 표준 협력 협정의 중요한 내용은 공동의 이익을 위하여 자본주의 국가 표준화 기구들과 COMECON 국가 표준화 기구들 간의 표준 협력을 국제 표준화 기구들 내에서 논의한다는 것이었다. 이를 통해 동독도 서독과 표준 협력을 논의할 수 있는 국제 협정의 토대를 갖추게 되었다. 동서독 간 표준 협력 협정이 ISO의 틀 내에서 이루어진 양국 간 표준 통합의 당사자들이 최초의 합의를 이룬 사건이라면, 서독-소련 간 협정은 이를 뒷받침하는 국제적 환경을 조성했다는 의의를 갖는다.

이후 동서독 간 직접 표준 협력은 같은 해인 1989년 3월 21일 동독에서 정치적 실권을 가진 통일사회당 SED 정치국이 동독 표준을 유럽 표준에 부합하게 하고 ASMW와 DIN의 접촉을 공식 승인함으로써 더욱 촉진되었다.[23] 이를 통해 양국 간의 표준 협력을 위한 작업이 더욱 활발하게 전개되기 시작했고, 이로부터 약 6개월 후인 1989년 10월 6일 DIN과

21.한국표준협회(2003a), 24쪽.

22.한국표준협회(2003a), 22~23쪽; Mücke(2010), S.200.

23.Mücke(2010), S.228.

ASMW 사이에 '표준화와 인증 분야 공동 협력 협정Kooperationsvertrag'이 체결되었다.[24] 이 협정의 핵심 내용은 다음과 같다: 1) 국내 및 국제 표준화 활동에서 필요한 정보와 서류를 교환하고, 2) 생산품 및 품질 보장 체계에 대한 검사 결과 및 인증을 상호 인정하기 위한 전제 조건을 마련하며, 3) 컴퓨터 자기 테이프의 보관 자료를 비롯해 자료에 대한 직접 접속 등을 지원하기 위한 조직을 수립하고, 4) 표준 제정 과정과 상대방이 관심을 갖는 문제에 대한 정보를 교환한다. 이 협정은 결과적으로 흡수 통일에 따라 표준에 있어서도 동독 표준이 서독 표준에 흡수되는 방향으로 귀결되었다.

그러나 이 협정은 같은 해 11월 베를린 장벽이 무너지기 이전에 체결된 것으로서 국가 통일을 염두에 두고 진행된 것은 아니었다. 이 협정이 동독의 표준이 1984년 제정된 표준화법을 통해 전 국가적 구속력을 가진 법률적 성격을 부여받고 1987년 ISO 가입 이후 더욱 독자적으로 정비되어 가는 맥락에서 이루어졌다는 점에서 그러한 판단은 더욱 뒷받침된다. 반면 이 협정의 조치들은 이후 표준 통일을 위해 서독 DIN이 본격적으로 활동을 시작했다는 점에서 커다란 의의를 갖는다. 정치적 통일1990년 10월 3일 두 달 전인 1990년 8월에 보고된 바에 따르면, 실제 이후 시작된 동독 내 표준화 활동을 통해 동독 표준들 중 75%는 이미 DIN 표준으로 전환되었거나 별도의 조정이 필요하지 않게 되었고, 10%는 별도의 동독 법규와 직접적인 관계가 있어 그대로 유지되어야 하며, 나머지 15%만 기술 수준과 기업적 필요에 따라 DIN의 작업이 필요했다.[25]

협정 체결 이후 구체적으로 이루어진 협력과 서독 DIN의 활동은 다음과 같다[26] : 우선, DIN은 동독 안에서 반경 80km 이내 지역에 최소한

24.한국표준협회(2003a), 25~27쪽; Mücke(2010), S.202.

25.Mücke(2010), S.207.

26.Mück e(2010), S.187~210; 한국표준협회(2003a), 26~27쪽.

하나의 공공 진열 장소를 설치하기로 하고, 드레스덴Dresden 공대, 마그데부르크Magdeburg 공대, 로스톡Rostock 대학, 에어푸르트Erfurt의 기술회의소KdT[27] 를 비롯한 여덟 곳에 공공 진열 장소를 설치했다. 둘째, DIN은 자신이 독점적 저작권을 가지고 있는, 부설 출판사 보이트Beuth Verlag의 저작품을 동독의 표준 출판사인 '표준화 출판사Verlag für Standardisierung'에 제공하였다. 초기에는 동독의 구매자나 동독 내 이용자만을 위해 통상의 가격으로 판매하고 동독 화폐로 지불하도록 하였으나, 1990년 7월 1일 '화폐·경제·사회 통합Währungs-, Wirtschafts- und Sozialunion' 조약이 체결됨에 따라 이후 서독 화폐로 지불하게 되었다. 셋째, 동독 출신의 표준 전문가들이 DIN 표준위원회나 기술위원회에 참여하였다. 다만 1990년 3월 동독 인민의회 선거 이전까지는 객원 위원으로서 참여하고 그 이후부터 정식 전문 위원으로 참여할 수 있었다. 넷째, 동독 기업과 단체들도 DIN에 회원으로 가입하기 시작했다. 기업과 단체들도 마찬가지로 인민의회 선거 이후부터 정식 가입이 허용되었다. 다섯째, 동독 표준TGL과 서독 표준DIN의 비교 연구를 시작했다. 비교 연구는 COMECON 국가들과의 무역을 고려하고 DIN과 ASMW의 협력으로 진행되었다. 그러나 이미 국제적으로 현실 사회주의의 세계 시장 편입이 가시화되던 시기였던 만큼 기본적으로 동독 표준이 서독 표준에 부합하는 방향으로 이루어졌다. 그에 따라 DIN 표준과 내용이 같거나 시장 경제 질서에서 불필요한 동독의 표준들은 폐지되어야 하지만, 여러 가지 이유로 부분적 혹은 전적으로 DIN 표준으로 채택될 수 있거나 DIN에서 새로운 표준을 제정할 때까지 잠정적으로만 사용될 수 있는 동독의 표준들에 대하여도 검토하였다. 마지막으로 동독의 표준 전문가들에게 DIN 표준을 이해시키기 위해 양국

27. 국가 기관인 AfS와 달리 민간 엔지니어 조직으로 표준화 업무에 관여했다. 이 장의 각주 8을 참조.

표준화 기구는 서로 협력하여 동독 지역에서 많은 교육 과정을 진행하였다. 교육 내용은 법규의 성격을 가진 표준에 익숙해 있는 동독 전문가들에게 임의적·자율적 표준 제정의 원칙 및 절차와 유럽 및 국제적 차원의 표준화 경향에 대해 이해시키는 것이었다. 이 모든 과정은 정치적 통일을 향한 격변 이전에 이미 표준 협력 협정에 합의한 결과로서 순조롭게 이루어질 수 있었다.

독일 통일 과정에서 진행된 표준 통일 노력 독일 통일은 1990년 3월 동독 인민의회 선거 이후 공식적으로 진행되었고 그 후 가장 먼저 가시화된 단계는 7월 1일 화폐·경제·사회 통합 조약의 체결이었다. 익히 알려져 있다시피 독일 통일은 1989년 베를린 장벽 붕괴 이후 매우 급격한 속도로 이루어졌다. 이러한 점에서 표준 통일 정책도 충분히 무르익을 시간이 부족했다는 평가가 대부분이다. 그러나 앞 절에서 본 것처럼 비록 급격한 속도로 이루어진 국가 통일의 흐름에서 벗어나지는 않았지만, 짧은 시간 속에서나마 표준 협력은 정치적 변화 이전에 이미 시작되었다. 정치적 통일로 이어지기 전 단계인 경제·화폐 통합이 이루어진 후 지체 없이 표준 통일이 이루어지기 시작한 토대가 바로 이러한 표준 협력이었다고 할 수 있다.

화폐·경제·사회 통합 조약 체결 후 불과 사흘 만인 7월 4일에 동서독 간 '표준 통일 달성을 위한 협정Vereinbarung über die Schaffung einer Normenunion'이 체결된 것이 바로 그 결실이다. 게다가 이 협정도 그 몇 달 전부터 시작된 DIN과 ASMW의 교류를 통해 이미 5월 7일에 마련된 표준 통일 협정 기획안에 따른 것이었다.[28] 협정 체결과 같은 날인 7월 4일에 동독 정부가 표준화 관련 법률Verordnung über die technische Normung der Deutschen Demokratischen

28.Mücke(2010), S.229.

Repubik을 새로 제정해 ASMW의 활동을 정지시킬 수 있었던 것도 이러한 사전 작업의 결과였다.

표준 통일 협정은 양국 표준화 기구들이 맺은 협정이 아니라 동독 정부와 서독 DIN이 맺은 협정이라는 점에서 특이하다.[29] 실제 조인은 ASMW 청장과 DIN 국장 사이에 이루어졌지만, 이들은 양 독일의 경제부 장관과 DIN 의장이 배석한 가운데 각기 동독 정부와 서독 DIN을 대표하는 자격으로 협정에 임했다. 핵심 내용은 동서독이 1961년 표준 분리 이전으로 돌아가 하나의 표준을 갖게 된다는 것이었다. 이 표준 통일도 독일 국가 통일처럼 서독으로 동독이 일방적으로 합병되는 흡수 통일의 형태인 것은 분명하다. 그러나 국가 차원의 분단이 표준 차원의 분리와 성격이 다른 만큼, 표준 통일의 의미도 국가 통일의 의미와 사뭇 다르게 인식될 필요가 있다. 국가 차원에서는 동독이 서독에서 분리해 나간 것이 아니라 동서독이 각각 별개의 국가를 건설한 것이라면, 표준은 단일 표준화 기구인 DNA와 단일 표준인 DIN에서 동독의 표준화 기구와 표준이 분리해 나간 것이기 때문이다. 물론 경제와 화폐의 통합이 서독의 체제를 수용하는 방식으로 이루어지고 있었던 만큼 그 효과도 경시해서는 안 된다. 결국 이러한 두 가지 이유로 인해 동독 측에서는 동독의 표준과 표준화 기구가 서독 DIN으로 다시 흡수되는 것에 대한 거부감이 적었다고 할 수 있다.

표준 통일 협정의 구체적 내용은 다음과 같고,[30] 이후 표준 통일의 실질적 행보로 이어졌다: 첫째, 동독 정부는 DIN의 활동을 동독 지역에 확대하는 것을 인정하고, 둘째로 동독에서는 DIN 활동 범위 안에서 독자적 표준화 활동 지역이 된다. 셋째, 동독 정부는 DIN에게 모든 표준화 활

29.표준 통일 협정에 대해서는 Mücke(2010), S.207~210 참조.

30.Mücke(2010), S.210.

동을 인계하고, 넷째로 동독의 기업들도 DIN에 가입할 수 있다. 마지막으로 다섯째, DIN은 ISO와 IEC에서 독일 표준화 기구로서 독일 전체를 대표한다. 그리고 DIN이 ASMW 직원의 다수에 대해 고용을 승계할 것도 구체적 사항으로 언급되었다. 다만 GAB-표준Gesundheits-, Arbeits- und Brandschutz; 건강, 노동 및 소방 보호 분야의 표준과 군사 분야의 표준화에 대해서는 예외를 인정하여 1991년 12월 31일까지 동독 지역의 독자적인 활동을 지속하기로 했으며, 그 밖에도 특별한 공공상의 이유로 동독 정부가 이를 규정하는 것이 필요할 때 예외를 허용하되 DIN에 상세하게 보고하도록 하였다.

이에 따라 ASMW는 국제 표준화 기구에서 탈퇴했을 뿐 아니라 곧 폐지되었으며, 동독 표준인 TGL은 1991년 1월부터 대부분 효력을 상실하고 DIN으로 교체되었다. 또한 1990년 10월 1일 정치적 통일로 인해 구동독 지역의 350여 기업 및 변호사(Rechtsanwalt)가 DIN 회원으로 이적했으며 ASMW 직원들 중 절반(전체 약 4,000명 중 2,000명)이 DIN과 기타 관련 기관으로 고용 승계되었다.[31]

독일 통일 이후 표준 통일의 성과와 의미 위에서 살펴본 바와 같이 동서독의 표준 협력과 표준 통일 노력은 국가 통일 이전부터 시작되었다. 그러나 국가 통일 과정을 거치면서 상황은 달라졌다. 무엇보다 급속한 통일 과정 속에서 절대적 시간이 부족했기 때문이었다. 따라서 표준 통일 협정도 통일 표준의 효력 발생 시점을 국가 통일 이후로 설정할 수밖에 없었다. 이것은 국가 간 협력과 협정 체결 및 기구의 통합들은 상대적으로 순조롭고 빠르게 이루어질 수 있었지만, 실제 사용되는 표준의 통일은 쉽지 않을 것임을 의미했다.

31.Fuhrmann et al.(2010), S.146; 한국표준협회(2003b), 3~6쪽.

실제 통일 이후 구동독 지역의 표준과 제품들을 모두 조사하고 파악하는 데에만 근 20년 가까이 걸렸으며,[32] 구동독의 표준과 제품들을 서독 표준에 부합시키는 것도 쉬운 과정이 아니었다. 게다가 서독은 이미 유럽과 세계적 차원의 국제 표준에 높은 수준으로 부합시켜 놓은 상황에서 구동독 지역의 표준과 제품들을 국제적 수준으로 끌어 올리는 과정도 필요했다. 1990년 9월 독일 연방의회에 보고된 유럽공동체의 제안은 특히 이러한 상황을 잘 반영한 것이었다. 동독의 표준들은 1991년부터 서독 표준에 흡수되지만, 서독이 이미 도입하고 있는 유럽 표준들을 구동독 지역에 모두 적용시키는 기한을 1992년 말까지 허용할 것을 제안한 것이다.[33]

이것은 동서독 간의 표준 통일 노력에도 불구하고 COMECON 국가들 간에 체결되고 동독도 조인한 64개 협정들 중 14개만이 당시 유럽공동체에 부합했고 그중 표준과 부호 표기 영역에서는 4개에 불과했었던 현실도 반영한 것이었다.[34] 뿐만 아니라 서독 및 유럽 표준의 급속한 적용은 동독 지역 산업의 위축과 일자리 상실로 이어질 것이라는 우려도 적지 않았다. 실제 1990년 6월부터 동독에 유럽공동체 환경 표준을 적용한 결과, 화학 산업에서만 15%의 일자리가 상실된 것으로 나타났다.[35]

무엇보다 가장 큰 문제는 공적 민간 기구로서 DIN이 감당할 표준 통일 비용이었다.[36] 초기에 DIN은 통일 후 약 2년 동안 진행될 표준 통일의 비용을 약 1,800만 마르크(약 108억 원)로 예상했다. 이 비용을 위해 연

32.Fuhrmann et al.(2010)

33.Deutscher Bundestag, 1990, Deutscher Bundestag, 11. Wahlperiode: Unterrichtung durch die Bundesregierung, Drucksache 11/7770(03.09.1990), S.34, http://dipbt.bundestag.de/dip21/btd/11/077/1107770.pdf,(검색일: 2012.11.15).

34.Deutscher Bundestag(1990), S.25.

35.Deutscher Bundestag(1990), S.45.

36.한국표준협회(2003a), S.33~34.

방정부는 2년 동안 약 1,400만 마르크를 지원하였고, 구동독 지역에서의 표준 판매와 회비 수입도 어느 정도 도움이 되었다. 그러나 표준 통일에 소요된 비용은 예상을 훨씬 초과해 2년 동안 예상액의 무려 수백 배에 달하는 3조원이 소요되었고, 이후 완성되기까지 전체 표준 통일 비용은 180조 원이 소요되어 전체 국가 통일 비용의 약 10%를 차지한 것으로 나타났다.[37]

게다가 국가 차원의 전체 통일 비용도 갈수록 늘어나 연방정부의 지원도 점차 줄어들었을 뿐만 아니라, 구동독 지역 경제의 몰락으로 표준 판매 및 회비 수입도 지속적으로 감소했다.[38] 그에 따라 1992년의 DIN 총예산은 1억 6,500만 마르크였는데, 1993년에는 1억 6,000만 마르크, 1994년에는 1억 3,500만 마르크로 점차 감소했다. 결국 DIN은 예산 절감을 위한 여러 가지 조치를 취할 수밖에 없었고, 그로 인해 조직과 업무를 축소해 나갔다.

이와 같이 국가 통일 후 표준 통일은 구동독 지역의 기반 시설과 산업에 대한 실사가 늦어지고 구동독의 표준화 작업에 대한 평가도 제대로 이루어지지 못한 상태에서 단순히 DIN 표준을 구동독 지역에 적용하는 방식으로 진행되었다. 게다가 표준 통일 비용이 예상을 크게 벗어남에도 불구하고 연방정부의 지원 및 DIN 자체 수입이 감소함으로써 DIN의 재정과 업무는 점차 축소되었다. 그로 인해 통일 과정의 신속한 진행과 달리 국가 통일 이후 표준 통일은 적지 않은 어려움을 겪어 왔다.

37.정경민·김종윤·허귀식·김원배, 2006, "[표류하는 국가 표준] 5. 남북의 표준 통일(끝)," 『중앙일보』(8월 26일). http://article.joinsmsn.com/news/article/article.asp?total_id=1663585(검색일: 2012.11.11.)

38.한국표준협회(2003b), 2쪽.

3. 요약과 시사점

독일의 표준 통일은 국가 통일과 마찬가지로 어떤 관점에서 보는가에 따라 달리 판단되는 '물이 반쯤 들어 있는 병'과 같다. 통일에 목마른 우리나라에서 볼 때 평화적 통일을 이루고 어려운 상황에서도 표준 통일을 완수한 독일은 갈증을 해소할 생명수를 반이나 담은 병이다. 그러나 신속한 사회 통합을 바라는 동독 주민들과 막대한 통일 비용에 부담을 느낀 사람들에게 독일의 급속한 흡수 통일은 아까운 물을 반이나 낭비해버린 병에 지나지 않는다.

하지만 국가 통일에 비교해 표준 통일을 고찰해보면 사뭇 다른 의미를 읽을 수 있다. 급속한 국가 통일의 과정 속에 표준 통일도 휩쓸려 들어가 절대적 시간이 부족했던 것은 물론 사실이다. 또한 표준의 분리가 상대적으로 늦어 동독 내의 표준화가 정착되는 시점에서 얼마 지나지 않아 표준 통일 준비에 착수해야 했다는 점도 중요한 한계로 작용했다.

그러나 다른 측면에서 보면 바로 후자의 시간적 문제는 오히려 동독 표준의 분리와 정착이 늦었기 때문에 그나마 서독 표준으로의 통일이 더 수월했을 수 있다는 판단이 가능하다. 방송 표준이라든지 인문 사회적 표준의 분리가 심각하지 않았고, 정치적 분단 이후에도 오랜 기간 단일 표준을 사용했다는 점은 이후 표준 통일의 중요한 자산이기도 했다. 전자의 문제도 급속한 통일 과정에서 준비가 미비했다고는 하지만, 시간적 한계 속에서도 동서독은 정치적 통일이 가시화되지 않은 상황에서 이미 표준 협력을 시작했고 표준 통일을 준비했다는 점에서 긍정적으로 평가될 만한 여지가 충분하다. 물론 여기에는 국제적으로 서독 표준화 기구와 소련 표준화 기구의 협력 협정이 중요한 외적 요인으로 작용했다는 점도 간과해서는 안 된다.

남북한에 비해 동서독은 전쟁과 같은 심각한 갈등을 경험하지 않았을 뿐만 아니라 표준에 있어서도 분리가 오래 지속되었거나 광범위하지 않았다. 다시 말해 정확하게 측정되지는 않았지만 동서독은 남북한에 비해 분단 비용이 크지 않았다는 것이다. 게다가 독일이 통일된 지 이미 20여 년이 지났음에도 우리나라는 아직 분단 상황에 있어 남북한의 분단 비용은 가히 비교할 만한 수준을 넘어섰다고 할 수 있다. 따라서 통일로 인해 직접 발생하는 통합 비용을 넘어 통일되지 못해 발생하는 분단 비용까지 고려할 때, 비록 직접적인 통일 비용이 크다고 하더라도 분단 비용까지 포함하는 전체 통일 비용을 줄이기 위해서라도 통일을 서두를 필요가 있다.

남북한의 현 정세를 볼 때 독일에서처럼 한반도의 통일도 갑자기 찾아올 가능성이 크다. 따라서 우리는 독일의 전례를 타산지석으로 삼아 갑작스런 통일로 인한 부정적 효과를 줄이고 그 기회를 긍정적 발전의 계기로 삼기 위해 통일을 더욱 진지하게 준비해 나갈 필요가 있다. 그중에서도 독일의 경우처럼 전체 통일 비용의 약 10%를 차지하는 표준 통일을 미리 추진해 나가는 것은 필수적인 것으로 판단된다.

통일 당시 서독 대통령으로서 통일 독일의 초대 대통령이 된 바이체커 Richard von Weizsäcker 는 "준비된 통일은 축복"이라고 했다. 분단 비용을 고려할 때 통일이 결코 재앙이 될 수는 없다. 하지만 준비되지 않은 통일은 커다란 희생을 부를 수 있다. 아직 우리에게는 희생 없는 축복을 위해 미리 준비할 수 있다는 행운이 있다.

제7장

한반도 통일과 표준 통합

제7장

한반도 통일과 표준 통합

한반도에서 통일이라는 화두는 아무도 거부할 수 없는 통일된 열망으로 남아 있다. 그럼에도 이미 분단 70년을 넘어가면서 그 열망의 온도차는 커져간다. 하지만 이것은 통일이 더 이상 미룰 수 없는 과제라는 역설로 작용하며 정부에서도 통일 정책에 박차를 가하고 있다. 이 역설은 주체의 노력 여하에 따라 통일의 가능성을 높일 수 있지만 자칫 이를 경시할 경우에는 오히려 분단을 고착화할 수도 있음을 의미한다. 이것이 강력하게 표출되는 현상이 이질성의 확대이며, 이 이질성의 확대를 심각하게 촉발시키는 주요 요인이 기준과 규범의 괴리다.

표준은 한 사회의 사회적·경제적 기준과 규범으로 작용한다. 각종 제품과 재료의 규격[1] 과 사회 간접 자본의 기준 그리고 언어와 기호 및 기구

1.여기에서 '규격'은 최근의 남한 용례에 따라 표준의 하위 개념으로서 제품과 재료의 성질에 한정되는 뜻으로 사용한 것이다. 이와 달리 북한에서는 '규격'을 공식 개념으로 사용하며 국가 표준을 '국규'(국가 규격)라고 칭한다. 다만 법적 강제성 없는 관리 효율화 측면에서 체계화를 말할 때에는 규격화의 유의어로 '표준화' 개념을 사용하기도 한다. 정병기·

와 제도에 관한 규준들은 표준으로 표현되며, 국제적으로도 그 의미와 영향력이 확대되는 추세다. 산업 표준과 단체 표준 및 사회적 책임 표준이나 기타 국제 표준들이 그 대표적 형태들이다. 표준은 한 사회의 정치 경제적 통일과 통합[2] 의 시금석이 될 뿐 아니라 그 통일과 통합을 추동하는 주요 요인이기도 하다. 유럽 통합과 독일 통일에서 나타난 유럽 표준 통합과 독일 표준 통일의 과정이 이를 잘 예시하고 있다.

이 장은 한반도 통일과 남북 통합을 위한 표준 통합의 방향을 알아보는 것을 목적으로 한다. 표준 통합의 진행 여부나 그 정도가 한반도의 통일과 통합에 중요한 영향을 미친다고 보기 때문이다. 가시적 수치로 환산하여 제시할 때 그것은 막대한 통일 비용의 한 요소로 뚜렷하게 부각된다. 통일 시기와 누산 기간에 따라 여러 연구 기관들이 다양하게 추산하는 통일 비용은 적게는 160조 원에서 많게는 1,237조원에 이르며, 그중 비표준화로 인한 비용은 8~17%로 추정된다.[3] 이것은 국가 통일에 앞서 표준 통일을 위한 사전 준비를 제대로 한다면 최소 13조 원에서 210조 원의 통일 비용을 절감할 수 있다는 얘기다.

하지만 이것은 산업 표준을 중심으로 경제 활동에 한정된 추산일 뿐이다. 맞춤법 통일안과 각종 사회 규범들을 아우르는 인문 사회적 표준들을 염두에 둔다면 그 사회적 비용은 더욱 절감될 것이다. 게다가 이것을

김찬우, 2013, "산업 표준 보유 및 표준화 활동 추이로 본 한국 산업 표준 정책의 특징과 변화," 『한국과 국제정치』 제29권 3호(경남대학교 극동문제연구소), 164쪽; 이진랑·정병기, 2014, "북한의 국제 표준화 활동 및 전략: 「계량 및 규격화」를 중심으로," 『국가정책연구』 제28권 3호(중앙대학교 국가정책연구소), 182쪽.

2.앞 장에서 설명했듯이 이 장에서도 통일은 두 개 이상의 구성 요소들이 하나의 개체로 단일화하는 것을 말하며, 통합은 이질적인 두 개 이상의 구성 요소들이 동질적 성격을 획득해 조화로운 상태로 전환하는 것을 의미한다. 곧, 통합은 통일에 비해 과정을 더 강조함과 동시에 통일을 포괄하는 개념이다.

3.강성표 외, 2001, "남북 산업 표준 비교 분석 및 통일 방안 연구," 한국표준협회 보고서, 2쪽.

경제적 효용으로만 환산하지 않고 정치적 통일 후 다양하게 나타날 사회적·심리적 분단과 갈등을 치유하는 효과까지 함께 고려한다면 그 사회적 의미는 더욱 클 수밖에 없다. 통일뿐 아니라 통일 후 통합을 위해서도 표준 통합을 위한 연구와 노력이 절실히 필요한 때다.

정부도 이러한 표준 통합의 의미를 간과하지 않았다. 특히 2002~06년에 추진된 '남북 표준통일 기반구축 산업기술기반 조성' 사업은 그 대표적 성과다. 이 사업에 대한 연도별 보고서와 이 사업을 통해 촉발된 다양한 정책 연구 보고서들은 향후 표준 통합 연구를 위한 귀중한 자료들이다.[4] 하지만 이러한 보고서들 외에 학술적 연구는 많이 수행되지 못했다. 학술적 관심을 가지고 연구를 수행한 결과는 기정훈과 윤덕균이 제출한 각 한두 개의 논문들뿐이다.[5]

---

4. "남북 표준통일 기반구축 산업기술기반 조성에 관한 보고서," 2002~05년 연차별 중간보고서 4개와 2006년 최종보고서; 한국표준협회, 2004b, "남북 산업 표준 통합을 위한 로드맵 구축 사업," 한국표준협회 보고서. 그밖에도 여러 부문에 걸친 포괄적 관심을 보이거나 표준 정책 일반에 관해 다룬 보고서로는 한국표준협회 북한표준연구소, 2000, "남북한 산업 표준 통일화를 위한 기초 연구," 산업자원부 보고서; 강성표 외(2001); 박승덕 외, 1997, "국가 표준 통합을 위한 남북 현황 비교 및 전략 연구," 과학기술처 보고서; 조명철·정승호, 2007, "국제 표준화 활동이 북한 경제와 남북 경협에 미치는 효과 및 남북 협력 방안," 한국표준협회 보고서; 한국표준협회, 2006b, "남북 표준 통합 정보 DB 및 남북 표준 통합 방안 연구," 한국표준협회 보고서가 있고, 부문별로 연구한 보고서로는 비젼이십일컨설팅, 2004, "SOC 건설시 KS 표준의 접목 추진방안 연구," 비젼이십일컨설팅 보고서; 이춘근, 2005, "과학기술 표준분야의 대북 협력방안 및 사례연구," 한국표준협회 보고서가 대표적이다.

5. 기정훈, 2014, "통일시대 대비 남북한 표준 통일 방안 연구: 협력적 거버넌스 모형을 기반으로, 『국가정책연구』 제28권 3호(중앙대학교 국가정책연구소), 149~179쪽; 윤덕균, 2000a, "통일을 대비한 남북한 산업 표준 통일화 과제," 『산업경영시스템학회지』 제23권 57집, 103~112쪽; 윤덕균, 2000b, "남북한 산업 표준화 협력 방안," 『통일경제』 제70호(현대경제연구원), 50~66쪽. 그밖에도 윤덕균은 이 연구를 더 구체화 시켜 2005년 10월 남북 표준 심포지움에서 "분야별 남북 표준 통합 추진 전략"을 발표하기도 했다.

가장 최근에 표준 통합을 연구한 기정훈은 협력적 거버넌스 이론과 그 모형을 통해 남북한 표준 체계 비교 방안과 통일의 과정에서 협력할 수 있는 방안 및 통일의 단계에서 표준 체계를 통합할 수 있는 전략적 방안을 제시해 이 분야 연구에 중요한 기여를 했다. 윤덕균의 두 논문도 북한의 국가 규격과 한국의 국가 표준을 비교하고 구체적인 정책 방안을 제시해 중요한 정책적·학술적 발전에 한몫했다. 그러나 이 연구들은 모두 정치 경제적 현실에 착목하기보다 바람직한 통합의 상을 전제하거나 현실 고찰을 표준에 국한시켜 논의하는 한편, 그동안 추진된 남북 표준 협력 노력들에 대한 평가를 소홀히 했다는 점에서 한계를 보였다.

이와 달리 이 장은 표준의 사회 통합 기능에 주목하되 정치 경제적 현실을 토대로 하여 남북 표준 협력의 성과와 한계를 먼저 분석하고 이를 기반으로 표준 통합의 방향을 제시한다. 이 장에서 분석할 주요 질문과 접근 방법은 다음과 같다. 첫째, 남북 표준의 차이는 무엇인가? 표준의 범위가 매우 방대하므로 이 차이에 대해서는 사회 경제 통합에 중요한 영향을 미치는 부문을 중심으로 고찰한다. 둘째, 그동안 남북 표준 협력은 어떻게 추진되었고 그 성과와 한계는 무엇인가? 남북간 표준 협력은 2000년대 초반 '남북 표준통일 기반구축 산업기술기반 조성' 사업을 통해 가시화되었으므로 이 사업에 대한 보고서들을 일차 자료로 하여 분석한다. 그밖에 국제 표준과 관련해 간접적으로 전개된 협력 활동들을 별도로 고찰해 분석에 참조한다. 셋째, 한반도 통일과 통일 후 사회 경제 통합을 위해 표준 통합은 어떻게 이루어져야 하는가? 이 질문은 구체적으로 통일 국가의 표준화 정책을 제시하는 것으로 연결된다. 하지만 북한 정치 경제의 현실을 토대로 표준화 정책의 변화를 알아보고, 다시 이를 기반으로 통일 이전의 남북 간 표준 협력의 필요성과 방향도 함께 제시할 것이다. 통일 국가의 표준화 정책은 통일 이전의 표준 협력에 크게 영향을 받을 것이기 때문이다.

1. 남북 간 표준 및 표준화의 차이

표준화 제도의 차이

남북 간 표준 및 표준화의 차이는 크게 표준화 제도의 차이와 개별 표준의 차이 및 국제 표준화의 차이로 나누어 볼 수 있다. 국제 표준화의 차이를 별도로 고찰하는 것은 국제 관계가 중요한 변수가 된다는 점에서 국내에만 적용되는 국가 표준화와는 성격을 달리하기 때문이다. 또한 국제 표준화는 분단 상황에서도 긴급한 표준 협력뿐 아니라 향후 표준 통일을 위해서도 중요하게 부각되는 분야이기 때문이다.

우선 표준화 제도의 차이를 보면, 그 수립 과정에서부터 이데올로기 대립의 영향을 받았음을 알 수 있다. 서구의 표준 체계를 따르고 있는 남한과 달리 북한은 사회주의 국가들의 표준 체계를 도입했기 때문이다. 구체적으로 남한은 서구 표준 체계를 수용한 일본 표준 제도를 도입했으며, 북한은 소련과 중국의 표준 제도를 따랐다. 그러나 국가가 주도하는 경제 개발의 수단으로 활용하기 시작했다는 점에서 남과 북은 동일하며 그로 인해 유사한 국가 주도 표준화 체계를 수립했다.

남한의 산업표준화법에 대응하는 북한의 관련법은 규격법이며, 남한의 산업 표준KS에 해당하는 북한 국가 표준은 국가 규격KPS이다. 남한도 비록 국가가 표준화를 주도하지만 표준 체계가 분야별로 다양하게 분포할 뿐 아니라 표준의 교육과 보급이 한국표준협회라는 독립 공공 기구를 통해 이루어지고 있다. 이와 달리 북한은 사회주의 국가의 특성에 따라 중앙 정부가 제반 표준화 과정을 직접 관장하고 있는데, 그 주요 조직은 내각 과학원 산하에 설치된 총괄 기관인 국가품질감독국과 그 산하 기관인 국가규격제정연구소와 중앙품질및계량과학연구소다.[6] 이 체계는

6.조명철·정승호(2007), 6쪽.

북한이 정부 수립 초기에 소련의 차관 및 원조를 받아 산업 기반을 형성하면서 비롯된 것이다. 다른 한편으로 이러한 과정은 북한의 표준화 제도 수립이 제3공화국의 경제 개발 계획의 일환으로 시작된 표준화 제도 수립보다 빨랐음을 의미한다.[7] 남한에서 현대적 의미의 표준화는 5.16군사정변 직후 군정 시기인 1961년 9월에 제정된 '공업표준화법'에 따라 같은 해 11월 상공자원부 산하에 표준국이 설치되면서부터 시작되었다. 반면 북한에서는 비록 현행 규격법은 1997년에 제정되었지만, 1949년에 규격화 사무국을 설치하고 1954년에 국가규격제정위원회가 설립되면서 표준화가 본격적으로 시작되었다.

개별 표준 및 국제 표준화의 차이

남북 간 개별 표준의 차이는 경제 발전 정도 및 산업 구조의 특징과 관련된다.[8] 특히 중요한 산업 분야의 예를 보면, 북한에는 자동차·조선·항공 산업이 빈약하기 때문에 이 부문의 분류가 발달하지 못해 표준 분류는 운송 수단과 운송 용기로 되어 있는 것과 달리, 남한에서는 수송 기계, 조선, 항공 등 3개 분야로 세분되어 표준이 상세하게 구분되어 있다.[9]

전체적으로 북한의 산업 구조는 경공업 부분이 매우 취약하고 중공업과 생산 시스템 등에서 강점을 보인다. 이것은 남한 제3공화국의 중화학공업 중심의 경제 개발 계획과 유사한 맥락이다. 하지만 정보 통신 산업의 급격한 발전과 서비스 산업의 팽창을 겪은 1990년대 이후 남한과는

7.한국표준협회, 2003d, "북한의 표준화제도 현황조사," 산업자원부 보고서, 7쪽; 이진랑·정병기(2014), 187쪽.

8.정병기, 2015b, 『세상을 바꾸는 표준』(경산: 영남대학교 출판부), 239~241쪽; 한국표준협회, 1996, "북한 표준에 관한 연구," 한국표준협회 보고서; 한국표준협회(2003d) 참조.

9.비젼이십일컨설팅(2004), 40쪽.

매우 뚜렷한 차이를 보인다.

표준의 적용과 구속성에 있어서도 적지 않은 차이가 있다.[10] 남한의 표준은 기업에 의해 선택적으로 채택될 수 있는 반면, 북한의 규격은 사회주의적 성격에 따라 규격서 자체에 강제적으로 채택하게끔 명시되어 있어 강제성이 강하다. 곧, 계획 경제의 틀 안에서 중앙 정부가 그 제정과 보급을 관장하고 강제성을 부여하는 만큼 북한의 규격은 양적으로 남한의 표준보다 많은 것으로 알려져 있다.[11] 그렇지만 경제와 산업 구조의 발전이 차이를 보이는 만큼 그 질적 수준은 남한의 표준에 뒤지는 것이 사실이다.

이러한 구조적 차이를 반영해 개별 표준의 상이함은 더욱 우려할 만하다. 그 차이를 전 산업에 걸쳐 상술할 수는 없으므로 사회 경제적으로 중요한 몇 가지 사례만 들어본다. 우선, 철도 부문에서 남한은 2만5천V 교류를 사용하는 반면 북한은 3,000V 직류를 사용한다. 기관차의 신호 제어 방식도 달라 물리적으로 단절된 철도가 연결된다고 하더라도 전기 기관차 운행은 불가능하다. 자체 동력으로 움직이는 디젤 기관차를 북한 기관사가 동행해 저속으로 운행해야 하는 상황이다. 생산 현장에서 사용하는 산업 용어도 천차만별이다. 북한에서는 드라이버를 나사틀개, 케이블을 까벨, 사인sine을 시누스로 부르며, 컴퓨터 자판이나 목차 배열에도 남한과는 많은 차이가 있다. TV전파 송출 방식도 북한에서는 PAL 방식을 사용하는 것과 달리 남한에서는 NTSC 방식을 각각 사용하고 있다. 일상적으로 사용하는 배전 전압은 220V로 같지만 발전소에서 철탑을 통해 개별 변전소로 보내는 송전 전압도 다르다. 이 사례들은 모두 에너지나 사회 간접 자본과 연결되어 경제 협력과 사회 경제 통합에 막대한 영향을 미칠 수 있는 영역에 속한다.

10.이상조, 2001, "과학기술 격차에 따른 갈등과 대책: 산업 표준 규격에 대한 비교 연구," 『통일연구』 제5권 1호,(연세대학교 북한연구원) 52쪽.

11.비젼이십일컨설팅(2004), 40쪽.

국제 표준화와 관련해서도 남북 간 차이는 크지만 최근에는 남북이 공통적으로 국제 표준화를 위해 노력하고 있어 통일을 위해 중요한 협력 분야로 주목할 필요가 있다. 사실 표준화 도입 시기에 일본 표준을 모델로 한 남한 표준은 업종별 및 분야별로 2단계 분류를 하고 있는 데 비해, 북한 규격은 용도 및 제품 위주로 3단계의 분류법을 따르고 있어 국제표준화기구ISO 표준 분류 체계ICS: International Classification for Standards에 더 부합한다. 하지만 더 구체적으로 부여되는 코드는 남한 산업 표준이 ICS 분류표를 더 정확하게 따르고 있으며, KS의 국제 표준 부합화 정도는 2006년 기준으로 99.9%에 달한다.[12] 반면 북한의 국가 규격인 KPS는 2002년 이후 본격적으로 국제 표준 부합화를 시작해 아직 초기 단계에 머물고 있다.

하지만 북한도 이미 국제표준화기구ISO와 국제전기기술위원회IEC에는 남한과 함께 1963년에 가입해 국제 표준화 활동을 일찍부터 시작했다. 가입 당시부터 남한은 꾸준히 국제 표준화 활동을 지속해 1993년 이후 ISO 이사국에 진출하고 2006~09년에는 ISO 소비자정책위원회CO-POLCO 의장국을 역임하는 등 뚜렷이 두각을 나타내기 시작했다.[13] 그러나 북한은 1980년대 후반 현실 사회주의권이 몰락하고 시장화가 시작되는 시점에 국제 표준화 무대에서 사라졌었다.[14] 북한의 국제 표준화 활동은 2000년 남북 정상회담을 계기로 재개되었는데, 특히 2002년을 전후해서는 눈에 띄게 증가했다. 1994년 분담금을 납부하지 못해 회원 자격을 상실했던 국제전기기술위원회에도 2002년에 준회원 자격으로 재가입했다. 북한의 이러한 노력은 현재까지 지속되고 있으며, 그에 따라 국제 표준화 활동 무대는 남한과 북한의 표준 협력과 표준 통일의 중요한 요소로 부상하고 있다.

12.조명철·정승호(2007), 2, 47, 53쪽.

13.정병기(2015b), 149쪽.

14.이진랑·정병기(2014), 190~193쪽 참조.

2. 남북 표준 협력의 경과와 표준 통합의 추진 방향 및 전망

남북 표준 협력의 성과와 한계

남북 표준 협력은 남북 양자 협력과 제3국 혹은 국제 표준화 기구를 포함하는 국제 협력으로 나눌 수 있다. 남북 표준 협력은 1991년 12월 남북고위급회담에서 타결된 '남북 기본 합의서' 및 1992년 9월 발효된 '남북 사이의 화해와 불가침 및 교류·협력에 관한 합의서'의 제3장 '남북 교류·협력의 이행과 준수를 위한 부속합의서'에서 산업 표준의 교류에 대해 합의한 것에 기원한다. 곧 이 합의서를 통해 '경제 교류와 협력을 원활히 추진하기 위하여 공업 규격을 비롯한 각종 자료를 서로 교환한다.'고 합의한 것이다.[15]

그러나 남북 양자 협력이 이루어지는 것은 쉽지 않았다. 그것은 표준화를 정부가 관장하므로 정치적 이해관계가 얽혀 있다는 점에서 더욱 그러했다. 따라서 남북 양자 협력도 정부 표준화 기구들 간 협력이 아니라 민간 차원의 협력을 통해 시작되었으며, 그것도 제3국에서 이루어졌다. 하지만 제3국을 포함하지는 않았다는 점에서 국제 협력이 아니라 양자 협력이라고 규정할 수 있다.

그 첫 번째 성과가 1994~96년 중국 연변에서 세 차례 개최된 '코리안 컴퓨터 처리 국제 학술회의ICCKL'였다.[16] 이 회의를 통해 전산용 한글 자모순, 전산 분야 용어 사전 공동 편찬, 컴퓨터 자판의 구조와 배치 및 한글 부호계에 대한 연구를 통해 남북 학자들 사이에 합의가 이루어졌다. 이것은 비록 산업계에 수용되지는 못했지만 학술회의 형태로나마 남북 간 직접 교류를 통해 마련한 표준 합의안이라는 점에서 큰 의의를 갖는다. 이

15.한국표준협회, 2003c, "남북 표준통일 기반구축 산업기술기반 조성에 관한 보고서: 2차년도 중간보고서," 산업자원부 보고서, 8쪽.

16.한국표준협회(2003c), 8쪽; 한국표준협회(2004b), 48쪽.

러한 학술 교류는 2002년부터 남북 산업 표준 세미나를 통해 이어졌다.[17]

민간 차원의 표준 협력은 2002년 산업 표준 공동 연구소 설립과 남북 표준화 기관 및 시험·검사·인증 기관 전문가 간 교류 협력 추진으로도 나타났다. 공동 연구소 설립 사업은 2002년부터 서울, 평양, 온정리 등지에서 시작되었으며, 평양의 고려정보기술센터 북한의 민족경제협력연합회와 남한의 엔트랙이 합작하여 건립 내에 한국표준협회가 입주하는 것으로도 연결되었다. 표준화 전문가 간 교류 협력도 역시 2002년부터 한국표준협회와 민족경제협력연합회가 접근하기 쉬운 것부터 점진적으로 해 나가기로 합의함으로써 시작되었다.

한편 정부 표준화 기구들 간 협력은 민간 차원 협력의 선례를 따라 때로는 민간 기구들이 함께 참여하는 방향으로 추진되었다. 그것은 무엇보다 남북 기본 합의서에 따라 규격과 표준을 교환하는 것에서부터 시작되었다. 그러나 초기 교환에서 남한은 북한에 직접 표준을 제공한 반면 북한 규격은 중국과 러시아를 통해 남한에 제공됨으로써 직접 교류의 한계를 보여주었다.[18] 우선 2002년 4월 교역 급증이 예상되는 품목에 한해 기계·전기·화학·건설 분야에서 560종의 규격과 국가 규격 목록이 러시아를 통해 남한에 제공되었다. 그에 따라 남한은 같은 해 7월에 북한 국가규격제정연구소에 기본·기계·전기 분야 산업 표준 3,876종을 제공했다. 이어 남한은 2002~03년에 제정된 ISO/IEC 17020에 대응하는 북한 국가

17. 그 첫 세미나는 2002년 8월 중국 북경에서 열린 '언어 정보 세미나'였다. 남한에서 KAIST 최기선 교수 외 16명이 참가하고 북한에서는 사회과학원 어문학연구소 문영호 소장 외 10명이 참가한 가운데 우리말 규범, 전문 용어, 컴퓨터 자판, 코퍼스(말뭉치)에 대한 논의가 이루어졌다. 논의 결과 남북은 과학 기술 용어 정리 및 규격 용어 정리, 컴퓨터 자판 개선안 평가, 문자 코드 변환 프로그램 개발, 동사 유형 정보 구축 등에 대한 과제 도출 및 협력을 확대해 나가기로 합의했다. 한국표준협회(2003c), 25쪽

18. 한국표준협회, 2002, "남북 표준통일 기반구축 산업기술기반 조성에 관한 보고서: 1차년도 중간보고서," 산업자원부 보고서, 36~37쪽.

규격 '여러 형태의 검사기관들에 대한 일반적 운영기준' 등 67종 최신판을 중국을 통해 입수했다.

이러한 교환 작업을 통해 2002년 하반기부터는 남북 산업 표준 실무회담을 열고 남북 산업 표준 세미나를 개최하는 성과가 이어졌다. 그 첫 번째 회의가 2003년 12월 20~24일 중국 북경에서 개최된 회의였다. 이 회의는 비록 조총련 과학기술협회 주관으로 개최되었지만 남북의 표준 당국자 및 실무자가 참가한 가운데 진행되었고 향후 협력 사업 추진과 공동 프로젝트 개최에 합의해 표준화 기구 간 직접 만남의 물꼬를 튼 것이었다.[19]

이를 토대로 2003년에는 남북 공동 연구 추진 합의서가 체결되고 북한 정보산업규격 31종에 대한 남북 통일안이 도출되는 등 직접적 성과들이 제출되었다.[20] 우선 남북은 2003년 12월과 2004년 7월에 각각 북경과 심양에서 산업 표준 협력 회의를 개최하고 정보 산업 규격약 40여 종 표준화 공동 연구 추진에 합의하고 이를 위해 남·북·재일본조선인 과학기술협회가 참여하는 '남북정보기술표준협력위원회'와 협력 사무국 구성에도 합의했다.[21] 특히 심양 회의에서는 관련 전문가들을 중심으로 작업반을 구성하고, 7차례의 심의 과정을 거쳐 남과 북이 각자 기본안을 제출하고 토의를 거쳐 ISO/IEC 2382에 대응하는 남북 정보 산업 규격 통일안을 도출하는 성과를 냈다. 이것은 남북이 합의하여 도출한 최초의 통일 표준안이었다.

사실 남한과 북한의 표준 제정을 담당하는 표준화 기구가 모두 정부 기

19.한국표준협회(2003c), 11~13쪽; 한국표준협회, 2005a, "남북 표준통일 기반구축 산업기술기반 조성에 관한 보고서: 4차년도 중간보고서," 산업자원부 보고서, 62쪽.

20.한국표준협회, 2004a, "남북 표준통일 기반구축 산업기술기반 조성에 관한 보고서: 3차년도 중간보고서," 산업자원부 보고서, 24쪽.

21.한국표준협회(2005a), 38~54쪽.

관으로 되어 있어 표준 제정 기구들 간 양자 협력은 이루어지지 않았으며 상술한 바와 같이 민간 표준화 기구를 매개로 해서 이루어진 협력이 전부였다. 물론 이러한 노력을 표준 제정 기구들 간 협력으로 연결하려는 시도가 포기되지는 않았다. 2004년 9월 남한 민간 표준화 기구 협의체로서 북한 국가 표준화 기구에 대한 대화 창구인 '남북기술표준협력단'[22]이 구성되어 수요 조사를 통해 공동 발굴한 협력 과제(15개)를 북한 '국가품질감독국'에 제안한 것이 그 대표적 사례다.[23] 그 제안은 표준의 신규 제정과 관련해서는 가능한 한 국제 표준을 기초로 하여 향후 통일 부담을 줄이고, 상호 초안을 제공하여 상호 검토 시스템을 도입하며, 이미 제정된 표준과 관련해서는 통합이 가능한 것부터 장기적으로 시간을 두고 추진한다는 획기적인 내용이었다. 하지만 이 제안도 결국 정부 기구들 간 직접 교류의 난관에 부딪혔다. 위 제안에 대해 북한 국가품질감독국은 북한 내부 사정으로 인해 현실적 측면에서 남북 당사자 간 표준 협력 회의 개최가 어려우므로, 중국이 남북의 표준화 기관을 초청하는 국제 회의 형태를 취하자고 답변한 것이다.

이와 같이 민간 차원의 협력과 마찬가지로 남북 간 국제 협력은 정부 기구들 간 대화가 어려운 현실에서 표준화 기구들 간 양자 협력을 촉진하는 중요한 대안이었다. 위에서 본 것처럼 국제 협력에서 가중 중요한 매개 국가는 중국이었으며, 그 태동은 이미 2001년 12월 중국 북경에서 열린 남북 산업 표준 세미나에서 나타났다.[24] 중국표준화협회와 공동 주최

22.재일본 조선인도 참여했지만, 이들이 일본의 국가 대표로 참여한 것은 아니다. 따라서 이 회의도 국제 협력의 형태가 아니라 남북 양자 협력의 형태로 보아야 한다.

23.한국과학기술정보연구원(KISTI)을 중심으로 한국표준협회(KSA), 한국정보통신기술협회(TTA), 한국표준과학연구원(KRISS)이 참여하지만, 협력단 발족에는 과학기술부, 정보통신부, 산업자원부가 참여했다.

24.한국표준협회(2005a), 55~62쪽.

로 남·북·중 3국의 표준화 협력 방안에 대한 논의를 위하여 '동북아 표준 정책 포럼'이 개최된 것이다. 하지만 중국 정부와 중국표준화협회의 협조로 북한의 참여를 적극 유도했음에도 불구하고 북한이 참여하지 않아 이 최초의 시도는 실패로 돌아갔다.

이후에도 남한은 '남북 산업표준통합 기반구축 산업기술기반 조성' 사업의 일환으로 해외남북표준협력사무소 설치를 추진하고 다양한 국제 협력 채널을 구축하고자 노력해 왔다.[25] 이 노력은 연변대학교 동북아경제연구소나 조총련 과학기술협회 내에 해외남북표준협력사무소를 설치하고, 북한 민족경제협력연합회, 중국 국제고려학회북한이 회원으로 참여, 중국 연변대학교 및 과학기술자협회, 일본 조총련 과학기술자협회 등과의 협력채널 다원화를 추진하는 것으로 구체화되었다. 물론 남북 양자 협력처럼 국제 협력도 학술회의의 형태로 이미 태동된 바 있다. 2001년 2월 중국 연길에서 열린 코리안 컴퓨터 처리 국제 학술 회의가 그것인데, 이 대회에는 남한 국어정보학회, 북한 과학기술총연맹, 중국 조선어신식학회 등이 참여해 국제표준화기구ISO 등록을 위한 부호계 연구, 컴퓨터 자판 연구, 남·북·중 서체 개발 자료 상호 교환이 이루어졌다.[26]

이와 같이 남북이 주최가 되는 국제 협력은 중국을 매개로 하여 이루어졌다. 하지만 1960년대에 남북이 모두 가입한 국제 표준화 기구ISO, IEC를 통한 국제 협력은 이미 훨씬 이전부터 시작되었다. ISO TC46/SC2 1987~93를 통해 각국 문자를 로마자로 표기하고 방법을 표준화함에 따라 남북이 모여 다섯 차례의 회의를 연 것이 그 시초였다.[27] 그러나 이 시기는 북한의 국제 표준화 활동이 본격화되기 이전이었을 뿐만 아니라 남북 간 표준 협력의 인식도 무르익지 않은 시기였다. 따라서 단일한 국

25.한국표준협회(2002), 36쪽.

26.한국표준협회(2003c), 24~25쪽; 한국표준협회(2004a), 24쪽.

27.이춘근(2005), 32쪽.

제 표준안 마련은 이루어지지 못해 남북 복수안이 제안되어 국제 표준안이 아닌 기술 교류의 형태로 ISO TS 11941이 1996년 12월에 발간되는 데 그쳤다. 하지만 이 사례는 오히려 남북 협력이 공식화되지 못하고 정치적 환경이 긍정적이지 못한 상황에서조차 국제 표준화 기구를 통한 협력은 가능하다는 역설적 교훈을 주는 것이기도 하다. 그것은 국제 무대에서는 남북이 동일한 이해관계를 갖는 영역이 존재할 수밖에 없기 때문이다.

2000년 ISO/IEC JTC1/SC2 활동도 이와 유사한 사례다.[28] 당시 북한이 이 회의에 여섯 명의 대표를 파견하면서 협력이 이루어져 그해 9월 그리스 회의에서 한글에 관한 특별 모임이 공식적으로 만들어졌다. 2003년 '한·영·조·중·일 정보기술 표준용어사전'을 편찬한 것은 이 회의와 협력의 산물이었다. 이 사례에서 보듯이 한글은 남북이 이해관계를 공유하는 대표적 영역으로서 국제 표준화 기구 내의 협력이 불가결한 것으로 드러났다. 이러한 영역은 경제 협력을 비롯한 남북 간 교류와 협력이 심화될수록 넓어질 것으로 보인다. 하지만 2000년대 후반부터 뜸해지기 시작한 표준 분야 교류는 2010년 5.24조치와 더불어 전면 중단되는 상태에 이르러 새로운 접근과 노력이 요구된다.

남북 표준 통합의 추진 방향과 전망

남북 표준 협력 추진이 향후 통일 국가의 표준 통일을 지향해야 한다는 점은 분명하다. 그런데 표준 통일은 분단 상황에서 진행되는 표준 협력에 기반할 것이다. 따라서 표준 협력은 성공적 표준 통일을 염두에 두고 진행될 필요가 있을 뿐 아니라, 분단을 극복하는 방안으로 추진될 필요가 있다. 그리고 분단을 극복할 수 있는 표준 협력은 현존하는 표준 체계의 상이성을 해결하는 방향으로 가닥을

28.조명철·정승호(2007), 31쪽.

잡아나가야 한다.

남북 표준 체계의 상이성은 산업 구조의 차이와 표준 및 표준화 제도의 특징에 기인한다. 이미 산업 구조가 고도로 발전해 정보 통신 산업까지 높은 수준에 올라선 남한과 달리 북한의 산업 구조는 중공업 중심의 낮은 단계에 머물러 있다. 또한 북한은 대부분의 표준화 과정을 정부가 관장하고 있는 반면, 남한은 표준 제정 과정만 정부가 담당한다. 그에 따라 북한 규격은 강제적 구속성을 띠지만, 남한 표준은 기술 규정 등 공공성이 특별히 강한 경우를 제외하고는 자발적 수용의 원칙을 따른다.

첫째, 산업 구조가 달라 표준의 필요성이 분야에 따라 달리 나타나므로 남북이 공통적으로 긴요한 분야에서 협력을 촉진하는 것이 중요하다. 개성 공단과 같이 남북 경제 협력이 진행되고 있는 분야가 대표적인 예다. 한국표준협회의 보고에 따르면,[29] 개성 공단에 참여한 기업들이 공통적으로 지적한 애로 사항의 76%는 남북 간 사회 경제적 이질화와 산업 기술 도입 원천의 차이에 따른 산업 표준화 문제인 것으로 나타났다. 개성 공단 외에도 경제 협력이나 교류가 활발하게 진행된 분야로는 철도 및 도로 연결 사업도 있다.[30] 특히 이 분야는 사회 간접 자본으로서 향후 경제 협력을 위한 기반이 될 수 있는 중요한 영역이다.

하지만 현재 경제 협력이 진행되어 온 분야 외에 발전 단계에 큰 차이가 있음에도 표준 협력이 긴요한 부문이 있다. 정보통신 분야가 그것인데, 이 분야는 북한이 남한의 발전된 기술로부터 도움 받을 필요가 있기 때문이기도 하지만 언어가 동일하다는 문제와도 관련된다. 이와 같이 남북 간 표준 협력이 우선적으로 긴요한 부문은 건설토건, 섬유, 자동차수송기계, 정보통신 산업이므로 이 분야의 표준 협력에 중점이 두어져야 할 것이다.

29.조명철·정승호(2007), 31쪽.

30.한국표준협회, 2004c, "남북 산업 표준 협력 수요 조사 연구," 한국표준협회 보고서, 57쪽.

둘째, 표준화 제도상 차이는 민간 차원의 표준 협력을 활성화시킬 필요가 있음을 시사한다. 그동안 진행된 표준 협력으로 볼 때 북한은 정부가 직접 나서지 않고 민간 기구를 통해 협력에 참여했다. 하지만 북한은 시민 사회가 발전하지 못했을 뿐 아니라 표준이 법적 구속력을 갖고 있어 표준화 관련 민간 기구도 사실상 정부로부터 독립적인 기구로 보기 어렵다. 따라서 북한의 표준 협력은 형식적으로 민간 기구가 주체가 되지만 실질적으로 정부가 관장하는 것과 다를 바 없다고 할 수 있다. 그럼에도 북한은 경제 협력의 경우처럼 표준 협력에서도 남한 정부를 직접 상대하려 하지 않는다. 따라서 남한도 이에 대응하는 민간 차원의 표준화 기구들을 적극 활용할 필요가 있다. 2004년 결성된 남북기술표준협력단은 이러한 협력 창구로 적절하다고 할 수 있다.

하지만 좀 더 적극적으로 표준 협력을 수행하기 위해서는 표준 제정 기구들이 참여하는 것이 필요하다. 남한의 표준 제정 기구가 탈국영화하되 민영화가 아니라 독립 공공 기구로 전환하는 것을 심각하게 고려해 볼 필요가 있다. 분단 독일의 표준 협력 사례가 좋은 전범이 될 수 있다. 동독의 정부 기관인 표준화계량검사청ASMW: Amt für Standardisierung, Meßwesen und Warenprüfung이 서독의 독립 공공 기구인 독일표준협회DIN와 직접 협력을 진행했다.[31] 남북 간에도 북한은 남한 정부와는 교류를 중단할 때조차 현대 기업과는 교류를 지속한 것으로 볼 때, 남한의 표준화 기구가 독립 공공 기구화한다면 북한과의 표준 협력이 더 수월해질 것으로 볼 수 있다.

셋째, 북한도 2000년대 초반부터 국제 표준화 활동에 적극성을 보이고 있어 국제 표준화 기구 및 제3국을 통한 국제 협력을 적극 활용할 필요가 있다. 사실 북한은 남북 표준 통합에 대하여 북한 표준이 남한에 종속

---

31. 기정훈(2014), 163~167쪽; 한국표준협회, 2005b, "개성 공단 등 남북 경제 협력 기업의 산업 표준화 실태 조사 보고서," 한국표준협회 보고서.

된다는 부정적 인식을 가지고 있다는 점에서도 남북이 표준을 직접 통합하기보다는 국제 표준화를 통해 남북 표준이 국제 표준에 부합해 가는 것이 필요하고도 유용하다. 게다가 북한 표준의 국제 표준화는 남북 경협은 물론 북한의 외자 유치 및 대외 무역의 확대에도 긍정적 영향을 미쳐 북한 경제 회복에도 기여할 것으로 보이므로 북한도 기피할 이유가 없다.[32]

무엇보다 국제 표준화 기구를 통한 국제 협력이 강조될 필요가 있다.[33] 특히 '개발도상국의 표준화 지원을 위한 ISO 행동지침'을 활용하는 방안이 좋은 예가 될 수 있다. 국제표준화기구ISO는 자금 기관이 아니므로 이 행동 지침은 개발도상국 원조에 참여한 정부와 기부 기관, 국제 개발 및 원조 기구, ISO 회원국으로부터 받는 기술적·금융적 원조에 의존한다. 곧, ISO 회원국들의 기부는 ISO 행동 지침의 이행을 위한 신탁 기금으로 구성되는데, 외부 기관이 ISO에 기부하면 ISO와 기부자 및 최종 수혜자 사이에 특수한 프로젝트에 공동으로 합의된 자금을 활용할 수 있다. 북한의 표준화 지원을 목적으로 ISO 행동 지침을 활용하는 기술 원조 프로그램이 실행된다면, 북한에 제공할 원조의 종류와 관련해 남한이 큰 발언권을 가질 수 있으므로 표준 협력의 가능성이 매우 크다는 얘기다.

또한 남북이 이해관계를 함께 하는 영역에서 공동 표준안을 작성해 국제 표준을 선점하는 것도 중요한 협력 방안이다. 최근 고려인삼 국제 표준을 중국이 장악했는데, 남북이 함께 국제 인삼 표준에 함께 노력했다면

---

32. 정병기·이희진, 2013, "동서독의 표준화 체계와 표준 통일 과정: 남북한 표준 협력에 대한 함의," 『한국정치연구』 제22집 1호(서울대학교 한국정치연구소), 215~236쪽 참조.

33. 실제 국제 표준화가 북한 경제에 주는 단기적 효과는 거의 없지만 장기적으로는 국제시장 접근 가능성을 증대시키고 국제 사회의 대북 지원을 용이하게 할 뿐 아니라 북한 경제의 개방화를 유도할 것으로 예측된다. 또한 남북 경협과 관련해서도 북한의 국제 표준화는 대북 투자 활성화를 통한 경협 분야 다양화와 대북 기술이전 촉진을 통한 경협 기업 생산성 제고, 남북 경협 물자의 물류비용 절감 등과 같은 효과를 거둘 것으로 평가된다. 조명철·정승호(2007), 1~2, 64~80쪽.

사정이 달라졌을 수 있다. 이런 영역은 비단 인삼 분야에 한정되지 않을 것이다. 전통 문화와 관련된 분야들 중에서 국제 표준화가 가능한 영역을 적극적으로 발굴하고 이 분야에서 공동 표준안 마련과 표준 획득을 위해 노력할 필요가 있다.

3. 요약과 시사점

이 글은 표준이 법령과 사회 규범을 포괄하는 거버넌스 규범으로서 사회 통합 기능을 수행하고 표준화 거버넌스는 인간 생활과 관련되는 제반 사안들에 대해 효율성과 책임성을 가진 합의 민주주의적 정통성을 가진 협치 協治 로서 다양한 이해관계자들의 조정 거버넌스를 의미한다는 전제에서 출발했다. 그에 따라 표준 협력과 표준 통합을 한반도 통일과 통일 한국의 중요한 거버넌스 영역으로 보고, 남북 간 표준 및 표준화 제도의 차이와 표준 협력의 경과를 분석해 표준 협력과 표준 통합의 방향과 전망을 제시했다.

남북 간 표준 및 표준화는 개별 표준과 표준화 제도 및 국제 표준화에서도 크게 달랐다. 북한에서는 경공업 부분이 매우 취약하고 중공업과 생산 시스템 등이 강하지만 실제 표준화에서는 이 부문에서조차 질적 수준이 낮았다. 반면, 남한에서는 정보 통신 산업의 급격한 발전과 서비스 산업의 증가를 보이면서 표준화에서도 상당한 발전을 보여준다. 표준의 적용과 구속성에 있어 북한 규격은 법적 강제력을 갖지만 남한 표준은 공공성이 특히 강한 경우가 아니면 대개 자발적 수용의 성격을 갖는다.

표준화 제도에서 남한은 서구 표준 체계를 수용한 일본 표준 제도를 도입한 반면 북한은 소련과 중국의 표준 제도를 도입했다. 그러나 국가가 주도하는 경제 개발의 수단으로 활용하기 위해 국가 주도 표준화 체계를 수립했다는 점에서 남한과 북한은 동일하다. 다만 북한은 제정뿐 아니라 인증 및 보급까지 사실상 정부가 관장하는 반면, 남한은 제정만 정부가 담당하며 인증과 보급 등 기타 분야는 민간 혹은 독립 공공 기구가 담당한다.

국제 표준화와 관련해서도 남북 간 차이는 크다. 남한 표준의 국제 표준 부합화는 2006년에 이미 대부분 완성되었지만, 북한 규격의 국제 표준 부합화는 2002년 이후에야 본격적으로 시작되어 아직 초기 단계에 머물고 있다. 하지만 남한과 북한은 공통적으로 1963년에 양대 국제 표준화 기구에 가입했으며, 북한도 비록 오랫동안 활동이 미미하기는 했지만 2000년 남북 정상회담을 계기로 다시 적극적으로 활동을 재개하고 있다.

남북 표준 협력은 1991년 경제 교류를 위한 남북 기본 합의를 계기로 남북 양자 간에 이루어지는 한편 국제 무대를 통해서도 이루어졌다. 하지만 표준 제정을 정부가 관장하고 있는 상황에서 남북 양자 협력은 정치적 이해관계가 얽혀 있어 쉽지 않았다. 때문에 제3국에서 이루어지거나 민간 기구의 매개를 통해 추진되었다. 그럼에도 표준 제정 기구들 간 협력으로 연결하려는 노력은 포기되지 않았으며 아직 그 단초들이 남아 있다고 할 수 있다.

남북 간 국제 협력도 정부 기구들 간 대화가 어려운 현실에서 표준화 기구들 간 양자 협력을 촉진하는 중요한 대안으로 추구되었다. 주로 중국을 매개로 한 3자 협력이나 국제 표준화 기구를 통한 협력이 이루어졌는데, 특히 국제 표준화 기구를 통한 협력은 동일한 이해관계를 갖는 영역에서 단일 표준안을 마련해 국제 표준을 장악할 수 있다는 점에서 더욱 중요하게 부각된다.

이와 같은 남북 간 표준 및 표준화 제도의 차이와 표준 협력의 경과를 볼 때 향후 표준 협력과 표준 통합을 위한 기본 방향은 다음과 같은 세 가지로 요약된다. 첫째, 산업 구조가 상이해 표준의 필요성이 분야에 따라 달리 나타나므로 건설토건, 섬유, 자동차수송 기계, 정보 통신 산업 등 남북이 공통적으로 긴요한 분야에서 협력을 강화해야 한다. 둘째, 표준화 제도상 차이와 유사성을 볼 때, 민간 차원의 표준 협력을 활성화시킬 것이 요구된다. 또한 더 나아가 남한의 표준 제정 기구를 독립 공공 기구로 전환해 협력을 더욱 수월하게 할 뿐 아니라 장차 통일 한국에서의 효율적 표준화 기구 수립을 지향하는 것도 고려해 볼 필요가 있다. 셋째, 북한도 국제 표준화 활동을 피할 수 없고 최근에는 실제 활발한 움직임을 보이고 있으므로 국제 표준화 기구 및 제3국을 통한 국제 협력을 적극 활용해야 한다.

무엇보다 중요한 것은 남북 간 표준 협력이 아직 충분히 활성화되지 못한 상황에서 표준 협력과 표준 통합이 통일을 이룩하고 더 나아가 통일 후 통합에서도 매우 긴요하다는 점을 인식하는 것이다. 표준과 표준화는 이질적이고 갈등이 심한 사회에서 핵심적인 통합 기능을 수행한다는 점을 이해하고, 통일과 통합을 향해 나아가는 한반도에서 이를 조정 거버넌스로 발전시켜내야 한다는 얘기다.

제8장

표준의 통합 효과와 표준화 거버넌스

제8장

표준의 통합 효과와 표준화 거버넌스

이 장은 마무리에 해당하므로 전체 내용을 요약하고 표준의 통합 효과와 표준화 거버넌스에 맞추어 그 함의와 시사점을 제시한다. 우선 이 책이 정의한 표준의 개념을 보면, 표준은 '주어진 상황에서 최적의 상태에 도달함을 목적으로 활동이나 그 결과에 대해 일상적이고 반복되는 사용, 규칙, 가이드라인 혹은 성질을 규정하는 것으로서 합의에 기초해 제정된 목표나 기준'이다. 이 정의는 '사물을 정하는 목표나 기준'이라는 사전적 정의를 토대로 문서나 공식 표준에 한정된 국제표준화기구ISO 및 국제전기기술위원회IEC와 한국 산업표준화법의 정의를 수정한 것이다.

표준화 개념도 이 표준 개념과 조응한다. 곧, 이 책에서 표준화는 '특정 사물이나 활동에 대해 순서 있게 접근할 목적으로 규칙을 세우고, 이것을 적용하는 과정에서 모든 이해관계자들의 이익, 나아가 최선의 경제성을 촉진함은 물론, 기능적 조건과 안전성 요구까지 포괄하면서 모든 이해관계자들의 협력 하에 이루어지는 조직적인 행위'를 의미한다. 이때 표준화 행위는 제정 과정뿐 아니라 적용 과정을 비롯한 활성화 단계까지 포괄한다.

전통적으로 표준은 호환성 확보와 기본 품질 보장 및 정보 제공의 기능을 수행해왔다. 그러나 변화와 다양성의 시대를 거치면서 제품과 공정뿐 아니라 제도와 경영 및 문화와 윤리의 영역에도 확대되어 이제는 무역 규범, 사회 통합 수단, 사회적 책임SR 이행 수단, 기업 경영 전략, 기술 혁신 도구, 지속 가능 발전의 도구로도 기능한다.

특히 이 책이 주목한 사회 통합 수단으로서의 기능은 갈등이 심각해 조정의 필요성이 대두되는 사회일수록 표준화 정책과 관련해 중요하게 부각된다. 또한 그것은 표준 및 표준화의 다양한 효과들과 맞물려 정책적 노력의 중요성을 요구한다. 선진 여러 나라들의 현대 사회적 성격을 공유하면서도 분단과 갈등의 상태를 벗어나지 못한 우리나라에서 이 기능의 활성화는 더욱 필요하다고 할 수 있다.

사회 통합 기능을 비롯해 표준의 기능이 확장됨에 따라 표준의 사회 경제적 효과도 갈수록 커져가고 있다. 표준은 수확 체증과 네트워크 외부성 및 확장성과 공공성이라는 긍정적 효과를 산출하는 한편, 고착화 현상과 양분화 현상 및 악단차 효과와 속물 효과 그리고 공장 옆 과수원 효과 같은 부정적 측면도 가지고 있다. 그러나 이 부정적 효과들은 긍정적 효과들과 맞물려 발생하기 때문에 이 효과들을 적절히 살리면 충분히 방지될 수 있다. 무엇보다 이 부정적 효과들은 무한 경쟁이 난무하는 사실 표준에서 자주 나타나므로, 공식 표준의 확대와 그 구속력 확장 및 표준 일반의 공공성 확대를 통해 해결할 수 있다.

표준의 부정적 효과를 방지하고 긍정적 효과를 촉진하는 것은 그 막대한 사회 경제적 영향력을 볼 때 이미 거스를 수 없는 시대적 요구다. 또한 이와 같이 표준의 막대한 사회 경제적 영향력과 그 영역 및 기능의 확장은 표준을 현대 사회의 새로운 시대 규범으로 확립할 것을 요구하고 있으며, 더 나아가 독자적 학문의 성립도 가능하게 한다.

현대 사회는 다양성의 사회라고 한다. 국내적으로나 국제적으로 사회는 이미 법과 협정으로 규율할 수 없을 정도로 다양해지고 있다. 기술의 개념이 지식과 감성의 영역으로 확대되고, 감성 경영이라는 말이 회자될

정도로 다양성이 확장되며, 성, 문화, 인종, 종교, 언어 등의 모든 현상들이 더 이상 단일성으로 귀결될 수 없는 다양성의 복합 현상을 보이고 있다. 이러한 사회에서 필요한 것은 모든 이해관계자들이 함께 논의한 결과로서 그들의 이해관계를 반영하는 통일적인 새로운 규범이며, 표준이 그 새로운 규범으로서 각광받고 있다. 표준은 통일성을 내포하면서도 최소 기준의 제공을 통해 보다 질 높은 다양성을 추구하기 때문이다.

표준은 법령 및 사회 규범과 중첩되는 포괄적 규범이다. 그러므로 사회 규범과 법령으로부터 엄격히 구별되지는 않으며, 오히려 법령과 일치되는 기술 규정 같은 표준이나 사회 규범과 중첩되는 표준이 증가하는 추세다. 게다가 법령의 경우도 그 준수가 항상 의무적은 아니어서 지원이라는 적극적 유인책과 과세·벌금 같은 부정적 혹은 간접적 유인책도 존재하며 타협과 협상을 통한 합의에 의해 제정되기도 한다. 사회 규범 역시 비록 강제성을 띠지 않더라도 사회적·구조적으로 실질적 구속력을 갖기도 하며 조직의 행위 규율처럼 명시적이고 명백한 자원을 갖기도 한다. 이와 같이 사회 규범, 법령과 표준은 유사하면서 때로 중첩되는 거버넌스 규범의 세 유형인데, 특히 표준은 가장 광범위한 대상을 다룸으로써 다른 두 규범을 포괄한다.

표준은 규범의 하나로서 권력성을 가지며, 그 권력성은 사회 규범과 법령까지 아우른다는 점에서 더 포괄적이며 근원적이다. 여기에서 표준의 권력성은 다자 관계와 상호 영향 관계를 가정하므로 규범을 통해 공동 규제로 작동하는 구성적 권력을 의미한다. 그리고 표준의 권력성이 구체적으로 발현되는 형태는 구조적 권력 및 제도적 권력이며, 이때 구조적 권력은 제도적 권력을 포괄하는 구성적 권력이다.

하지만 표준화 기구와 관련해서는 제도적 권력이 매우 중요하고, 이 제도적 권력은 다양한 이해관계자들의 참여를 보장하는 조정 권력으로 기능한다. 더 나아가 자발성과 합의성이라는 표준화의 원칙을 고려하면, 조정 권력이 작동하는 방식은 협치 協治 의 의미로 이해되는 거버넌스다.

따라서 표준화는 조정 거버넌스로 작동할 때 표준의 본성과 표준화의 원칙에 가장 부합한다.

따라서 표준화와 관련해 협치는 공공 기관에 의한 강제적 규제와 민간 기구에 의한 자율적 규제의 공동 규제성을 띤다는 것을 의미하므로 공동 규제에 입각한 거버넌스로 실현된다. 유럽연합과 독일에서 표준의 이러한 위상은 자발적 준수의 대상이 되지만 공공성이 강한 영역에서는 법령에 의해 그에 준하는 지위를 획득하거나 강제적 준수의 대상이 되는 것으로 나타났다. 이 사례들이 공통적으로 시사하는 것은 포괄적 규범성을 보장하기 위해 민간 기구에 의한 자율적 규제와 공공 기구에 의한 강제적 규제를 조화시킨다는 점이다.

우리나라 표준화 기구는 국가 기관의 하나다. 민간 이양이 최선은 아니지만, 만일 민간 이양을 염두에 둔다할지라도, 표준의 포괄적 규범성과 공동 규제성에 입각해야 한다. 표준화 기구의 공적 권위를 유지하는 범위에서 조정 기능을 활성화하는 방향으로 나아가야 한다는 것이다.

사실 거버넌스 개념은 국정 관리 유형이나 공동체적 자율 관리 체계 혹은 조정 양식의 원형이나 자기 조직적 네트워크 등 연구자에 따라 다양하게 이해된다. 정치학에서는 주로 다원적 주체들 간의 협력적 통치 방식을 의미하는 네트워크 통치, 협력적 통치 또는 통치 체제나 통치 활동 등으로 정의된다. 공통적인 것은 강력한 개입 국가적인 과거 통치 방식을 거부하고 시장과 사회의 참여를 허용하는 새로운 협력적 통치 방식을 중시한다는 점이다.

거버넌스에서 중요한 원칙들은 정통성, 효율성, 민주주의, 책임성이다. 정통성은 투입 측면에서는 규칙을 지키도록 요구받는 사람들의 합의로부터 형성되며, 산출 측면에서는 규칙이 구체적 결과를 만들어 낼 수 있고 정책이 공동선에 부합할 때 생겨난다. 따라서 정통성은 민주적 효율성과 연결되는데, 민주주의는 효율적이어야 한다는 것이다. 하지만 이 민주주의는 협의와 합의를 중시하므로 다수결 민주주의를 폐기하지는 않지만 다수결 민주주의보다는 합의 민주주의에 가깝다. 또한 거버넌스는 민주적 책임성과도 연결되는데, 이 책임성은 대의 민주주의에 머물지 않고 다양한 이해관계자들의 참여를 보장하는 직접 민주주의의 형태로 충족된다.

표준이라는 규범을 제정하고 실현하는 표준화는 이러한 거버넌스의 한 과정이다. 그러므로 표준화 거버넌스는 인간 생활과 관련되는 제반 사안들에 대해 효율성과 책임성을 가진 합의 민주주의적 정통성을 가진 협치로서 다양한 이해관계자들의 조정 거버넌스를 의미한다. 자발성과 합의성이라는 표준화의 원칙을 고려할 때, 코포라티즘 모델을 조정 거버넌스의 유용한 한 모델로 제시할 수 있다. 특히 이해관계자들의 참여와 갈등 조정이 제대로 이루어지지 않는 우리나라 표준화 과정에 이 모델을 도입한다면 의미 있는 효과를 거둘 수 있을 것이다.

코포라티즘적 조정이 가능하기 위해서는 무엇보다 국가 및 표준화 기구의 조정자 역할이 가능하고 이해관계자들이 조직되어 있어야 한다. 조정자 역할을 하는 국가 기구나 표준화 기구는 독립성과 실행 능력을 갖추어야 하며, 노동 단체나 기업뿐 아니라 소비자들까지 표준과 관련된 이해관계자들은 조직적으로 대표될 수 있어야 한다. 이 전제들이 충족될 수 있도록 정책적 노력을 기울여야 할 것이다.

이러한 조건이 충족된 다음 코포라티즘적 조정의 구체적 과정은 갈등 유형에 따라 다음과 같이 이루어질 수 있다. 첫째, 직능적 지역 표준화 갈등은 주로 표준의 생산자와 단체 이용자 간에 발생하므로 지역 사회 직능 부문 내 미시 코포라티즘으로 조정한다. 둘째, 사회적 지역 표준화 갈등은 지역 내 기업과 노동자 및 소비자들 간에 전 지역 사회적으로 일어나므로 지역 사회 내 직능 부문들 간 및 사회 집단들 간 미시 코포라티즘으로 해결한다. 셋째, 직능적 국가 표준화 갈등은 표준의 생산자와 단체 이용자 간에 주로 발생하므로 직능 부문 내 미시 코포라티즘을 통해 조정한다. 넷째, 사회적 국가 표준화 갈등은 기업과 노동자 및 소비자들 간에 전

사회적으로 현상하므로 직능 부문들 간 및 사회 집단들 간 거시 코포라티즘적으로 해결한다.

우리나라의 특수한 사정인 통일 문제도 조정을 통한 사회 통합 기능과 밀접히 관련된다. 어느 사회에서든 통합은 규범을 통해 이루어지며, 그 규범이 강제적이 아니라 동의와 합의를 통해 이루어질 때 통합은 보다 견고하고 오래 지속될 수 있기 때문이다. 표준은 동의와 합의를 기반으로 하고 자발적 수용을 전제로 하므로 진정한 통합의 기능을 수행할 수 있으며, 사회적 책임 표준SR: ISO 26000에서 보는 것처럼 한 국가 내에서나 국가들 간에서도 새로운 통합 규범으로 등장하고 있다.

한반도 통일에서 표준 통일은 비단 경제적 효과에 한정되지 않는다. 경제적 비용의 절감이라는 측면 못지않게 남북의 생활 방식과 심리적 괴리를 통합하는 데 기여하기 때문이다. 더욱이 통일 국가를 겨냥한 표준화 작업을 새롭게 형성되는 이해관계자들이 함께 참여하고 이들의 이해관계를 민주적·효율적으로 조정해가는 표준화 거버넌스를 작동시킬 수 있다면 표준 통일은 한반도의 통일과 통합의 핵심 영역이 될 것이 자명하다. 물론 그 표준 통일은 국가 통일 이전의 협력 과정을 거쳐야 할 것이며, 통합을 지향하는 통일의 궤적을 밟아야 할 것이다.

한반도에서도 독일의 경우처럼 표준 통일 비용이 전체 통일 비용의 약 10%를 차지하고, 국가 통일도 갑자기 이루어질 가능성이 크다. 따라서 통일 준비와 통일 비용 절감을 위해 표준 협력을 하루 빨리 시작할 필요가 있다. 특히 동서독의 주체적 교류 노력 및 국제 표준화 기구 내에서와 대 소련 관계에서 이루어진 협력을 통해 표준 통일을 준비해간 점은 우리에게 시사하는 바가 크다.

북한은 중공업과 생산 시스템 등이 강하고 정부가 제반 표준화 과정을 주도하며 국제 표준 부합화 수준이 낮은 반면, 남한은 정보 통신 산업과 서비스 산업에 이르기까지 산업이 고도로 발전했고 표준 제정만 정부가 관장하며 국제 표준 부합화 수준이 매우 높다. 남북 표준 협력은 주로 민간 기구를 매개로 하거나 국제 협력을 통해 이루어져 표준 제정 기구들 간의 직접 협력은 이루어지지 못했다.

따라서 표준 통일을 위한 남북 표준 협력은 무엇보다 다음과 같이 추진될 필요가 있다. 첫째, 남북이 공통적으로 긴요한 산업 분야에서 먼저 협력을 강화해야 한다. 둘째, 민간 차원의 표준 협력을 더욱 활성화시켜야 하며, 더 나아가 남한의 표준 제정 기구를 독립 공공 기구로 전환하는 것도 고려할 필요가 있다. 셋째, 향후 통일 한국의 국제 표준화 활동 강화를 위해서도 국제 표준화 기구 및 제3국을 통한 국제 협력을 강화해야 한다.

표준화는 선택이다. 진화에서 선택은 적자생존의 원칙과 같다. 물론 다양성이 전제가 된다. 다양성 속에서 적자를 선택함으로써 보다 나은 기준을 제시하고 새로운 진화와 발전을 도모할 수 있다. 하지만 인간 사회는 더불어 살아가는 것을 중시하므로 상호 발전을 도모한다. 인간 사회에서 작동하는 표준화는 정글 속의 적자생존이 아니라 객관적 기준을 제시함으로써 선택 과정의 질서를 만들어간다. 그러므로 상호 발전을 위해 보다 나은 다양성과 보다 나은 선택이 가능할 수 있게 한다.

하지만 이 기준을 선택하는 과정에서 이해관계자들 간에 갈등이 생겨나는 것은 인간 사회에서도 필연적이다. 자신의 입장에서 더 나은 선택을 원하기 때문이다. 생산자는 자신의 기준이 결코 질적으로 낮지 않으면서도 이것을 선택하게 함으로써 그에 따른 이익을 취하려 한다. 게다가 만물의 영장인 인간은 동물들 중에서 가장 영리하기 때문에 가장 잔인하게 갈등하고 싸운다.

그러나 다른 한편으로 인간은 가장 영리할 뿐만 아니라 상호 발전을 도모하는 인간성을 갖고 있기에 이것을 피할 줄도 안다. 이를 위해 무엇보다 중요한 것은 강자가 약자에게 자신의 기준을 강제하는 것이 아니라 약자도 대등한 권리로 참여해 객관적인 기준을 만들어가는 제도적 장치와 실천적 과정을 창출하고 공고화하는 것이다.

참고문헌

강병구, 2009, 『'표준'이 시장을 지배한다』, 서울: 삼성경제연구소.

강성표 외, 2001, "남북 산업 표준 비교 분석 및 통일 방안 연구," 한국표준협회 보고서.

강원택·조홍식, 1999, 『유럽의 부활』, 서울: 푸른길.

공업진흥청, 1994, 『세계 각국의 표준화와 인증제도』, 서울: 한국표준협회.

교재편찬위원회, 2013, 『미래 사회와 표준』, 개정 5판, 서울: 한국표준협회.

국가기술표준원, 2016, "KS 제·개정," 국가기술표준원 홈페이지, http://www.kats.go.kr/content.do?cmsid=28 (검색일: 2016.01.22).

국가기술표준원, 2016, "표준의 분류," 국가기술표준원 홈페이지, http://www.kats.go.kr/content.do?cmsid=26 (검색일: 2016.01.20).

국가기술표준원, 2016, "표준화의 의의," 국가기술표준원 홈페이지, http://www.kats.go.kr/content.do?cmsid=23 (검색일: 2016.01.20).

국립국어원, 2016, 『표준국어대사전』, 서울: 국립국어원, http://stdweb2.korean.go.kr.

기술표준원, 2001, 『산업 표준화 40년사』, 과천: 기술표준원.

기정훈, 2014, "통일시대 대비 남북한 표준 통일 방안 연구: 협력적 거버넌스 모형을 기반으로, 『국가정책연구』 제28권 3호(중앙대학교 국가정책연구소), 149~179쪽.

김병기, 2008, "국가 표준 체계의 정합성을 위한 법·제도적 제언," 『중앙법학』

제10집 1호(중앙법학회), 361~393쪽.

김상규, 1996, “산업 표준화의 역사적 고찰,” 『경영사학』 제13집(한국경영사학회), 37~56쪽.

김상배, 2007, 『정보화 시대의 표준경쟁: 윈텔리즘과 일본의 컴퓨터 산업』, 서울: 한울.

김상배, 2009a, “소프트 파워와 21세기 권력,” 김상배(편), 『소프트 파워와 21세기 권력: 네트워크 권력론의 모색』, 서울: 그린비, 15~56쪽.

김상배, 2009b, “결론을 대신하여: 네트워크 권력론의 모색,” 김상배(편), 『소프트 파워와 21세기 권력: 네트워크 권력론의 모색』, 서울: 그린비, 299~332쪽.

김석준, 2000, “거버넌스의 개념과 이론의 전개,” 김석준·이선우·문병기·곽진영, 『뉴거버넌스 연구』, 서울: 대영문화사, 31~60쪽.

김원중, 1989, “표준화의 문제점과 대책,” 한국품질경영학회 발표문집, 22~36쪽.

김창수, 2001, 『21세기 표준과 인증의 이해』, 서울: 대광서림.

박경은, 2006, “南·北 ‘따로따로 표준’ 통일 추진,” 『경향신문』(5월 18일). http://news.khan.co.kr/kh_news/khan_art_view.html?artid=200605181815011(검색일: 2010.08.25).

박기식·강대경, 1998, “시장 변화에 따른 표준화 과정,” 『국제통상연구』 제3집 2호(한국국제통상학회), 147~167쪽.

박승덕 외, 1997, “국가 표준 통합을 위한 남북 현황 비교 및 전략 연구,” 과학기술처 보고서.

박이도, 2003, 『유럽연합시대』, 서울: 한국문화사.

박종봉, 2005, “유럽의 표준화 추진 체계,” 한국정보통신기술협회, 『정보통신 표준화 추진 체계 분석서: 국가 및 공식 표준화 기구』, 성남: 한국정보통신기술협회, 592~632쪽.

비젼이십일컨설팅, 2004, “SOC 건설시 KS 표준의 접목 추진방안 연구,” 비젼이십일컨설팅 보고서.

산업표준화법[시행 2016.1.6] [법률 제13737호, 2016.1.6. 일부 개정].

손기웅, 2010, 『독일통일 20년: 현황과 교훈』, 서울: 통일교육원.

신명재, 2007, 『신표준화개론』, 서울: 한국표준협회.

신진욱, 2009, "근대 서양정치사상과 소프트 파워: 베버와 그람시," 김상배 (편), 『소프트 파워와 21세기 권력: 네트워크 권력론의 모색』, 서울: 그린비, 59~111쪽.

윤강술·강대경, 2000, "시장에 있어서 국제 표준화의 채택 과정에 관한 연구," 『산업경제연구』 제13권 2호(한국산업경제학회), 27~42쪽.

윤덕균, 2000a, "통일을 대비한 남북한 산업 표준 통일화 과제," 『산업경영시스템학회지』 제23권 57집(산업경영시스템학회), 103~112쪽.

윤덕균, 2000b, "남북한 산업 표준화 협력 방안," 『통일경제』 제70호(현대경제연구원), 50~66쪽.

윤덕균, 2005, "분야별 남북 표준 통합 추진 전략," 남북 표준 심포지움, 10월 12일 발표 자료.

윤성욱, 2009, "EU의 기술 규정 통합 과정 분석: New & Global Approach를 중심으로," 『EU연구』 25호(한국외국어대학교 EU연구소), 23~56쪽.

이기상, 1994, "표준화의 비용과 효과 분석," 『정보통신정책연구』 제1권 1호(정보통신정책학회), 33~67쪽.

이덕희, 2008, 『네트워크 이코노미: 부분과 전체의 복잡성에 대하여』, 서울: 동아시아.

이상조, 2001, "과학기술 격차에 따른 갈등과 대책: 산업 표준 규격에 대한 비교 연구," 『통일연구』 제5권 1호(연세대학교 북한연구원) 5~56쪽.

이수영, 2009, 『권력이란 무엇인가』, 서울: 그린비.

이승현·김갑식, 2011, "한반도 통일비용의 쟁점과 과제," 『정책연구』 통권 제171호(국가안보전략연구소), 163~206쪽.

이준구, 2008, 『미시경제학』, 제5판, 서울: 법문사.

이진랑, 2011, "유럽 표준화 과정에서의 새로운 이해 당사자의 출현: 초국주의와 일국일대표제 사이의 정책적 딜레마," 『사회과학연구』 제19집 2호(서강대학교 사회과학연구소), 204~234쪽.

이진랑·정병기, 2014, "북한의 국제 표준화 활동 및 전략: 「계량 및 규격화」를 중심으로," 『국가정책연구』 제28권 3호(중앙대학교 국가정책연구소),

181~207쪽.

이춘근, 2005, “과학기술 표준분야의 대북 협력방안 및 사례연구,” 한국표준협회 보고서.

이호근, 2003, “유럽연합(EU),” 한종수 외, 『현대유럽정치』, 서울: 동성사, 245~298쪽.

장덕진, 2009, “정치권력의 사회학적 분해: 자원권력과 네트워크 권력,” 김상배(편), 『소프트 파워와 21세기 권력: 네트워크 권력론의 모색』, 서울: 그린비, 197~241쪽.

장홍, 1998, 『유럽연합(EU)의 새로운 이해』, 서울: 고원.

정경민·김종윤·허귀식·김원배, 2006, “[표류하는 국가 표준] 5. 남북의 표준 통일(끝),” 『중앙일보』(8월 26일), http://article.joinsmsn.com/news/article/article.asp?total_id=1663585(검색일: 2013.06.26).

정병기, 2004, “서유럽 코포라티즘의 성격과 전환: 통치 전략성과 정치 체제성,” 『한국정치학회보』, 제38집 5호(한국정치학회), 323~343쪽.

정병기, 2005, “세계화와 유럽통합: ‘작은 세계화’ 유럽통합과 유럽시민들의 반응,” 『EU학연구』 제10권 1호(한국EU학회), 123~147쪽.

정병기, 2007, “독일의 표준 정책과 독일표준협회(DIN)의 표준화 활동: DIN의 조직 구성과 표준화 전략 및 국제 표준 전략을 중심으로,” 『사회과학연구』 제25집 2호(경상대학교 사회과학연구소), 37~67쪽.

정병기, 2008, 『표준: 새로운 시대 규범 - 국가 표준 정책 교육 교재』, 기술표준원 정책보고서.

정병기, 2009, “표준의 사회 경제적 효과와 새로운 규범의 가능성 및 표준학의 전망.” 『한국정치연구』 제18집 3호(서울대학교 한국정치연구소), 87~111쪽.

정병기, 2010a, “통일비용과 표준통일: 확보보다 절감, 통일비용 절감은 표준통일로부터,” 『기술표준』 제103호(지식경제부 기술표준원), 4~7쪽.

정병기, 2010b, “공적 표준화의 이해 갈등 구조와 코포라티즘적 갈등 조정,” 『국가전략』 제16권 3호(세종연구소), 119~141쪽.

정병기, 2013a, “사회 통합적 경제 발전을 실현하는 표준화 거버넌스,” 한국표준협회(편), 『Next Standards 2014: 미래를 위한 표준 정책 마일스톤』, 서울: 한국표준협회, 210~237쪽.
정병기, 2013b, "표준의 포괄적 규범성과 공동 규제성: 유럽연합과 독일의 사례를 중심으로," 『유럽연구』 제31권 3호(한국유럽학회), 241~266쪽.
정병기, 2013c, "유럽 통합 과정에서 나타난 유럽 표준화 정책의 성격과 의미: 세계화 대응과 공동규제성," 『EU학연구』 제18권 2호(한국EU학회), 29~56쪽.
정병기, 2015a, "표준의 권력성과 조정 기능 및 표준화 거버넌스," 『대한정치학회보』 제23집 2호(대한정치학회), 257~274쪽.
정병기, 2015b, 『세상을 바꾸는 표준』, 경산: 영남대학교 출판부.
정병기, 2016, "남북의 표준 및 표준화의 차이와 표준 협력 과정 및 표준 통합의 방향과 전망," 『한국정치연구』 제25집 1호(서울대학교 한국정치연구소), 1~22쪽.
정병기·김찬우, 2013, "산업 표준 보유 및 표준화 활동 추이로 본 한국 산업 표준 정책의 특징과 변화." 『한국과 국제정치』 제29권 3호(경남대학교 극동문제연구소), 155~188쪽.
정병기·도묘연, 2015, 『코포라티즘 정치: 통치 전략성 및 정치 체제성과 결사체 거버넌스 전망』, 파주: 아카넷
정병기·이희진, 2013, "동서독의 표준화 체계와 표준 통일 과정: 남북한 표준 협력에 대한 함의," 『한국정치연구』 제22집 1호(서울대학교 한국정치연구소), 215~236쪽.
조명철·정승호, 2007, "국제 표준화 활동이 북한 경제와 남북 경협에 미치는 효과 및 남북 협력 방안," 한국표준협회 보고서.
최종완, 1997, 『알기 쉬운 표준화 이야기』, 서울: 한국표준협회.
한국산업기술진흥협회 1999, 『기술 혁신을 위한 표준 제도의 현황과 발전 방향에 대한 연구』, 서울: 과학기술정책관리연구소.
한국정보통신기술협회, 2010, 『ICT 표준화 추진 체계 분석서: 국가 및 공식 표준화 기구』, 성남: 한국정보통신기술협회.
한국표준협회 북한표준연구소, 2000, "남북한 산업 표준 통일화를 위한 기초

연구," 산업자원부 보고서.
한국표준협회, 1996, "북한 표준에 관한 연구," 한국표준협회 보고서.
한국표준협회, 2002, "남북 표준통일 기반구축 산업기술기반 조성에 관한 보고서: 1차년도 중간보고서," 산업자원부 보고서.
한국표준협회, 2003a, "독일의 표준통일사례 및 우리의 대응전략," 산업자원부 2002년도 연구결과 보고서.
한국표준협회, 2003b, "독일 통일과 독일 산업 표준 단일화(2): 통일을 맞이한 DIN의 구동독 표준 관련 정책 및 결과," DIN 파견관 보고서 2003-10.
한국표준협회, 2003c, "남북 표준통일 기반구축 산업기술기반 조성에 관한 보고서: 2차년도 중간보고서," 산업자원부 보고서.
한국표준협회, 2003d, "북한의 표준화제도 현황조사," 산업자원부 보고서.
한국표준협회, 2004a, "남북 표준통일 기반구축 산업기술기반 조성에 관한 보고서: 3차년도 중간보고서," 산업자원부 보고서.
한국표준협회, 2004b, "남북 산업 표준 통합을 위한 로드맵 구축 사업," 한국표준협회 보고서.
한국표준협회, 2004c, "남북 산업 표준 협력 수요 조사 연구," 한국표준협회 보고서.
한국표준협회, 2005a, "남북 표준통일 기반구축 산업기술기반 조성에 관한 보고서: 4차년도 중간보고서," 산업자원부 보고서.
한국표준협회, 2005b, "개성 공단 등 남북 경제 협력 기업의 산업 표준화 실태 조사 보고서," 한국표준협회 보고서.
한국표준협회, 2006a, "남북 표준통일 기반구축 산업기술기반 조성에 관한 보고서: 최종보고서," 산업자원부 보고서.
한국표준협회, 2006b, "남북 표준 통합 정보 DB 및 남북 표준 통합 방안 연구," 한국표준협회 보고서.
한국표준협회, 2007, 『미래 사회와 표준』, 개정 2판, 서울: 한국표준협회.
한병철, 2011, 『권력이란 무엇인가』, 김남시 역, 서울: 문학과지성사.
한한수, 2000, "유럽의 품질 동향과 표준화 사업에 관한 고찰," 『경영사학』 제15집 2호(한국경영사학회), 65~82쪽.

현대원·김광재, 2007, 『디지털 미디어 혁명과 표준전쟁』, 서울: 디지털미디어 리서치.

Arendt, Hannah, 1970, *Macht und Gewalt*, München: Piper.

Arthur, W. Brian, 1996, "Increasing Returns and the New World of Business," *Harvard Business Review,* July-August, pp.1~10.

Auriol, Emmanuelle and Michel Benaim, 2000, "Standardization in Decentralized Economies," *The American Economic Review,* vol.90, no.3, pp.550~570.

Beetham, David, 1991, *The Legitimation of Power,* London: Macmillan.

Blind, Knut, 2004, *The Economics of Standards: Theory, Evidence, Policy,* Cheltenham, UK and Northampton, MA: Edward Elgar.

Bolz, Norbert, 2002, "Manipulation und Konfusion," Hermann Glaser (Hg.), *Grundfragen des 21. Jahrhunderts,* München: Deutscher Taschenbuch Verlag.

Borraz, Olivier, 2007, "Governing Standards: The Rise of Standardization Processes in France and in the EU," *Governance: An International Journal of Policy, Administration, and Institutions,* vol.20, no.1, pp.57~84.

Brunsson, Nils, 2000, "Organizations, Markets, and Standardization," Nils Brunsson, Bengt Jacobsson and Associates, *A World of Standards,* New York: Oxford University Press, pp.21~39.

Brunsson, Nils and Bengt Jacobsson, 2000, "The Contemporary Expansion of Standardization," Nils Brunsson, Bengt Jacobsson and Associates, *A World of Standards,* New York: Oxford University Press, pp.1~17.

Busch, Lawrence, 2011, Standards: *Recipes for Reality,* Cambridge, MA: The MIT Press.

Busch, Lawrence, 2015, 『표준: 현실을 만드는 레시피』, 이종삼 역, 파주: 한울아카데미.

Cawson, Alan, 1986, *Corporatism and Political Theory,* Oxford and New York:

B. Blackwell.

CEN and CENELEC, 2013, "Strategic Objectives for the European Standardization System to 2020," Draft for public consultation, 20130312, Brussels: CEN and CENELEC.

Commission of the European Communities, 1998, "Efficiency and Accountability in European Standardisation under the New Approach," Report from the Commission to the Council and the European Parliament, COM 291 final, Brussels, 13.05.1998

Commission of the European Communities, 2001, "Implementing Policy Principles for External Trade in the fields of Standards & Conformity Assessment: A Toolbox of instruments," Commission Staff Working Paper, SEC(2001) 1570, Brussels, 28.09.2001.

Commission of the European Communities, 2004, "Communication from the Commission to the European Parliament and the Council on the role of European standardisation in the framework of European policies and legislation," SEC(2004) 1251, COM(2004) 674 final, Brussels, 18.10.2004.

Council of the European Union, 14790/2/04 REV 2, ENT 148 ENV 624, Brussels, 17 December 2004.

Czaya, Axel and Wilfried Hesser, 2001, "Standardization Systems as Indicators of Mental, Cultural and Socio-Economic States," *Knowledge, Technology, & Policy,* vol.14, no.3, pp.24~40.

David, Paul A., 1995, "Standardization Policies for Network Technologies: The Flux between Freedom and Order Revisited," Richard Hawkins, Robin Mansell and Jim Skea (eds.), *Standards, Innovation and Competitiveness: The Politics and Economics of Standards in National and Technical Environments,* Adlershot, UK and Brookfield, IL: Edward Elgar, pp.15~35.

Deutscher Bundestag, 1990, Deutscher Bundestag, 11. Wahlperiode:

Unterrichtung durch die Bundesregierung, Drucksache 11/7770(03.09.1990), http://dipbt.bundestag.de/dip21/btd/11/077/1107770.pdf,(검색일: 2012.11.15.)

Dewitt, Roland, 1999, "Standardisation and legislation in Europe," *Polymer Degradation and Stability,* no.64, pp.535~544.

DG ENTR I3, 2009a, "Formal Objection to a Harmonized Standard: Guidelines for the Administrative Procedure," *Vademecum on European Standardisation,* Brussels: European Commission, Part II, Chapter 6.

DG ENTR I3, 2009b, "Models of Articles on Standardisation Issues To Be Included in Drafts of New Approach Directives," *Vademecum on European Standardisation,* Brussels: European Commission, Part II, Chapter 3.

DIN, 2000a, *Economic Benefits of Standardization,* Berlin, Wien und Zürich: Beuth Verlag.

DIN, 2000b, *Gesamtwirtschaftlicher Nutzen der Normung: Zusammenfassung der Ergebnisse, wissenschaftlicher Endbericht mit praktischen Beispielen,* Berlin, Wien und Zürich: Beuth Verlag.

DIN, 2004, "German Standardization Strategy," Berlin: DIN.

DIN, 2013a, "Gesetzgeber vs. Regelsetzer," http://www.din.de/cmd?level=tpl-unterrubrik&menuid=47421&cmsareaid=47421&menurubricid=47436&cmsrubid=47436&menusubrubid=47429&cmssubrubid=47429&languageid=de(검색일: 2013.09.02).

DIN, 2013b, "Deregulierung," http://www.din.de/cmd?level=tpl-unterrubrik&cmssubrubid=47489&languageid=de (검색: 2013.9.26).

DIN, 2013c, "Chronik," http://www.din.de/cmd?level=tpl-unterrubrik&menuid=47391&cmsareaid=47391&cmsrubid=47514&menurubricid=47514&cmssubrubid=47520&menusubrubid=47520&languageid=de(검색일: 2013.02.18).

Esser, Josef, Wolfgang Fach, Gerd Gierszewski and Werner Väth, 1979, "Krisenregulierung - Mechanismen und Voraussetzung: am Beispiel der saarländischen Stahlindustrie," *Leviathan,* vol.7, no.1, S.79~96.

European Commission, 2003, "General Guidelines for the Cooperation between CEN, CENELEC and ETSI and the European Commission and the European Free Trade Association," 28 March 2003, 2003/C 91/04, *Official Journal of the European Union,* 16.04.2003, C 91/7~11.

Evans, Peter B., Dietrich Rueschemeyer and Theda Scocpol, 1985, *Bringing the State Back In,* New York and Cambridge: Cambridge University Press.

EXPRESS, 2010, "Standardization for a Competitive and Innovative Europe: a Vision for 2020," Report of the Expert Panel for the Review of the European Standardization System, EXP 384 final, Brussels: European Commission.

Farrell, Joseph and Garth Saloner, 1985, "Standardization, Compatibility, and Innovation," *The RAND Journal of Economics,* vol.16, no.1, pp.70~83.

Ferrary, Michel, 2002, "Conflicts of Interest and Games of Power Concerning the Standardization of the Workforce," *Journal of Socio-Economics,* vol.31, pp.391~403.

Foray, Dominique, 1995, "Coalitions and Committees: How Users Get Involved in Information Technology (IT) Standardization," Richard Hawkins, Robin Mansell and Jim Skea (eds.), *Standards, Innovation and Competitiveness: The Politics and Economics of Standards in National and Technical Environments,* Adlershot, UK and Brookfield, IL: Edward Elgar, pp.192~212.

Foucault, Michel, 1978, *Dispositive der Macht. Über Sexualität, Wissen und*

Wahrheit, Berlin: Merve Verlag.

Foucault, Michel, 1980, *Power/Knowledge,* edited by M. C. Gordon, Brighton: Harvester.

Fritzler, Marc und Günther Unser, 2001, *Die Europäische Union,* Bonn: Bundeszentrale für politische Bildung.

Fuhrmann, Gunter, Horst Jablonski, Hans-Hermann Lehnecke, Joachim Thiele und Lutz-Peter Wagenfuhr, 2010, *Material- und Warenprüfung in der DDR: Anspruch und Wirklichkeit,* Hrsg. von DIN Deutsches Institut für Normung e.V., Berlin, Wien und Zürich: Beuth Verlag.

Fürst, Dietrich, 1987, "Die Neubelebung der Staatsdiskussion: Veränderte Anforderungen an Regierung und Verwaltung in westlichen Industriegesellschaften," Thomas Ellwein, Joachim Jens, Renate Mayntz und Fritz W. Scharpf (Hg.), *Jahrbuch zur Staats- und Cerwaltungswissenschaft,* Bd.1, Baden-Baden: Nomos, S.261~284.

Gabel, H. Landis (ed.), 1987, *Product Standardization and Competitive Strategy,* Amsterdam: North-Holland.

Gabel, H. Landis, 1991, *Competitive Strategies for Product Standards: The Strategic Use of Compatibility Standards for Competitive Advantage,* London: McGraw-Hill Book Company.

Goerke, Laszlo and Manfred J., Holler, 1998, "Strategic Standardization in Europe: A Public Choice Perspective," *European Journal of Law and Economics,* vol.6, no.2, pp.95~112.

Griller, Stefan, 1990, *Europäische Normung und Rechtsangleichung: Zum Abbau technischer Handelshemnisse in Europa – unter besonderer Berücksichtigung Österreichs,* Wien: Signum-Verlag.

Grindley, Peter, 1995, *Standards Strategy and Policy: Cases and Stories,* Oxford: Oxford University Press.

Guzzini, Stefano, 1993, "Structural Power: The Limits of Neorealist Power Analysis," *International Organization,* vol.47, no.3, pp.443~478.

Guzzini, Stefano, 2005, “The Concept of Power: a Constructivist Analysis,” *Millennium: Journal of International Studies,* vol.33, no.3, pp.495~521.

Hahn, Hans Peter, 1995, *CE-Kennzeichnung leichtgemacht: Ein praktischer Leitfaden, München* und Wien: Hanser.

Hallström, Kristina Tamm, 2004, *Organizing International Standardization: ISO and the IASC in Quest of Authority*, Cheltenham, UK and Northampton, MA: Edward Elgar.

Hanson, David, 2005, *CE Marking, Product Standards and World Trade*, Cheltenham, UK and Northampton, MA: Edward Elgar.

Harrison, Reginald J., 1980, *Pluralism and Corporatism. The Political Evolution of Modern Democracies,* London etc.: George Allen & Unwin.

Hartlieb, Bernd, Peter Kiehl und Norbert Müller, 2009, *Normung und Standardisierung: Grundlagen.* Berlin, Wien und Zürich: DIN.

Hawkins, Richard, Robin Mansell and Jim Skea (eds.), 1995, *Standards, Innovation and Competitiveness: The Politics and Economics of Standard in National and Technical Environments,* Aldershot, UK and Brookfield, IL: Edward Elgar.

Hexham, Richard of, 1988, “The Acts of King Stephen and the Battle of the Standard,” Joseph Stephenson (ed. trans.), *Contemporary Chronicles of the Middle Ages: Sources of Twelfth-Century History,* Dyfed: Llanerch, pp.53~76.

Hirsch, Joachim und Roland Roth, 1986, *Das Neue Gesicht des Kapitalimus. Vom Fordismus zum Post-Fordismus,* Hamburg: VSA.

Hoyt, Homer, 1919, “Industrial Combination and the Standardization of Production,” *The Journal of Political Economy,* vol.27, no.2, pp.95~104.

Isaac, Jeffrey C., 1987, “Beyond the Three Faces of Power: A Realist Critique,” *Polity*, vol.20, no.1, pp.4~31.

ISO/IEC, 2004, “ISO/IEC Guide 2: 2004: Standardization and Related

Activities - General Vocabulary," http://www.iso.org/iso/iso_iec_guide_2_2004.pdf(검색일: 2014.12.20).

Jacobsson, Bengt, 2000, "Standardization and Expert Knowledge," Nils Brunsson, Bengt Jacobsson and Associates, *A World of Standards,* New York: Oxford University Press, pp.40~49.

Jessop, Bob, 1979, "Corporatism, Parliamentarism and Social Democracy," Philippe C. Schmitter and Gerhard Lehmbruch (eds.), *Trends Toward Corporatist Intermediation,* Beverly Hills & London: Sage, pp.185~212.

Jessop, Bob, 1990, State *Theory: Putting the Capitalist State in its Place,* Cambridge: Polity.

Jobert, Bruno, 2003, "Le Mythe de la Gouvernance Depolitisee," Pierre Favre, Jack Hayward and Yves Schemeil (eds.), *Etre Gouverne. Etudes en L'honneur de Jean Leca,* Paris: Presses de Sciences Po., pp.273~285.

Jordana, Jacint and David Levi-Faur, 2004, "The Politics of Regulation in the Age of Governance," Jacint Jordana and David Levi-Faur (eds.), *The Politics of Regulation Institutions and Regulatory Reforms for the Governance Age,* Manchester: Edward Elgar and the CRC Series on Regulation, pp.1~28.

Kastendiek, Hans, 1981, "Die Selbstblockierung der Korporatismus-Diskussion. Teilproblematisierungen der gesellschaftlichen Politikorganisation und gesellschaftliche Entproblematisierung korporativer isaukturen und isationien," Ulrich von Alemann (Hg.), *Neokorporatismus,* Frankfurt a. M. & New Yorkchafmpus, S.92~116.

Kjær, Anne Mette, 2007, 『거버넌스』, 이유진 역, 서울: 오름.

Krasner, Stephen D., 1985, *Structural Conflict,* Berkeley, CA: University of California Press.

Krislov, Samuel, 1997, *How Nations Choose Product Standards and Standards*

Change Nations, Pittsburgh, PA: University of Pittsburgh Press.

Lehmbruch, Gerhard, 1977, "Liberal Corporatism and Party Government," *Comparative Political Studies,* vol.10, no.1, pp.91~126.

Lehmbruch, Gerhard, 1979, "Concluding Remarks: Problems for Future Research on Corporatist Intermediation and Policy Making," Philippe C. Schmitter and Gerhard Lehmbruch (eds.), *Trends Toward Corporatist Intermediation,* Beverly Hills and London: Sage Publications, pp.299~309.

Lehmbruch, Gerhard, 1982, "Introduction: Neo-Corporatism in Comparative Perspective," Gerhard Lehmbruch and Philippe C. Schmitter (eds.), *Patterns of Corporatist Policy-Making,* London: Sage Publications, pp.1~28.

Lehmbruch, Gerhard, 1984, "Concertation and the Structure of Corporatist Networks," John H. Goldthorpe (ed.), *Order and Conflict in Contemporary Capitalism,* Oxford: Clarendon Press, pp.60~80.

Leibrock, Gerhard, 2002, "Methods of Referencing Standards in Legislation with an emphasis on European Legislation: Enterprise Guides," Brussels: European Communities.

Leiss, William, 1995, "Stakeholder Involvement in the Administration of Environmental Standards," Richard Hawkins, Robin Mansell and Jim Skea (eds.), *Standards, Innovation and Competitiveness: The Politics and Economics of Standards in National and Technical Environments,* Adlershot, UK and Brookfield, IL: Edward Elgar, pp.50~61.

Lukes, Steven, 2005, *Power: A Radical View*, 2/e with two major new chapters, London: MacMillan.

Maaßen, Stefan, 2006, *Normung, Standardisierung und Immaterialgüterrechte.* Köln, Berlin und München: Carl Heymanns Verlag.

Majone, Giandomenico, 1994, "The Rise of the Regulatory State in Europe." *West European Politics,* vol.17, pp.77~101.

Majone, Giandomenico, 1996, *La Communaute Europeenne: Un Etat Regulateur,* Paris: Montchrestien.

Majone, Giandomenico, 1999, "The Regulatory State and Its Legitimacy Problem," *West European Politics,* vol.22, pp.1~24.

Mattli, Walter and Tim Büthe, 2003, "Setting International Standards: Technological Rationality or Primacy of Power?," *World Politics,* vol.56, no.1, pp.1~42.

Matutes, Carmen and Pierre Regibeau, 1989, "Standardization Across Markets and Entry," *The Journal of Industrial Economics,* vol.37, no.4, pp.359~371.

Misa, Thomas J. and Johan Schot, 2004, "Inventing Europe: Technology and the Hidden Integration of Europe," Presented and discussed at the project's plenary conference in Budapest, March 18~21.

Moritz, Carl-Heinz, 2005, "Der Normenvertrag in der Praxis: Erfahrungen und Perspektiven aus Sicht der Verbraucher," Vortrag vom Kolloquium am 10. Juni 2005 im DIN. DIN *Mitteilungen,* H.8, S.18~20.

Mücke, Eberhard, 2010, *TGL – Technische Regeln im Osten Deutschlands. Vom Alliierten Kontrollrat bis zur Normenunion 1945~1990: Eine Abhandlung auf der Grundlage von Dokumenten und Schriften aus Archiven, Gesetzblättern und Publikationen,* Hrsg. von DIN Deutsches Institut für Normung e.V., Berlin, Wien und Zürich: Beuth Verlag.

Nee, Victor and Paul Ingram, 1998, "Embeddedness and Beyond: Institutions, Exchange, and Social Structure," Mary C. Brinton and Victor Nee (eds.), *The New Institutionalism in Sociology,* New York: Russell Sage Foundation, pp.19~44.

Nye, Jr., Joseph S., 2004, *Soft Power: The Means to Success in World Politics,* New York: Public Affairs.

Olsen, Marvin E., 1993, "Forms and Levels of Power Exertion," Marvin

E. Olsen and Martin N. Marger (eds.), *Power in Modern Societies,* Boulder, CO: Westview Press, pp.29~36.

Ostrovsky, Michael and Michael Schwarz, 2005, "Adoption of Standards under Uncertainty," *The RAND Journal of Economics,* vol.36, no.4, pp.816~832.

Panitch, Leo, 1977, "The Development of Corporatism in Liberal Democracies," *Comparative Political Studies,* vol.10, no.1, pp.61~90.

Panitch, Leo, 1980a, "The State and the Future of Corporatism," *Capital & Class,* vol.11, pp.121~137.

Panitch, Leo, 1980b, "Recent Theorizations of Corporatism: Reflections on a Growth Industry," *British Journal of Sociology,* vol.31, no.2, pp.159~187.

Panitch, Leo, 1986a, *Working Class Politics in Crisis. Essays on Labor and the State,* London: Verso.

Panitch, Leo, 1986b, "The Tripartite Experience," Keith Banting (ed.), *The State and Economic Interests,* Toronto, Buffalo and London: University of Toronto Press, pp.37~119.

Pelkmans, Jacques, 1987, "The New Approach to Technical Harmonization and Standardization," *Journal of Common Market Studies,* vol.25, no.3, pp.249~269.

Poggi, Gianfranco, 2001, *Forms of Power,* Cambridge, UK: Polity.

Porter, Michael E., 1980, *Competitive Strategy: Techniques for Analyzing Industries and Competitors,* New York: Free Press, etc.

Puchala, Donald J., 1975, "Domestic Politics and Regional Harmonization in the European Communities," *World Politics,* vol.27, no.4, pp.496~520.

Reihlen, Helmut, 2005, "Hintergründe und Entstehung des Normenvertages," Vortrag vom Kolloquium am 10. Juni 2005 im DIN, *DIN Mitteilungen*, H.8, S.6~9.

Repussard, Jacques, 1995, "Problems and Issues for Public Sector Involvement in Voluntary Standardization," Richard Hawkins, Robin Mansell and Jim Skea (eds.), *Standards, Innovation and Competitiveness: The Politics and Economics of Standards in National and Technical Environments,* Adlershot, UK and Brookfield, IL: Edward Elgar, pp.62~66.

Rhodes, R. A. W., 1997, *Understanding Governance: Policy Networks, Governance, Reflexivity and Accountability,* Buckingham: Open University Press.

Russell, Bertrand, 2003, 『권력』, 안정효 역, 서울: 열린책들.

Salter, Liora, 1995, "Do Reforms Make a Difference? Gearing Methodology to Assessments of Standardization Practice," Richard Hawkins, Robin Mansell and Jim Skea (eds.), *Standards, Innovation and Competitiveness: The Politics and Economics of Standards in National and Technical Environments,* Adlershot, UK and Brookfield, IL: Edward Elgar, pp.36~49.

Schmitter, Philippe C., 1977, "Modes of Interest Intermediation and Models of Societal Change in Western Europe," *Comparative Political Studies,* vol.10, no.1, pp.7~38.

Schmitter, Philippe C., 1979, "Still the Century of Corporatism," Philippe C. Schmitter & Gerhard Lehmbruch (eds.), *Trends Toward Corporatist Intermediation,* Beverly Hills & London: Sage Publications, pp.7~52.

Schmitter, Philippe C., 1983, "Democratic Theory and Neocorporatist Practice," *Social Research,* vol.50, no.4, pp.885~928.

Stein, Axel, 1979, "Die Verbraucheransprüche und ihre Geltendmachung durch Verbraucherverbände nach der UWG-Novelle," *Zeitschrift für Verbraucherpolitik,* Jg.3, H.1, S.29~40.

Strange, Susan, 1988, *State and Markets,* London: Pinter Publishers.

Troge, Andreas, 2005, "Der Normenvertrag in der Praxis: Erfahrungen und Perspektiven aus Sicht des Umweltschutzes," Vortrag vom

Kolloquium am 10. Juni 2005 im DIN, *DIN Mitteilungen,* H.8, S.15~17.

Van Gestel, Rob and Hans-Wolfgang Micklitz, 2013, "European Integration through Standardization: How Judicial Review Is Breaking Down the Club House of Private Standardization Bodies," *Common Market Law Review,* vol.50, no.1, pp.145–181.

Vardakas, Evangelos, 2003, "Technical Regulations and Standards in Europe: A Historical Background," *Vademecum on European* Standardisation, Part I, Chapter 1.1, Brussels: European Commission.

Veall, Michael R., 1985, "On Product Standardization as Competition Policy," *The Canadian Journal of Economics,* vol.18, no.2, pp.416~425.

Vertrag zwischen der Bundesrepublik Deutschland, vertreten durch den Bundesminister für Wirtschaft, und dem DIN Deutsches Institut für Normung e.V. Vertreten durch dessen Präsidenten, Bonn den 5. Juni 1975.

Voelzkow, Helmut, 1996, *Private Regierungen in der Techniksteuerung: Eine sozialwissenschaftliche Analyse der technischen Normung,* Frankfurt am Main und New York: Campus.

Weber, Max, 1972, *Wirtschaft und Gesellschaft: Grundriss der verstehenden Soziologie,* fünfte, revidierte Auflage, besorgt von Johannes Winckelmann, Tübingen: J. C. B. Mohr.

Wiarda, Howard J., 1997, *Corporatism and Comparative Politics: The Other Great* "Ism", Armonk: M. E. Sharpe.

Winkler, Jack T., 1976, "Corporatism," *Archives Europeénes des Sociologie,* vol.17, no.1, pp.100~136.

Winkler, Jack T., 1977, "The Corporatist Economy: Theory and Administration," Richard Scase (ed.), *Industrial Society: Class, Cleavage and Control,* London etc: Unwin Hyman, pp.43~58.

Wölker, Thomas, 1992, "Die Geschichte des DIN Deutsches Institut für Normung e.V.," DIN (Hg.), *75 Jahre DIN: 1917 bis 1992,* Berlin und Köln: Beuth Verlag, S.87~134.

Wrong, Dennis H., 1995, *Power: Its Forms, Bases, and Uses,* New Brunswick, NJ: Transaction Publishers.

WTO/TBT Agreement: Agreement on Technical Barriers to Trade.